Divaldo
o mensageiro da paz

Para

com votos de paz!

/ /

Divaldo
o mensageiro da paz

Editores: *Luiz Saegusa e Claudia Z. Saegusa*
Capa: *Eduardo Vilela Design*
Foto capa: *Jean Benoît Crepon*
Projeto gráfico e diagramação: *Casa de Ideias*
Finalização: *Mauro Bufano*
Revisão: *Rosemarie Giudilli*
Transcrição das entrevistas: *Petra Cardoso*
Fotografia: *Stella Carvalho*
Colaboração: *Cláudia Terçarolli / Luciane Toffoli*
1ª Edição: *2019*
Impressão: *Lis Gráfica*

Rua Lucrécia Maciel, 39 - Vila Guarani
CEP 04314-130 - São Paulo - SP
11 2369-5377
www.intelitera.com.br - facebook.com/intelitera

Dados Internacionais de Catalogação na Publicação (CIP)
(Câmara Brasileira do Livro, SP, Brasil)

Migliari, Daniela
 Divaldo o mensageiro da paz / Daniela Migliari. --
São Paulo : Intelítera Editora, 2019.

 ISBN 978-85-7067-013-7

 1. Espíritas - Biografia 2. Espiritismo
3. Franco, Divaldo Pereira - Médiuns - Entrevistas
4. Franco, Divaldo Pereira, 1927- 5. Médiuns -
Biografia I. Título.

19-29305 CDD-133.91092
Índices para catálogo sistemático:

 1. Médiuns espíritas : Biografia e obra   133.91092

Iolanda Rodrigues Biode - Bibliotecária - CRB-8/10014

Divaldo
o mensageiro da paz

intelitera
editora

SUMÁRIO

Prefácio - Divaldo Franco: um ser humano integral 7

Nota da autora 9

Parte I – Feira de Santana – Bahia

A Família 17

A Mãe - Dona Ana 18

O Pai - Seu Francisco 22

Os Irmãos 26

Nair - A irmã mais velha de Divaldo 27

Dete - A irmã mais próxima de Divaldo 31

José 36

João 39

Osvaldo 42

Divaldo - Infância 44

Divaldo - Juventude 50

Divaldo - Vida Adulta 56

Maria Senhorinha e Edwirges 63

Padre Carmelo 66

Dona Benta e Glorinha 72

Laura 73

Joanna de Ângelis 78

Índio Jaguaraçu 91

Máscara de Ferro 92

Parte II - Salvador - Bahia

Em Salvador 106

Vida profissional de Divaldo 107

Espírito Manuel Vianna de Carvalho 110

Espírito Dr. Bezerra de Menezes 112

Espírito Humberto de Campos 113

Tio Nilson - Juventude 116

Tio Nilson - Vida adulta 119

Amigos em Salvador 124

Chico Xavier 125

Sonho na Pedreira e Mansão do Caminho 126

A jornada das crianças na Mansão do Caminho
nas palavras de DIvaldo Franco 128

Os criadores do filme 138
Eduardo Girão 138
Sidney Girão 141
Raul Dória 143
Clovis Mello 147
Estrutura do filme 155
As produtoras executivas 161
Os diretores 162
A luz do filme 171
O figurino do filme 174
A caracterização do filme 180
Os ouvidos do filme 186
Locações das filmagens 190
Curiosidades sobre a fazenda 196
Divaldo Franco fala sobre o filme 198

PREFÁCIO
Divaldo Franco: Um ser humano integral

VIVER COM INTEIREZA É RECONCILIAR E REINTEGRAR partes do ser, até então sentidas e percebidas como separadas. Na vida de Divaldo Franco, essa reconexão é feita do conjugar de muitos **verbos**:

Ver num pai duríssimo na disciplina, ainda que amoroso e presente à sua maneira, o melhor pai que a Vida poderia lhe ofertar.

Transformar em ofício de redenção pessoal e fonte de bênçãos coletivas, uma mediunidade que, por muitos anos, expressou-se como tormento inexpugnável.

Abrandar a solidão dos vínculos íntimos afetivos por meio do serviço ao próximo, fazendo da caridade, a lavoura onde aprende a **plantar** e **colher** relações profundas e perenes.

Ressignificar séculos de experiências religiosas vividas sob pesados enganos, **ampliando-a** em Espiritualidade gentil, aberta e solidária.

Encontrar num inimigo, até então implacável, grande mestre para que o Amor pudesse **transpor** as barreiras interiores do seu ser.

Transcender a autoestima do menino frágil e tido como "meio maluco", **postando-se** como instrumento dócil da Providência Divina perante milhares de pessoas no Brasil e em diversos países. E **fazer** isso sem se deixar cooptar pelas garras fáceis da vaidade e da identificação.

Permitir-se encantar e andar lado a lado com milhares de corações sofridos, **vendo-os** como faróis e fontes de imensas alegrias. **Superando** a tentação de ser tragado pelo amargor do pessimismo, ou ser seduzido pela ideia de ver tais irmãos como vítimas de uma injustiça aleatória do destino.

Ser integral é fazer das pontas soltas pelo caminho, linhas harmônicas de delicado bordado.

É **transmutar** montanhas aparentemente intransponíveis em pedras preciosas a compor um mosaico de belezas expressas em natural, única e perfeita manifestação.

Assim é Divaldo Franco: um homem que **concretiza** ideais em escolhas, atitudes e obras. E, assim, integra em luz as partes ingenuamente tidas como escuras de sua história. Capítulos de um viver misteriosamente belo – em tais passagens densas – apresentadas neste filme como peças necessárias e exatas, a compor o quebra-cabeças de sua virtuosa existência.

Daniela Migliari
Brasília, 18 de julho de 2017.

NOTA DA AUTORA
"Bahia que une todos os Santos!"

❧❧❧

Nos dias finais das gravações de "Divaldo, o mensageiro da paz", estávamos todos em Salvador, onde muitas das cenas protagonizadas pelo médium baiano foram vividas e filmadas. Depois de conversar com diretores, atores e equipe técnica por vários dias, fiquei encantada com a percepção absolutamente colorida e ampla nos matizes dos muitos homens e mulheres que fizeram deste sonho uma realidade concreta.

Espíritas, católicos, umbandistas, candomblecistas, protestantes, espiritualistas, ateus: os muitos integrantes do filme nem mesmo se davam ao trabalho de perguntar, uns aos outros, durante os intervalos, quais fés professam em seu coração. Estavam focados no Amor que a tudo rege, enlevados pelo exemplo de Divaldo Franco. Estavam, sobretudo, com olhos e ouvidos atentos para perceber uma cura significativa para si mesmos.

Cura, sim. Em cada uma das dezenas de entrevistas, uma resposta comum permeava a todas: "Não estou aqui por acaso"; "Isso faz sentido para mim", "Recebi uma resposta", "Percebi o que isso tem a ver com a minha história e a de minha família".

Igualmente imerso nesse tom, o diretor do filme, Clovis Mello, também experimentava, por sua vez, uma integração profunda. Conduzia as equipes com afinco, esmero, foco, silêncio e concentração – tudo isso mantendo uma comunicação gentil, em geral acompanhada de um sorriso.

Foi comovente ver os olhos atentos que todos lançavam em sua direção, dóceis e dispostos a serem conduzidos por seu devotado coração. Emanavam confiança absoluta na entrega do diretor à sua tarefa: traduzir em mensagem exata, oportuna e com serventia, a vida do médium que tanto lhe inspira. "É um filme para motivar os jovens a amar a vida", responde Clovis, quando questionado sobre o propósito do projeto.

Em sua trajetória, Divaldo tocou com os próprios dedos ideias de suicídio e, com o auxílio da família, da Espiritualidade e dessa Bahia de todos os Santos, conseguiu dizer "sim" à existência e permanecer vivo, muito vivo!

Uma história que, certamente, merece ser contada, vista, ouvida e sentida.

Neste livro, segue um pouco do sentimento que envolveu os corações dos idealizadores, diretores, produtores executivos e artistas que atuaram nesta obra.

Bom mergulho: no filme e no livro!

Daniela Migliari
Fevereiro de 2019.

Parte I

Feira de Santana
Bahia

Cidade cenográfica representando Feira de Santana(BA) filmada na Vila de Luiz Carlos em Guararema(SP)

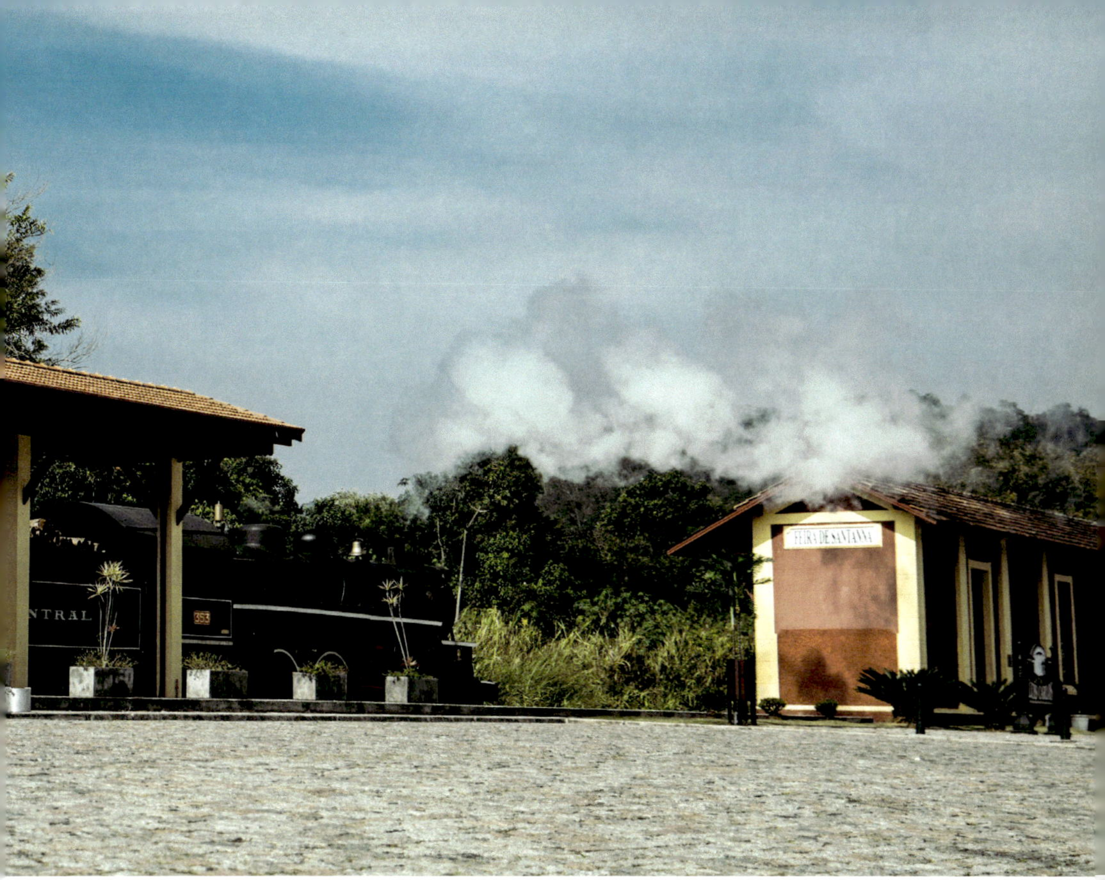
FEIRA DE SANTANNA
NTRAL
353

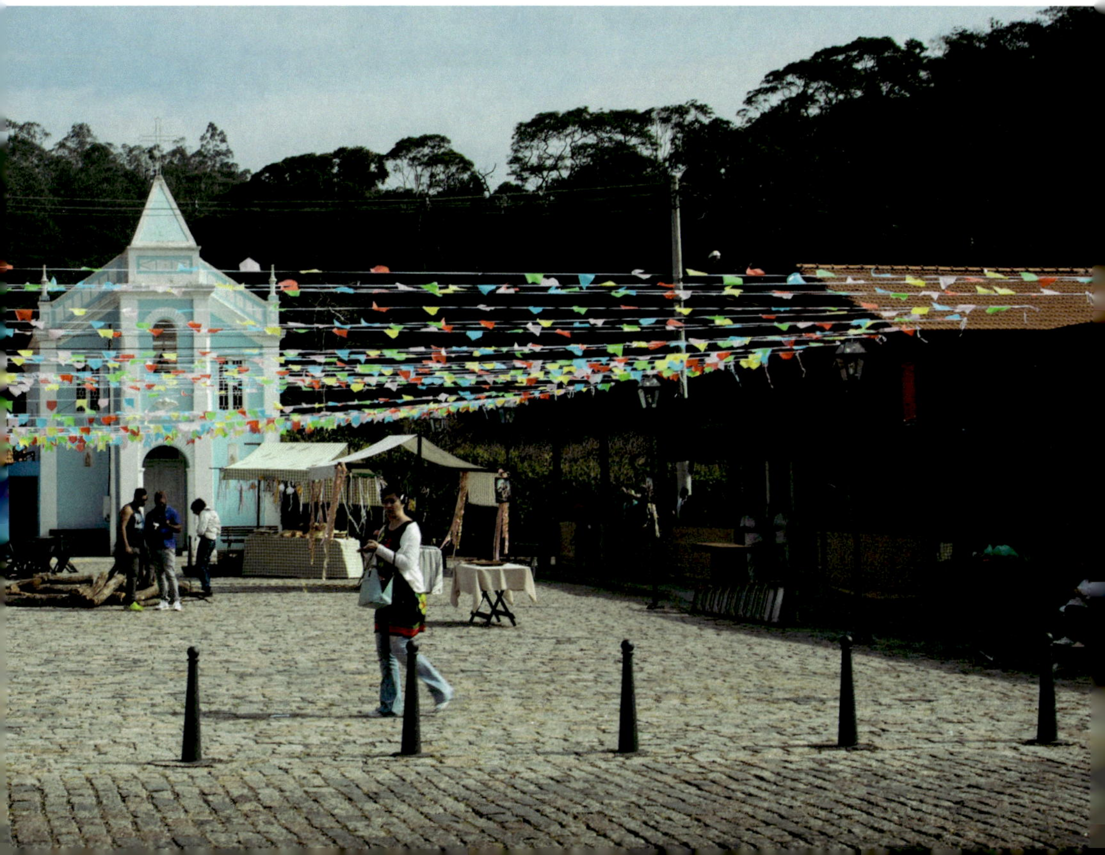

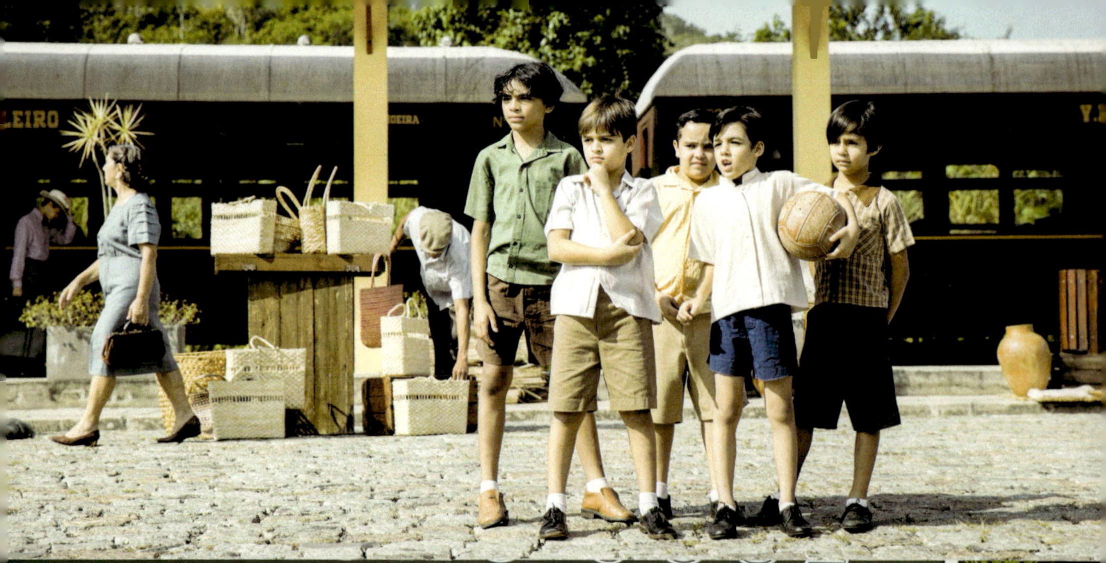

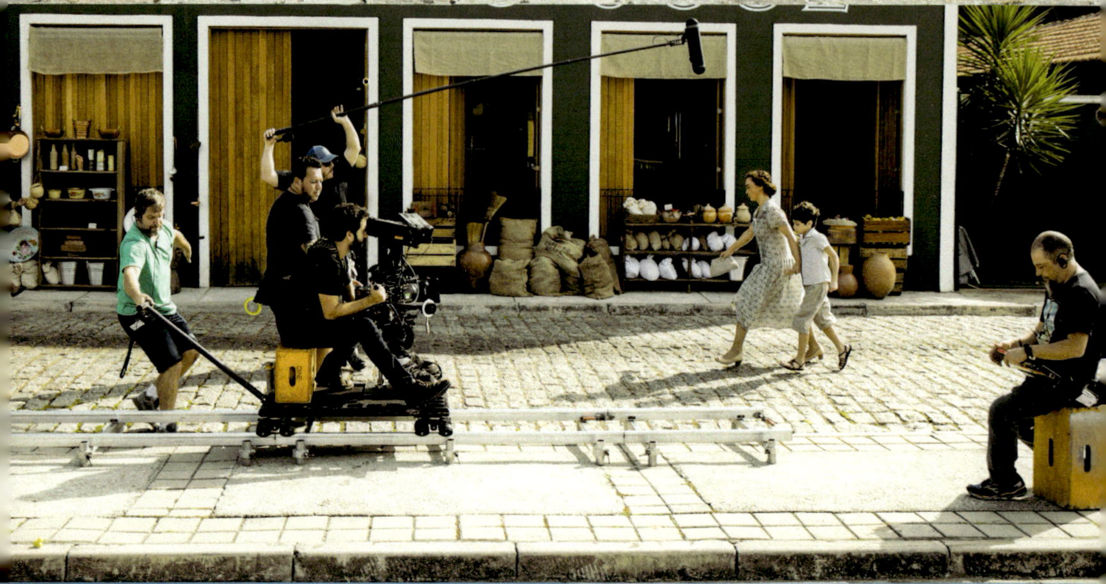

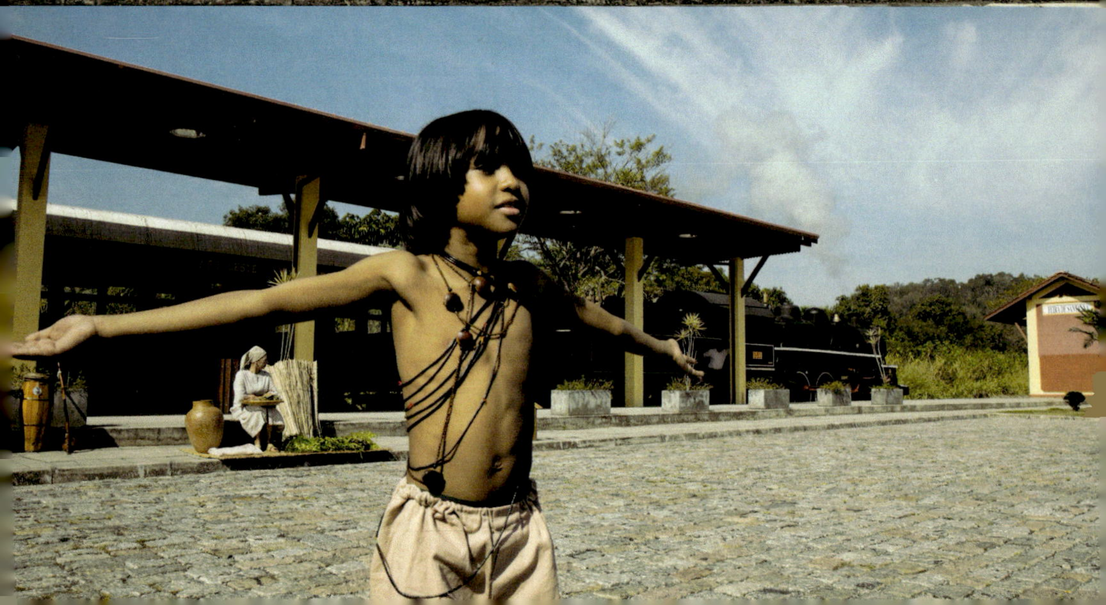

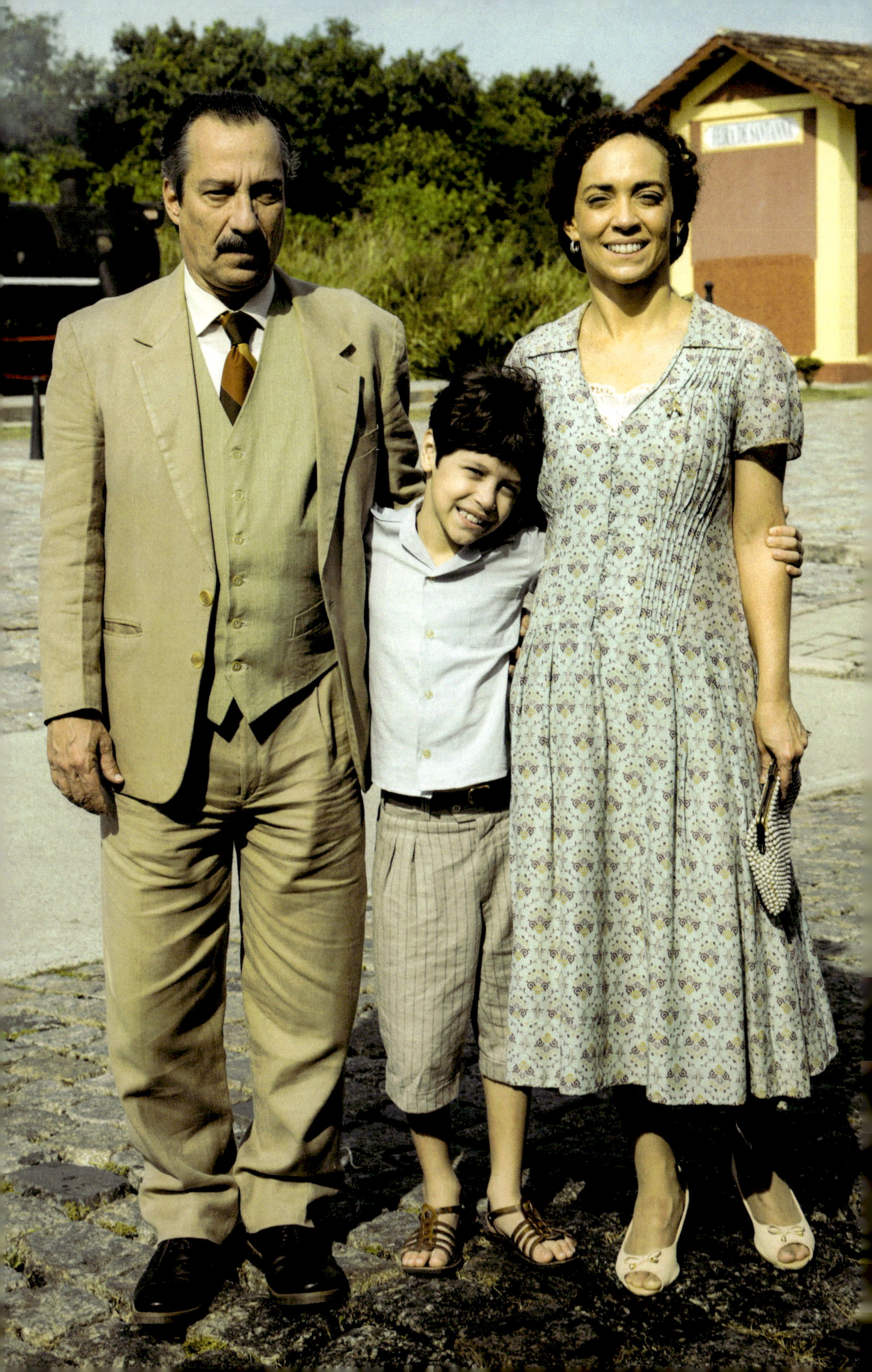

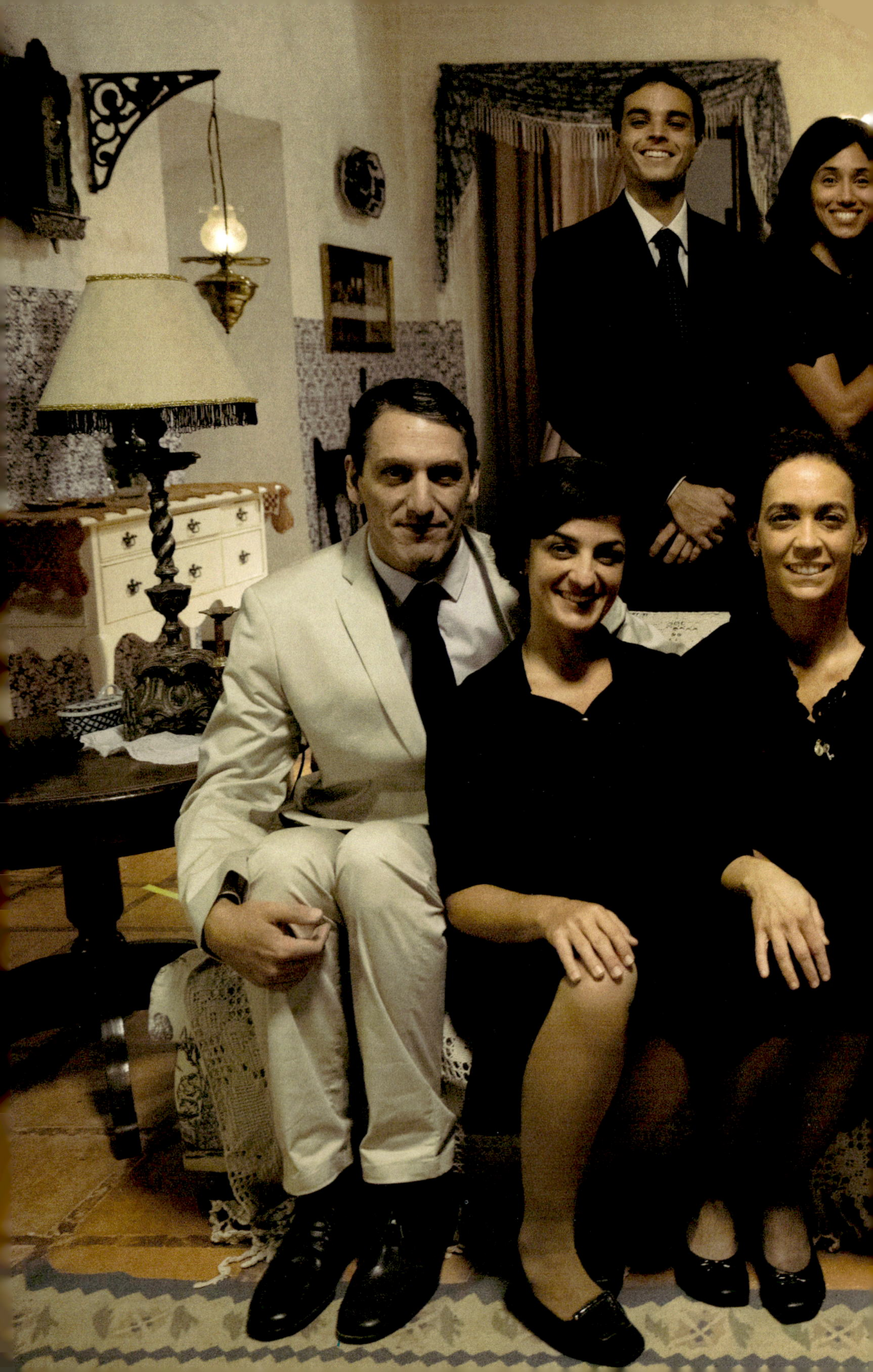

A Família

Divaldo Franco nasceu em Feira de Santana, na Bahia, em 5 de maio de 1927. Filho caçula de Ana Alves Franco (dona Ana) e de Francisco Pereira Franco (seu Francisco), teve 12 irmãos. Moravam em uma casa localizada na esquina da praça Fróes da Mota com a rua Minadouro, número 60. Era uma moradia com quatro quartos, sala ampla, cozinha e um espaçoso quintal onde viveram uma vida simples, sem grandes luxos ou privações.

A MÃE – Dona Ana

Dona Ana ficou grávida de Divaldo aos 44 anos, e chegou a receber a sugestão de não levar a gravidez tardia adiante. O médico fez o alerta, alegando os riscos devido à idade avançada e à possibilidade de a criança nascer com defeitos congênitos. A mãe iniciou aí sua longa caminhada em defesa do filho, afirmando categoricamente que levaria, sim, a gravidez adiante: "Matar meu filho? Nunca! Não acho certo, doutor. Antes morrer do que matar".

E assim foi, vida afora: dona Ana apoiou o filho com todas as forças, como podia. O médium sempre esteve fortemente ligado à mãe, e cuidou dela até o fim, quando faleceu em sua companhia, na Mansão do Caminho, no ano de 1972.

Para representar a devotada dona Ana, a atriz escalada foi Laila Garin que, de início, não tinha uma real ideia da importância desse projeto em sua vida. Para ela, a oportunidade de fazer as três fases da personagem foi o primeiro ponto que chamou sua atenção: tornar seu envelhecimento algo crível seria um desafio para si e para toda a equipe.

Com o tempo, a atriz pôde compreender a essência do gigante desafio da mãe nesta história: "O filme começa com Divaldo ainda criança. Até ele entender o próprio processo, qual era a missão dele, tudo aquilo foi muito sofrido e confuso. Afinal, naquelas circunstâncias, ninguém sabia lidar com todos aqueles fenômenos. Podia ser uma doença mental, ou qualquer outra coisa que não sabiam explicar."

Entrevista com a atriz Laila Garin, intérprete de dona Ana:

Na sua visão, como se deu a compreensão de dona Ana sobre Divaldo?

É justamente no meio desse processo todo que se percebe a transformação na aceitação dessa mãe. Ela sofre muito pois, à princípio, também não compreendia o que se passava ali. Foi ela quem teve de

Dona Ana, mãe de Divaldo

Atriz Laila Garin envelhecida por Denise Boro

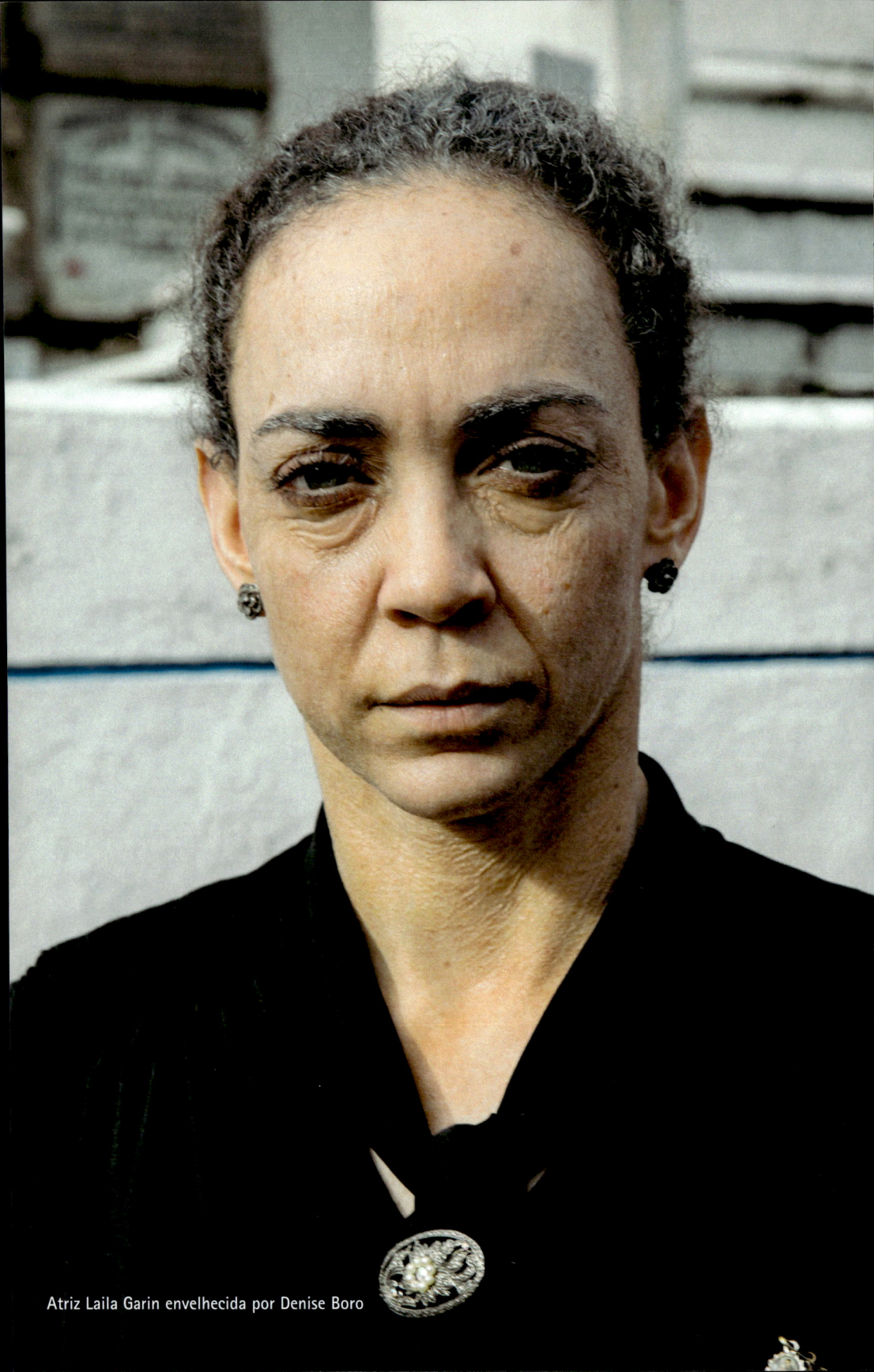

enfrentar o marido, que entendia ainda menos o processo, para defender o filho. Dona Ana é a grande cúmplice de Divaldo. Então, acredito que ela será a ponte de compreensão dessa caminhada de Divaldo para o público do filme. Ela é uma pessoa ativa, presente na vida dos filhos, que segura a família toda. Tem muita garra e é, definitivamente, uma mulher muito forte!

Você é baiana como Divaldo. Já conhecia o médium e a Mansão do Caminho?

Houve uma época em que eu estava com alguns problemas de saúde e tive contato com esse universo espírita, ao frequentar um centro em Salvador. Foi lá que ouvi falar dele e da Mansão do Caminho. Mas confesso que somente na produção do filme, quando fui visitar pessoalmente a obra, que tive a real dimensão do que esse homem construiu e mantém. É algo gigantesco!

Qual a cena que mais te tocou?

A cena do filme mais impactante e que me parece até algo mítico é quando dona Ana rompe com a Igreja que tanto amava, motivada pela não permissão do padre, um grande amigo, de fazer a missa para encomendar o corpo da filha, que havia se suicidado. É uma cena onde ela encontra força no próprio instinto de mãe para fazer esse rompimento.

Como esse papel tocou você?

Eu considero que estou neste filme por causa da morte. Nele, tem uma frase que dona Ana diz: "Quanto mais eu vivo, menos entendo como é que Deus pode tirar a vida das pessoas?". A consciência da finitude me causa uma inquietação muito grande. Então, eu penso que esse filme faz parte da minha própria busca espiritual para entender melhor essas questões. Mesmo diante de um texto tão forte quanto esse, ainda não alcancei respostas para todas as minhas perguntas, mas creio que este filme é uma etapa muito importante dessa minha busca.

O PAI – Seu Francisco

Seu Francisco foi um homem que amou muito a família – à sua maneira. Dedicado, presente e bastante trabalhador, nunca deixou faltar nada em casa, ainda que levassem uma vida simples. Ensinava os filhos a não guardar mágoas e tinha orgulho de trabalhar longas horas como comerciante de fumo. Quando as coisas não iam bem neste mercado, fazia bicos em mercearias e açougues da cidade – onde levava o menino Divaldo para auxiliá-lo, ensinando-o, desde cedo, o valor do próprio suor.

Ainda que muito dedicado ao lar, seu Francisco era um homem rude, que não demonstrava afeição. Desesperava-se diante das constrangedoras visões do filho caçula que, em sua ignorância, eram vistas por ele como ameaças do "demônio" – ao menino e a toda sua família. Para proteger Divaldo, o pai usava da força para "endireitá-lo" e, em diversas tentativas violentas, punia-o com açoites aplicados com todo o rigor.

É certo que toda essa rudeza deixou marcas que levaram anos para serem pacificadas. Com o tempo, o médium baiano compreendeu a forma de ser do pai e viveram próximos nos últimos anos de vida do patriarca. Em 1966, seu Francisco morreu, também, sob os cuidados do filho. Posteriormente, lhe apareceu em espírito, numa de suas palestras, para reafirmar a Divaldo que tudo aquilo que ele dizia era verdade.

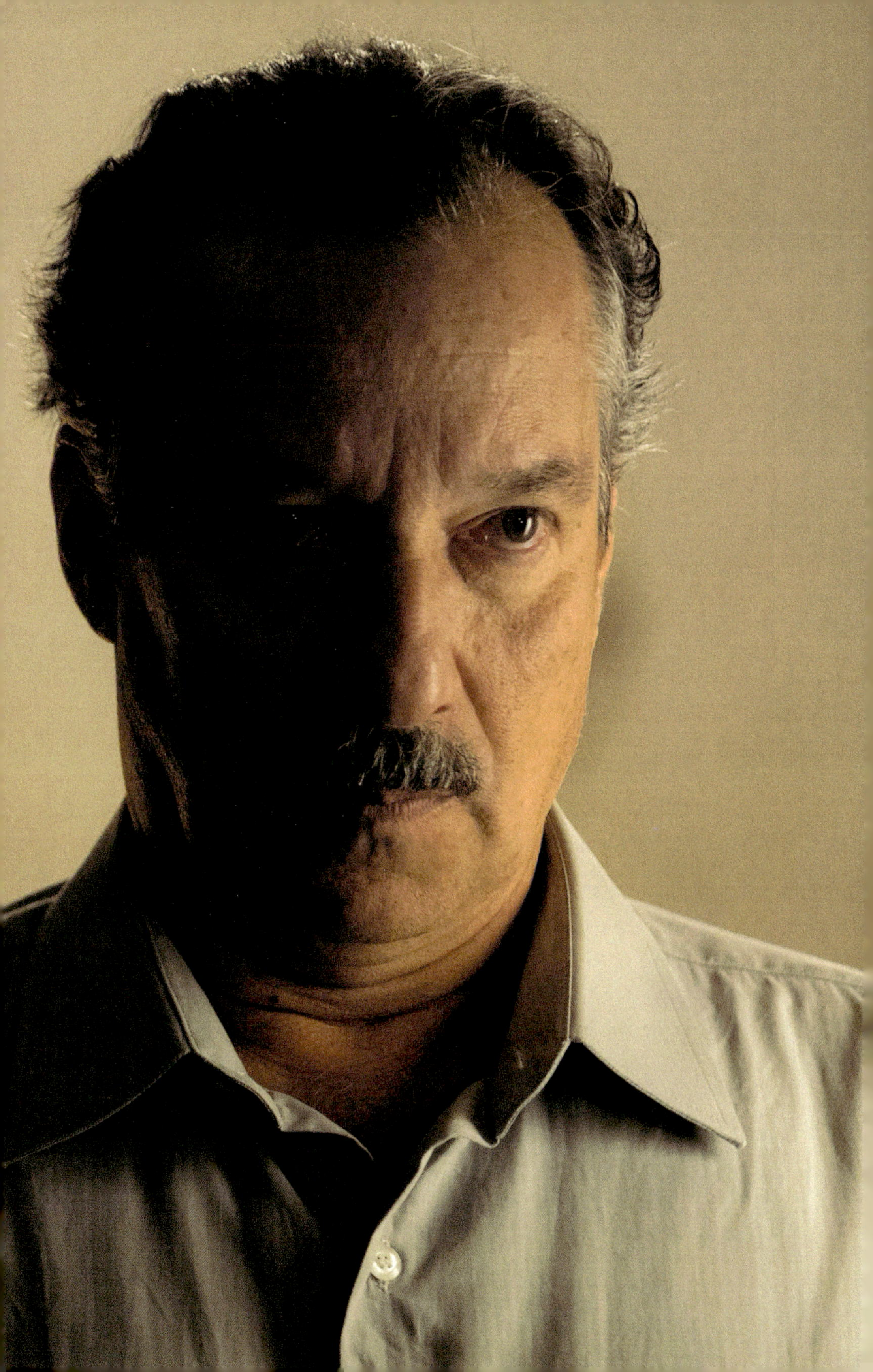

Entrevista com o ator Caco Monteiro – intérprete de seu Francisco:

Como você chegou neste filme?

A produtora de elenco, Marcela Altberg, foi quem me convidou após ter visto meu trabalho em outros filmes, inclusive no longa *Irmã Dulce*. Eu, como baiano, conheço a obra do Divaldo e sei de sua importância em todo o Brasil e no mundo, pelo incrível trabalho social que realiza na Mansão do Caminho. O que me encantou foi ver a passagem do tempo no personagem, que começa em 1935, depois vai para 1944 e segue para 1960. Então, existe todo um processo de envelhecimento, que é genial de um ator fazer.

Como você percebe seu Francisco?

Uma coisa que eu gostei demais foi a caracterização, que ficou muito próxima. Seu Francisco era um comerciante de Feira de Santana, um sujeito sério, com uma expressão muito sisuda, mas que tinha uma grande candura no olhar. Trata-se de um personagem incrível: extremamente religioso, católico e com certa resistência em relação ao Espiritismo. Então, imagine a dificuldade de aceitação e o sofrimento desse homem quando o filho Divaldo, por volta dos seis anos de idade, começa a ter visões? Óbvio que ele não entendia nada disso.

E isso te tocou de alguma forma especial?

Para mim, foi realmente desafiador. Porque eu também venho de uma família muito católica, de Salvador, e nas décadas de 60 e 70 houve uma grande dor com um tio, irmão mais novo do meu pai, que queria ser espírita. Por isso, eu peguei todos esses elementos para me ajudar a compor o personagem. Meu pai e todos os outros irmãos não aceitavam de modo algum que o caçula tivesse se tornado espírita. O sofrimento desse meu tio foi muito forte. E sabe o que é mais interessante? Esse meu tio Agnaldo Bahia Monteiro, com o passar do tempo, tornou-se um braço direito de Divaldo Franco. Então, para mim, existe uma relação familiar com este filme.

O Divaldo sabe disso?

Até o momento desta entrevista, não. No término das filmagens, pretendo ir à Mansão do Caminho para me apresentar como Seu Francisco (risos). Ele amava os filhos. E quando ele repreendia Divaldo era por amor e não exatamente por maldade. Então, pra mim, realmente considero um presente ter sido escolhido pra fazer este papel e compreender a história da minha própria família.

Que peça da sua história se encaixou com este filme?

A minha família é tradicionalmente católica apostólica romana. E, desde 1994, eu sou do Candomblé. E uma coisa que o meu pai e a minha mãe me ensinaram e que eu trouxe pra vida é a importância da gente ter fé. Porque, com a fé, a gente enfrenta e supera qualquer situação na vida. Dentro da sua crença e no que você acredita. Esse foi um ponto em comum que encontrei neste personagem, a fé de seu Francisco em Jesus. Temos isso em comum.

Qual a grande mensagem do filme para você?

Nesta história, Divaldo quase se mata, pois não entendia e sofria com o que vivia. Eu penso que este filme pode salvar muita gente que tem esse dom mediúnico. A gente não sabe quantas pessoas existem assim, no interior do Brasil, e que possam estar vivendo o mesmo conflito. Penso que essa parte da história é uma lição que pode ajudar a compreender melhor o que se passa. E acredito que ninguém deve abandonar seu dom. O que eu mais adoro é ver uma pessoa ter fé e poder se dedicar àquilo que acredita.

OS IRMÃOS

No filme, dos 12 irmãos, são retratados cinco, por ordem de nascimento: Nair, Hildeth (Dete), José, João e Osvaldo. Divaldo foi o décimo terceiro filho, muitas vezes chamado pela mãe por "derradeiro". Ele não conviveu com todos os irmãos, pois os mais velhos faleceram antes do seu nascimento. Além dos retratados no filme, Divaldo conviveu também com mais dois irmãos: Otília e Genésio. A morte da irmã mais velha, Nair, por suicídio, o marcou de forma intensa. No cotidiano, era mais próximo dos irmãos Dete e Osvaldo, com os quais tinha grande afinidade e afeição.

NAIR – A irmã mais velha de Divaldo

Nair tinha uma ligação de muito afeto com o irmão caçula e, devido à diferença de idade, ele a via com grande admiração. Após casar-se com um rico comerciante de cacau, ela mudou-se para Ilhéus, onde viveu até cometer suicídio ao descobrir uma traição do marido. A morte aconteceu em 1939, levando imensa dor para a família e para Divaldo, então, com 12 anos de idade.

Ao longo da vida, o médium esteve em contato com o espírito da irmã muitas vezes, sendo uma destas aparições vital para que ele também não cometesse o suicídio. Muitos anos depois, Divaldo soube que a irmã havia reencarnado outras duas vezes – uma delas com breve passagem pela Mansão do Caminho – prosseguindo em sua jornada evolutiva.

Entrevista com a atriz Alice Guega – intérprete de Nair:

Você participou de poucas cenas, embora seja um dos personagens mais marcantes na vida de Divaldo e neste filme...

Sim! Eu faço a primeira sequência de cenas em família, em que após o jantar, Nair, que é a irmã mais velha, coloca os irmãos para dormir. Nesse momento, Divaldinho pede a ela que não vá embora. Nair havia se casado recentemente, e precisava acompanhar seu esposo em Ilhéus. Ao se despedir da mãe, esta a interroga se confia mesmo no marido, alegando que "coração de mãe não se engana". Poucas cenas depois, a família recebe a notícia de que Nair havia se suicidado, tomando veneno.

A segunda cena é a mais marcante, pois Divaldo vai tentar se suicidar jogando-se da mureta do elevador Lacerda. Então, Nair aparece para ele em espírito, falando do equívoco que seria fazer isso, mostrando seu corpo coberto das cicatrizes de queimaduras provocadas pela ação do cianureto de mercúrio, o veneno com o qual ela se suicidara. Ela se diz muito arrependida deste ato extremo e insiste para que Divaldo reconsidere. Ao ver as queimaduras e o estado da irmã, Divaldo desiste da ideia de se matar.

A terceira e última parte em que Nair aparece é na cena final, em que Divaldo vai fazer uma palestra e ouve a voz do seu pai o chamar. Ao se virar, ele vê os membros de sua família já falecidos, com ela em conjunto.

Como foi para você a experiência de viver este personagem?

Foi muito desafiador! Este é o meu primeiro trabalho no cinema, desde que me formei em teatro. Quando soube que o filme estava sendo feito, enviei meu material, e não obtive resposta. Um tempo depois, fui indicada pela agência, numa segunda investida, então, entraram em contato pedindo material adicional. Assim, fui selecionada para fazer o teste com o próprio Clovis (Mello, diretor do Filme), e deu certo!

Com a personagem Nair, aprendi a levar a sério a questão do suicídio, pois entendi o quão danoso é esse ato. Pra mim, é valioso poder dizer para as pessoas que pensam na possibilidade de tirar a própria vida que, por favor, reconsiderem e não façam isso. Porque, definitivamente, não é solução e só piora exponencialmente o problema que já está enfrentando.

Essa certeza eu vou levar em minha própria vida, porque reconheço que, em alguns momentos de angústia, principalmente quando eu tinha 16 anos, cheguei a considerar essa opção totalmente equivocada. Então, eu agradeço imensamente pela oportunidade de aprender a verdade que vivi sobre isso, com este filme.

De alguma forma isso te conciliou com este passado?

Sim! E acontece também uma alegria por saber que existe uma possibilidade de que alguém que esteja pensando nisso e que venha a assistir este filme, possa se dar o benefício da dúvida e repensar a opção de não tirar a própria vida.

Você conhecia Divaldo? Como foi encontrá-lo pessoalmente?

Minha família é toda espírita, mas realmente nunca tive nenhum contato com ele. Gostei muito de encontrá-lo, ele tem uma energia surreal. Eu conheci a Mansão do Caminho e fiquei encantada com a obra que ele realiza. Eu sempre soube que o bem é maior, mas conhecer pessoalmente alguém que faz esse tipo de serviço da forma absolutamente discreta que ele faz, é realmente empolgante e inspirador.

DETE – A irmã mais próxima de Divaldo

Dete auxiliou dona Ana a criar Divaldo desde quando era bebê, estabelecendo com ele uma relação muito profunda de amor. Foram amigos e conviveram com proximidade. Dete viveu na Mansão do Caminho por 20 anos e foi amparada pelo irmão até o fim de seus dias, em 2007. No filme, Dete é retratada por duas intérpretes, na fase da infância e na vida adulta.

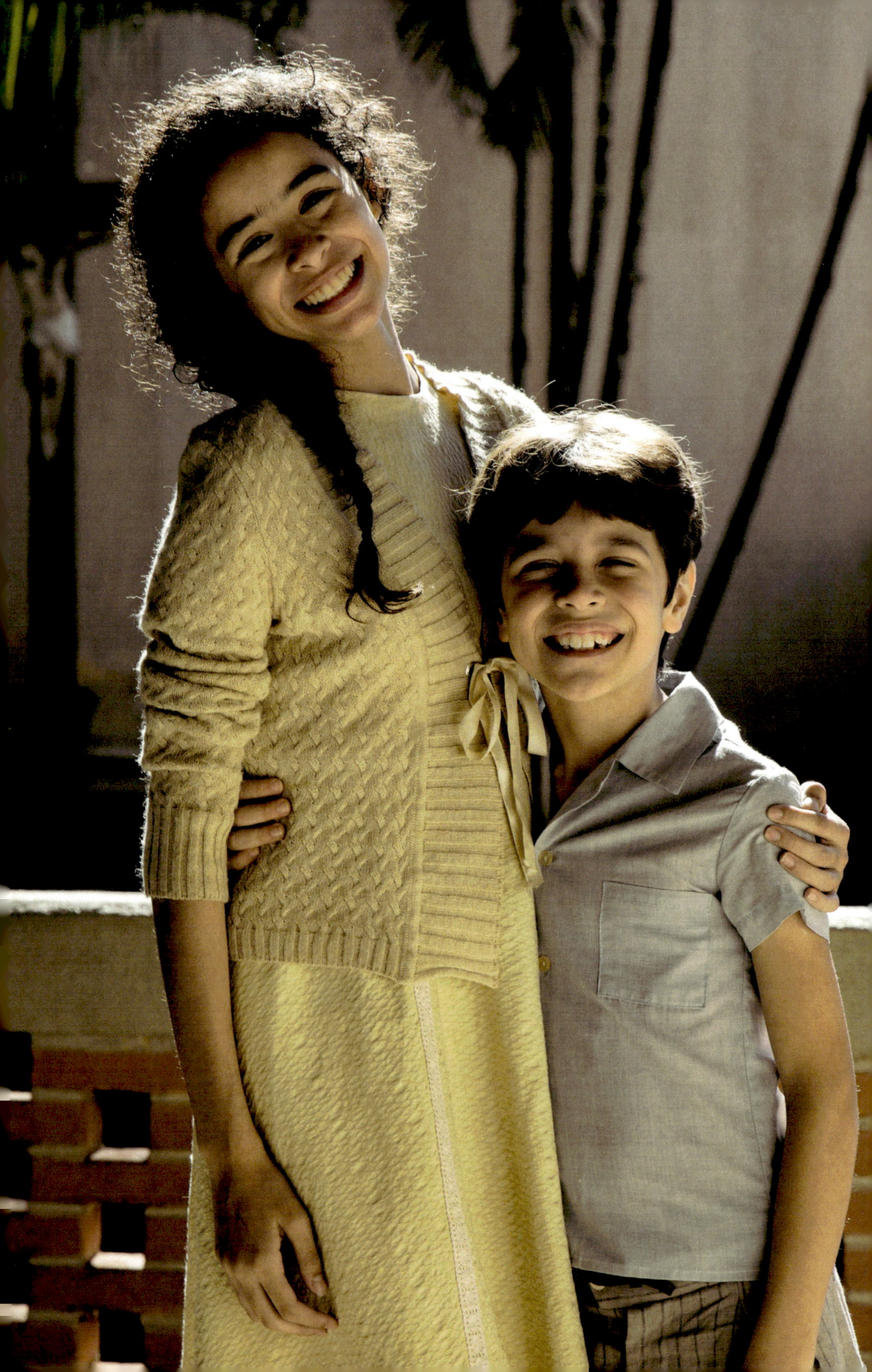

Dete na infância

Entrevista com a atriz Beatriz Saramago – intérprete de Dete na infância. Nas filmagens, a atriz foi acompanhada e recebeu todo o apoio de sua mãe, Michelle Saramago:

Como esse papel surgiu para você?

Eu estava participando de uma seleção para um musical, sem saber que estava sendo observada também para este filme. No dia seguinte, veio o convite. Uma semana antes, uma amiga da minha mãe, que é espírita, deu de presente para ela um livro do Divaldo. Depois do que aconteceu, ela nos disse: "coincidências não existem".

Como foi interpretar este personagem?

Foi diferente de tudo que já fiz. Eu achei muito legal porque eu aprendi muito. Passei a acreditar em algumas coisas que eu nem sabia que existiam.

Qual a sua cena favorita?

A cena que gravei na igreja. Porque acho que foi um momento muito importante, triste, difícil e forte na vida do Divaldo. Foi depois que isso aconteceu que a mãe passou a apoiar e a acreditar mais no que ele dizia.

O que você gostaria que as pessoas sentissem com o filme?

Eu acredito que as pessoas podem aprender muito e gostaria que elas tivessem mais esperança. E ver que, mesmo que a gente não fique feliz quando uma pessoa morre, a gente pode perceber essa situação de um jeito diferente, mais leve. Eu gostaria que elas tivessem fé, pois o Divaldo diz que "a fé matou a morte".

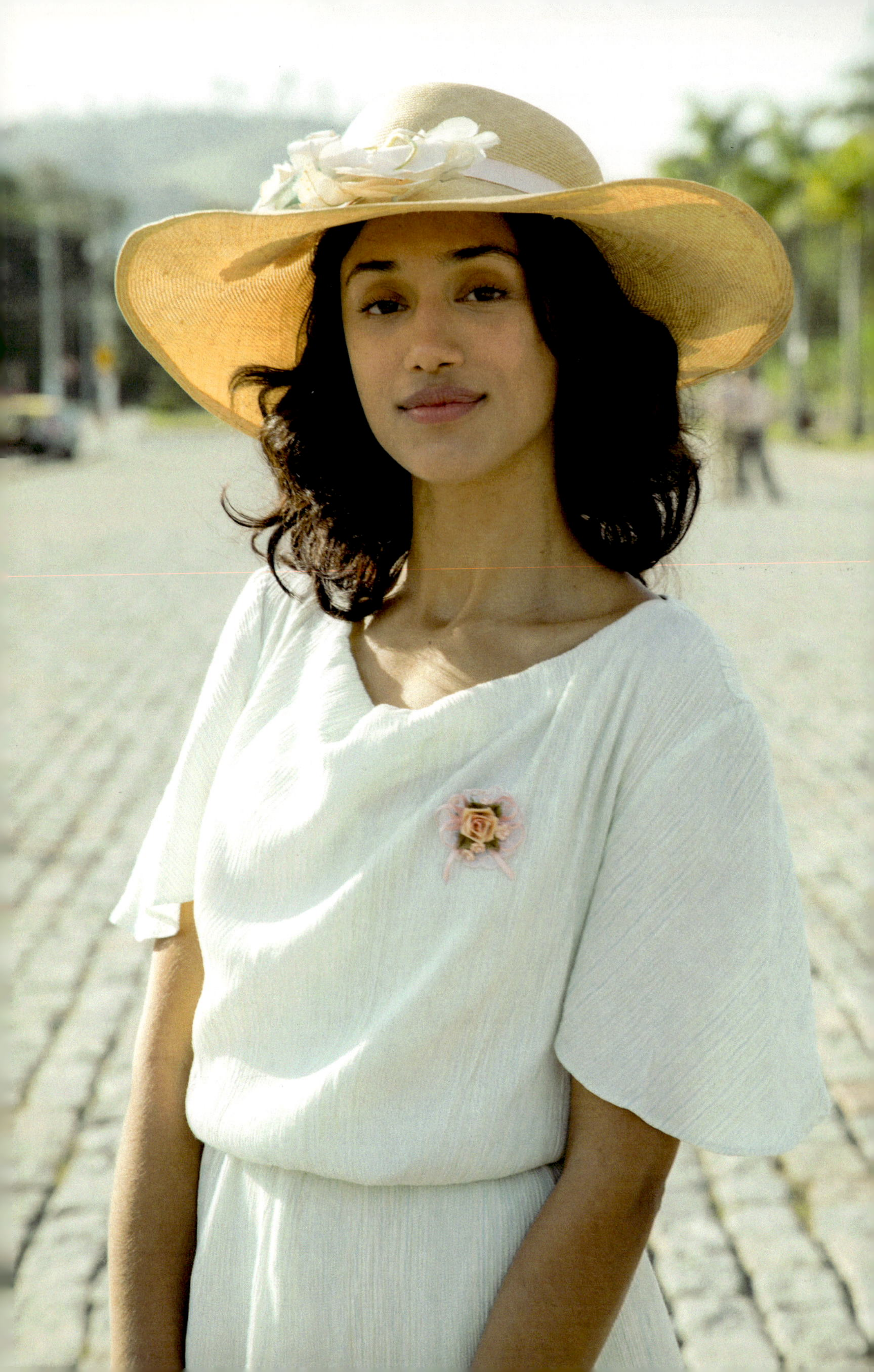

Dete na vida adulta

Entrevista com Nayana Rodrigues, intérprete de Dete na juventude e vida adulta:

Quais os maiores desafios deste personagem?
> Por ser uma garota introvertida, bloqueada pelas posturas machistas do pai, ela se fecha em seus pensamentos. Atuar sobre isso é um desafio pra mim, porque sou o oposto. Mas na minha infância, eu era uma criança quieta e solitária, então foi mais fácil reviver esses momentos em cena.

Você conhecia o Divaldo e o Espiritismo? Tem esta vivência em família?
> Não conhecia a história do Divaldo. O Espiritismo sim, pois meus pais já foram espíritas antes de eu nascer, mas hoje somos cristãos protestantes, então nunca cheguei a vivenciar a doutrina de fato.

O que de mais precioso você leva deste filme para sua vida?
> Levo comigo o exemplo de ser humano que é o Divaldo, seu amor ao próximo e como isso é importante. Na correria do dia a dia, não conseguimos pensar no outro, falta empatia, humanismo, amor. Durante as cenas e, depois, conhecendo a história de Divaldo, pude ver o exemplo de vida que ele é de fato. É isso que Jesus nos ensinou e, infelizmente, às vezes, nos perdemos no egoísmo e esquecemos do principal, que é "amar ao próximo como a ti mesmo!".

JOSÉ

José morreu em 1944, vítima de um aneurisma rompido que ocorreu na época das festas de São João. Divaldo, com 17 anos na época, ficou muito chocado com mais uma morte na família. Ainda no velório, sentiu-se paralisado da cintura para baixo: não sabia que estava sendo obsidiado pelo irmão recém-falecido, que não aceitava ter morrido. Foi neste incidente que sua mediunidade começou a ser desvendada com o apoio de uma amiga espírita da família, culminando no encontro do médium baiano com o Espiritismo.

Entrevista com o ator Caio Brandão – intérprete de José:

Como foi que esse papel chegou em sua vida?

Foi a luz de Deus quem me trouxe este trabalho, justamente num momento em que precisava me conectar com a fé. Minha mãe, Marisa Brandão, morreu um ano antes das filmagens, e ela dizia que Deus me daria paz. Sempre fui muito cético, e eu ia nesses lugares espirituais só por curiosidade. A perda da minha mãe foi devastadora e, com isso, eu fiquei ainda mais resistente à espiritualidade. Então, atuar neste filme foi um grande presente pra mim. Tenho a sensação de que a minha mãe (e outros familiares que também já se foram) andaram mexendo alguns pauzinhos do lado de lá, pra que eu fosse convidado a participar deste projeto.

Algo mudou em você por meio deste contato com o Espiritismo?

É uma doutrina que tem respondido muitas das minhas perguntas. Não é apenas uma pregação, com argumentos vazios. Então, nesse momento em que estou mais precisando de minha fé, vejo que esse contato tem sido importante, e vem dando certo.

Você teve alguma percepção espiritual enquanto filmava?

Sim, na primeira locação, uma fazenda de café, que já foi palco de trabalho escravo. Na cena, havia um velório e eu estava atuando, dentro do caixão. Foi difícil reviver o que vivi com a minha mãe sendo velada,

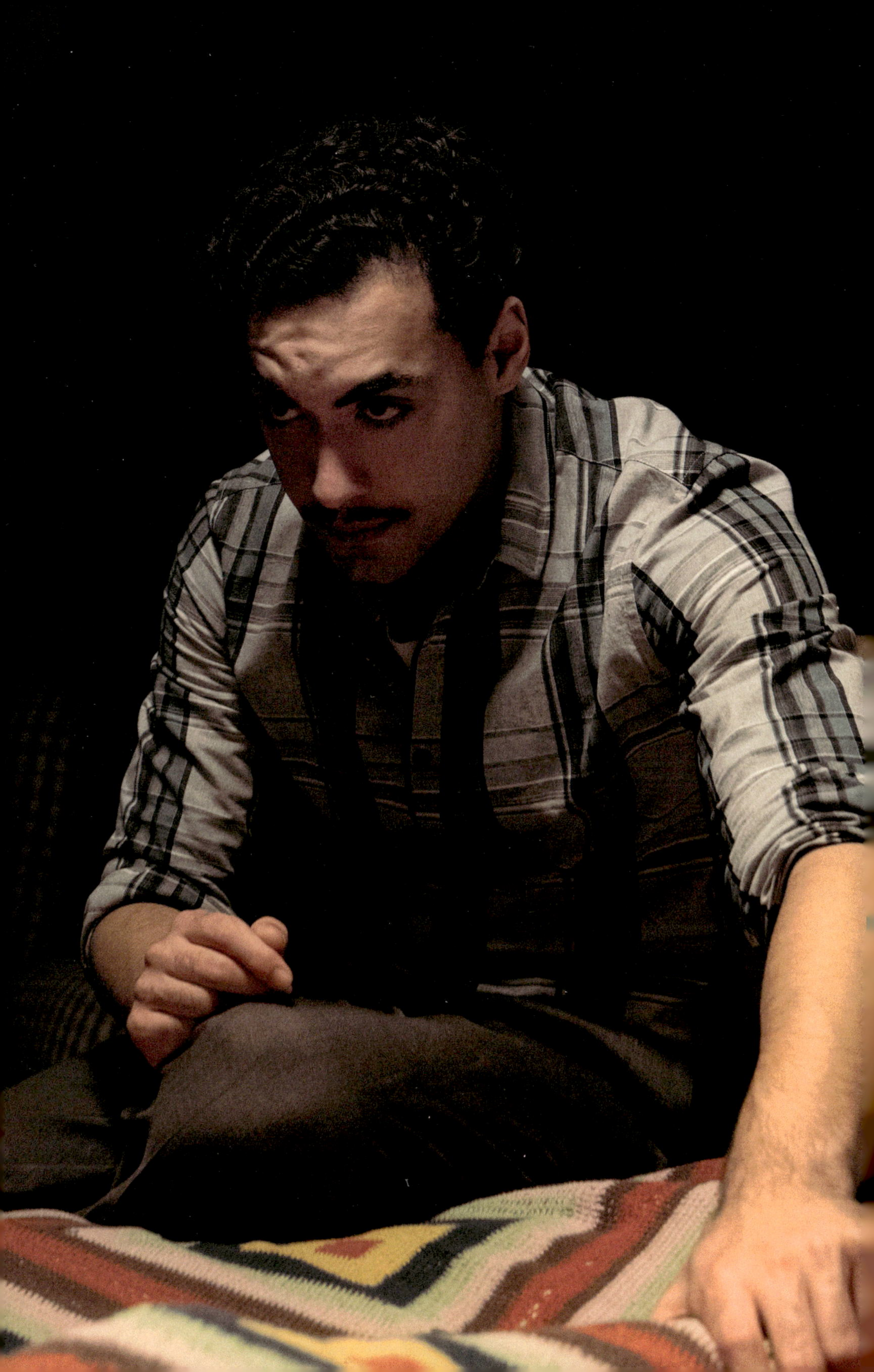

menos de um ano antes. Naquele momento eu senti que havia algo a mais me dando suporte, temperando o meu controle físico e emocional. Eu me senti confortado, vi que não estava sozinho.

Como seu coração sai deste filme?

Estou levando muitas perguntas. Li *O Livro dos Espíritos* e *O Livro dos Médiuns*, com gosto, pois foi realmente maravilhoso ouvir as palavras e perguntas incríveis que Allan Kardec faz. Numa parte do livro, ele fala que o médium é um instrumento, um meio. Ao fazer um paralelo, conclui-se que o ator também é um meio, no qual o espectador projeta seus anseios, tudo o que ele quiser. E se o ator se permitir ser esse meio, e não o fim, cada espectador vai pra casa levando o que foi buscar.

De que forma este filme te cura?

O personagem que eu faço morreu de aneurisma aos 26 anos. Após sua morte, ele fala através do Divaldo a seguinte mensagem para dona Ana: "Minha mãe, desse lado, eu ainda te amo tanto. Eu ainda tanto quero que saiba disso. Quero que fiques bem. E que não veja a minha morte como um desgosto. E sim, vista como alguém que saiu da prisão e foi libertado. Corpo como prisão. Espírito liberto. Então, fique bem. E logo a gente vai estar juntos, novamente." Eu não concluí nada, mas entendi que tem um caminho no qual eu posso acreditar ou não. Acendeu-se uma luz nessa situação em que a gente perde alguém.

E Divaldo? Quem era esse homem, antes e depois do filme?

Antes, era um desconhecido, então fui estudar sobre ele, e encontrei uma sabedoria impressionante. Também busquei palestras e fiquei impactado. Que força é essa que ele passa através da vibração da voz? Pra mim, isso é fé, pois ele verdadeiramente acredita no que está falando. Divaldo é um homem que nos ensina, com o exemplo da sua própria história, que o mais importante é viver para o outro!

JOÃO

João protagoniza uma das cenas mais divertidas, embora dramáticas, do filme. Na tentativa de fazer o irmão caçula voltar a andar após a paralisia das pernas, João, em companhia do irmão Osvaldo, busca a solução para este problema ao dar um choque nos pés de Divaldo. A tentativa não dá certo, e ambos são fortemente eletrocutados, em cena cômica que seria retratada no filme, porém foi retirada pelo diretor na edição final. João foi interpretado no filme pelo ator André Melo, que se sentiu muito impactado e enriquecido por este primeiro contato com o Espiritismo.

Entrevista com o ator André Melo – intérprete de João:

Qual cena mais te impactou?

Foi a cena do funeral de José, filmada na Fazenda da Barra do Piraí. Na cena anterior, tínhamos gravado o espírito do José se prendendo na perna do Divaldo, pois eram muito apegados. Na hora de gravar, todos nós que

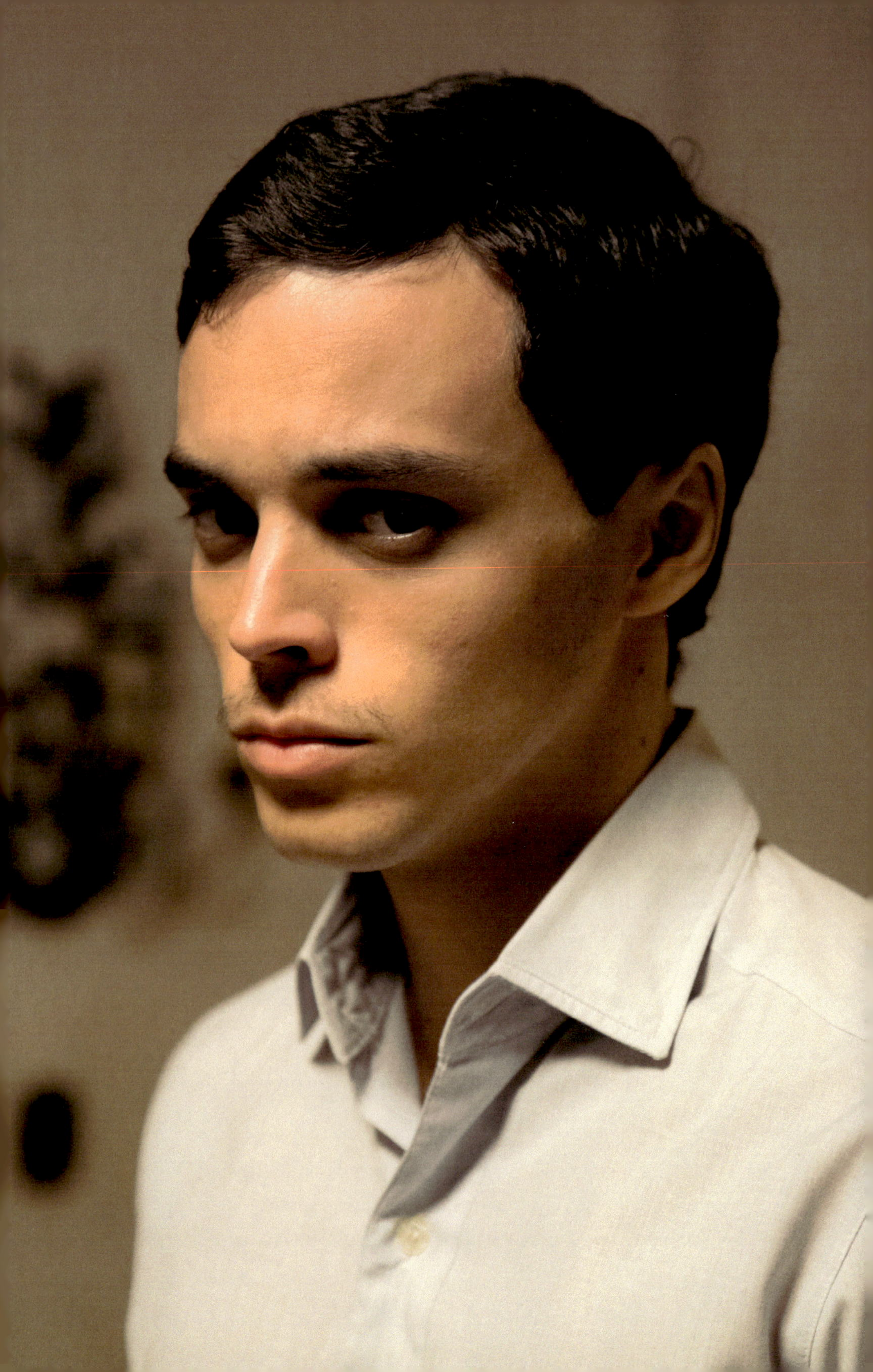

estávamos em cena sentimos muitas sensações. Principalmente na hora da reza, eu me senti muito impactado, pois estávamos todos muito concentrados. Era uma fazenda antiga, com muitas histórias de escravidão e todo esse pacote se materializou numa carga energética muito densa.

Trabalhar neste filme trouxe alguma compreensão espiritual nova?

Sim! Porque existe muita incredulidade em relação ao Espiritismo. Muita gente desconhece a história do Divaldo. Minha família é de católicos muito fervorosos, de um município do interior da Bahia, chamado Socorro. Meu avô foi quem construiu a primeira igreja e toda a base do catolicismo de lá. Naquela época, era a tradição e, até hoje, eles são católicos muito praticantes. Ficou um enorme aprendizado para mim.

Esse contato com uma expressão espiritual diferente te enriquece?

O Divaldo é um homem com uma história incrível, que foi vítima de uma carga enorme de preconceito, inclusive do pai. Um ser que teve uma infância e uma juventude repletas de sofrimento e que, mesmo assim, se tornou um exemplo de superação e de amor ao próximo. Essa obra linda que ele fez fala por si. Eu saio daqui de uma forma reverente e totalmente respeitosa em relação a ele e ao Espiritismo. Foi um aprendizado enorme, que vou levar pra vida toda.

Cena do velório de José, irmão de Divaldo

OSVALDO

Osvaldo também participou da história do choque nas pernas de Divaldo e integra uma das cenas mais marcantes. Muito próximo do irmão caçula, Osvaldo foi goleiro de futebol num time de Feira de Santana, chegando a ficar famoso na cidade. Mais tarde, tornou-se delegado de polícia, e sempre esteve perto do irmão mais novo, até seu falecimento.

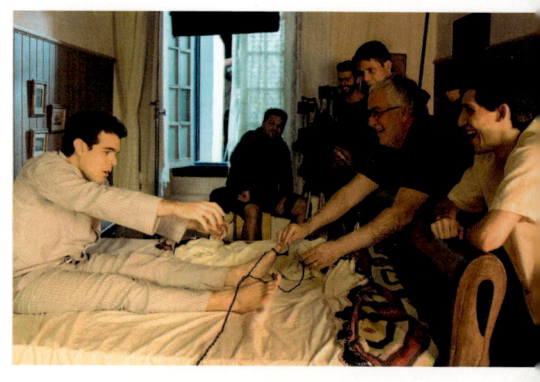

Entrevista com o ator Vittor Fernando – intérprete de Osvaldo:

Como o papel de Osvaldo chegou a você?

O papel de Osvaldo chegou a mim através da queridíssima Marcela Altberg, produtora de elenco. Eu já havia trabalhado com ela em uma peça, então me encaminhou para um teste com o Clovis, que foi muito atencioso. Foi superdivertido! Pra mim, o maior desafio foi o sotaque baiano, de Feira de Santana e ainda de época. É um perigo cair no estereótipo.

Você conhecia Divaldo e o Espiritismo? Tem esta vivência em família?

Sim. Eu já conhecia Divaldo Franco, mas não conhecia tão bem a sua linda história e todos os seus feitos. E eu não tenho essa vivência espírita em minha família. Por isso, estou muito ansioso para que essa história chegue a muitas pessoas através do filme, e que possa transformar muitas vidas!

O que de mais precioso você levou da experiência deste filme?

O projeto foi regido por uma energia imensurável. A gente sentia o corpo arrepiar o tempo todo. Por estarmos contando uma história sobre amor ao próximo, solidariedade e empatia, toda a produção e todos os colegas estavam inspirados por esse sentimento. Cada instante foi lindo e carinhoso demais. "O amor deve ser sempre o ponto de partida de todas as aspirações e a etapa final de todos os anelos humanos", diz Joanna de Ângelis, pela psicografia de Divaldo Franco. Levamos isso a sério (risos)! Levarei esta experiência no meu coração!

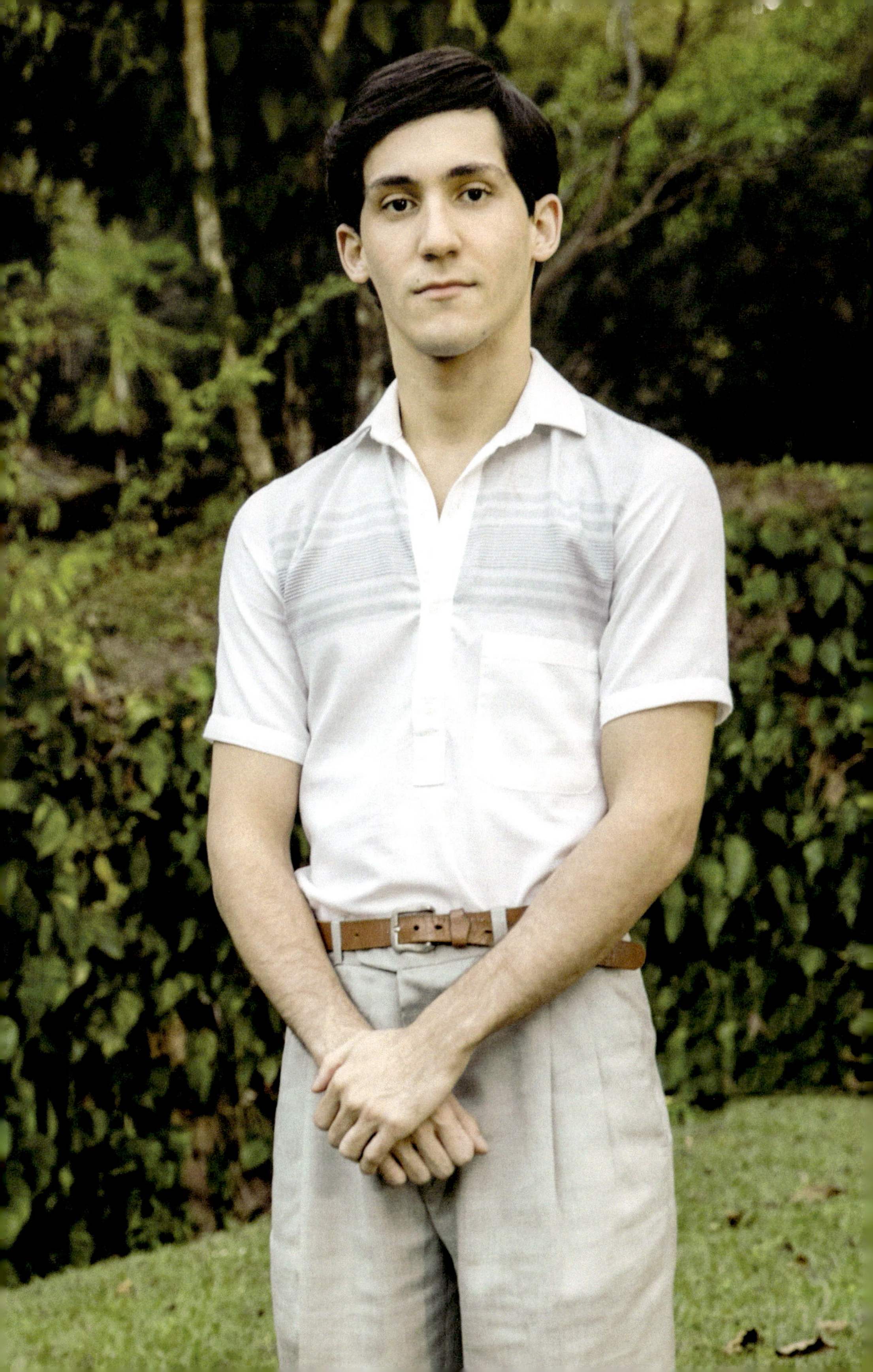

DIVALDO FRANCO

No filme, o médium baiano foi representado por três atores diferentes, nas respectivas fases da infância, da juventude e da vida adulta.

INFÂNCIA

A infância de Divaldo Franco foi vivida na cidade de Feira de Santana, Bahia, onde nasceu e permaneceu até a vida adulta, quando seguiu para a capital, Salvador. Embora considerado diferente, por ver e ouvir coisas "de outro mundo", Divaldo era um menino que gostava de brincar, subir em árvore, acompanhar o pai nos serviços e auxiliar a mãe nas tarefas do lar.

Sempre amou estudar e ir à escola, com o mesmo afinco que demonstrou em suas atividades profissionais e, também, como médium, palestrante e fundador da Mansão do Caminho. Sobre o menino que o interpreta na infância, Divaldo impressiona-se: "O João é a minha cara!".

Entrevista com o ator João Bravo, que interpretou Divaldo na infância, com o apoio e cuidados de sua mãe, Gabriela Bravo:

Como você veio trabalhar neste filme?

Eu estava fazendo um comercial com o Clovis e, no momento que a gente foi gravar a primeira cena, ele chegou pra mim e disse: "Você vai ser o meu Divaldinho". Depois, ele conversou com minha mãe e a gente conseguiu o contrato. Então, fomos pesquisar sobre o Divaldo na *Internet* e assistimos palestras dele. Eu achei muito legal!

Agora que você já o conhece pessoalmente, o que achou dele?

Eu achei ele uma pessoa superlegal. Ele fala de um jeito mais difícil só nas palestras. Fora disso, ele é muito engraçado nas brincadeiras que faz. É muito legal o jeito dele.

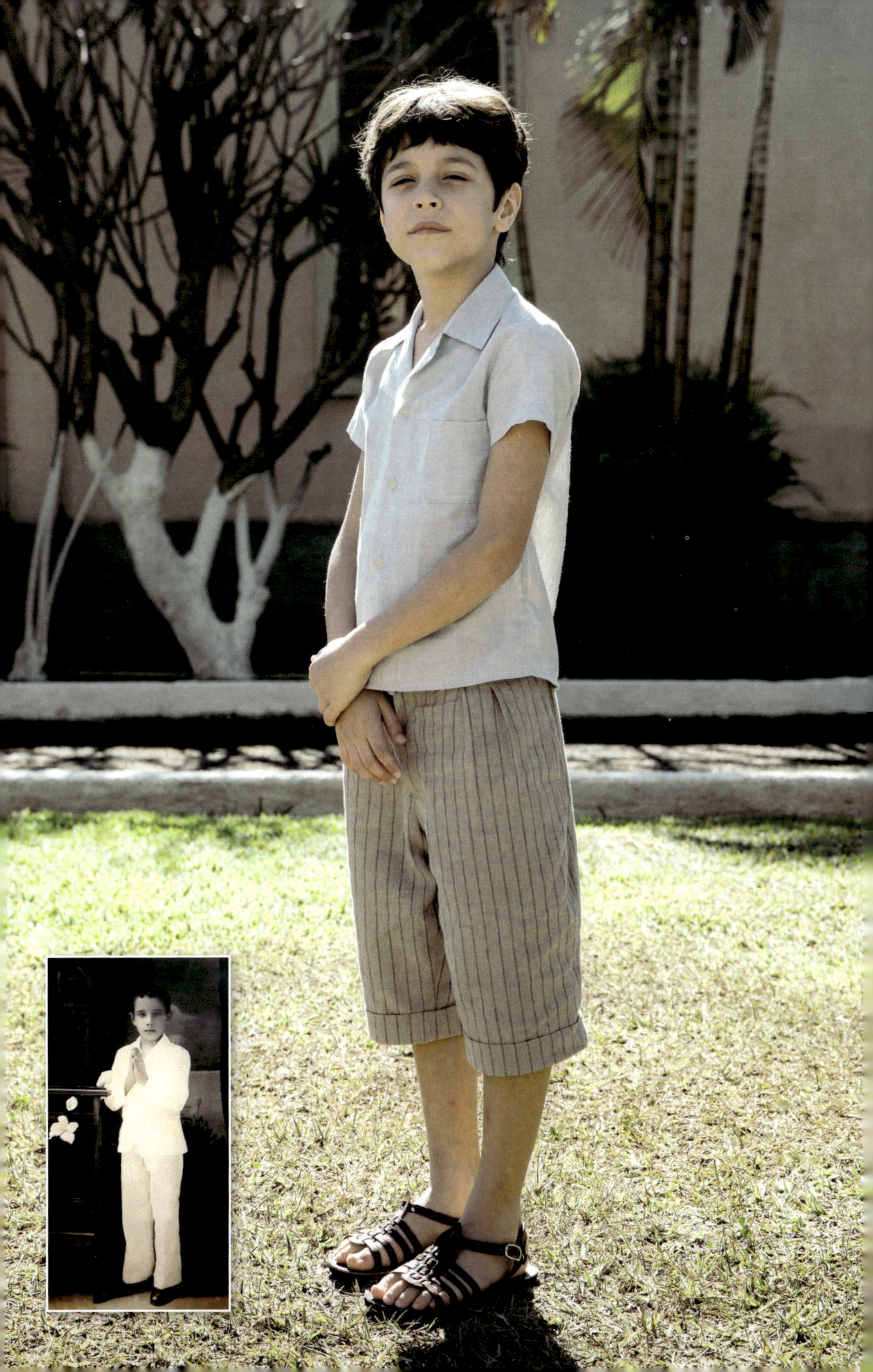

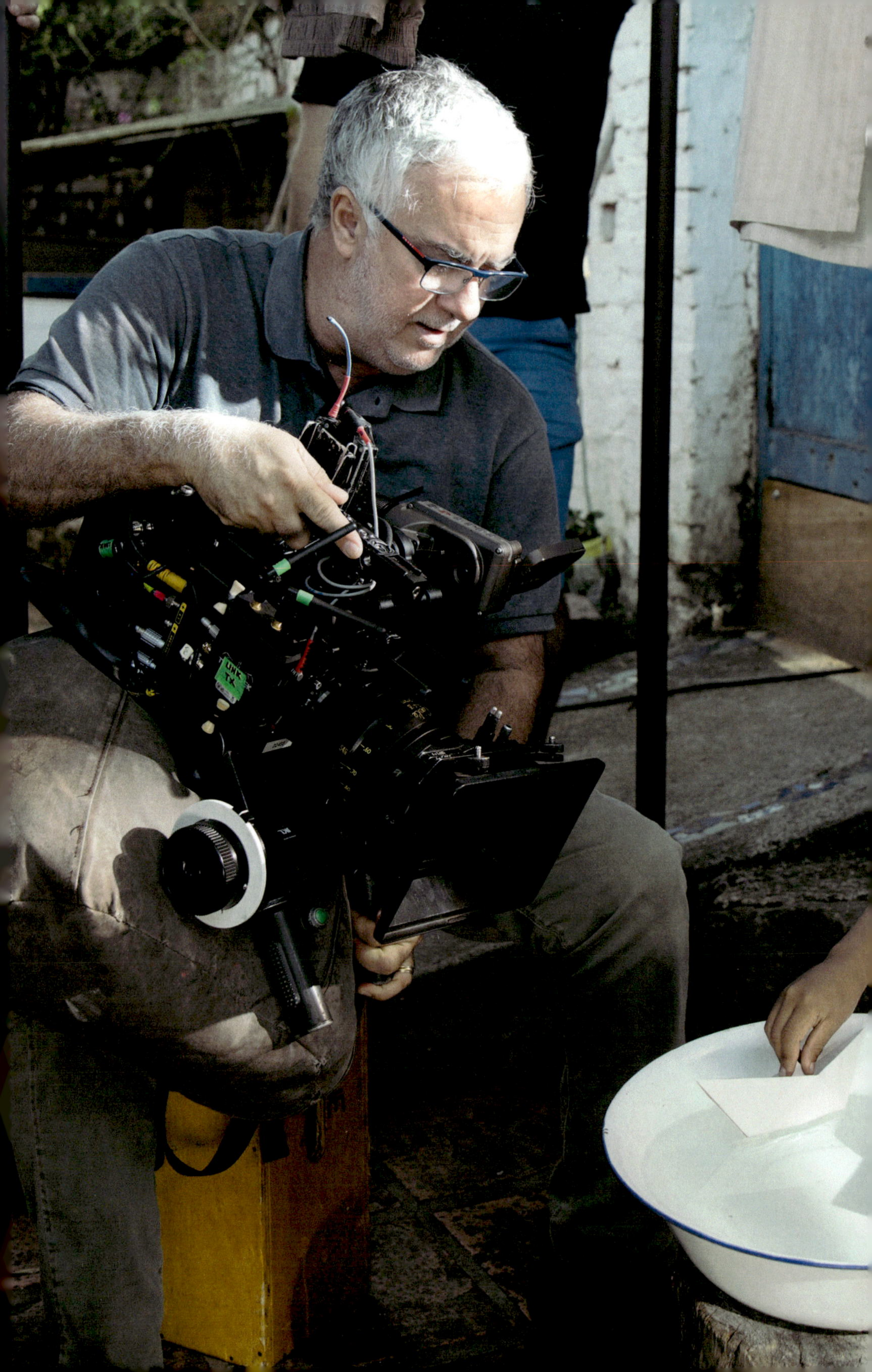

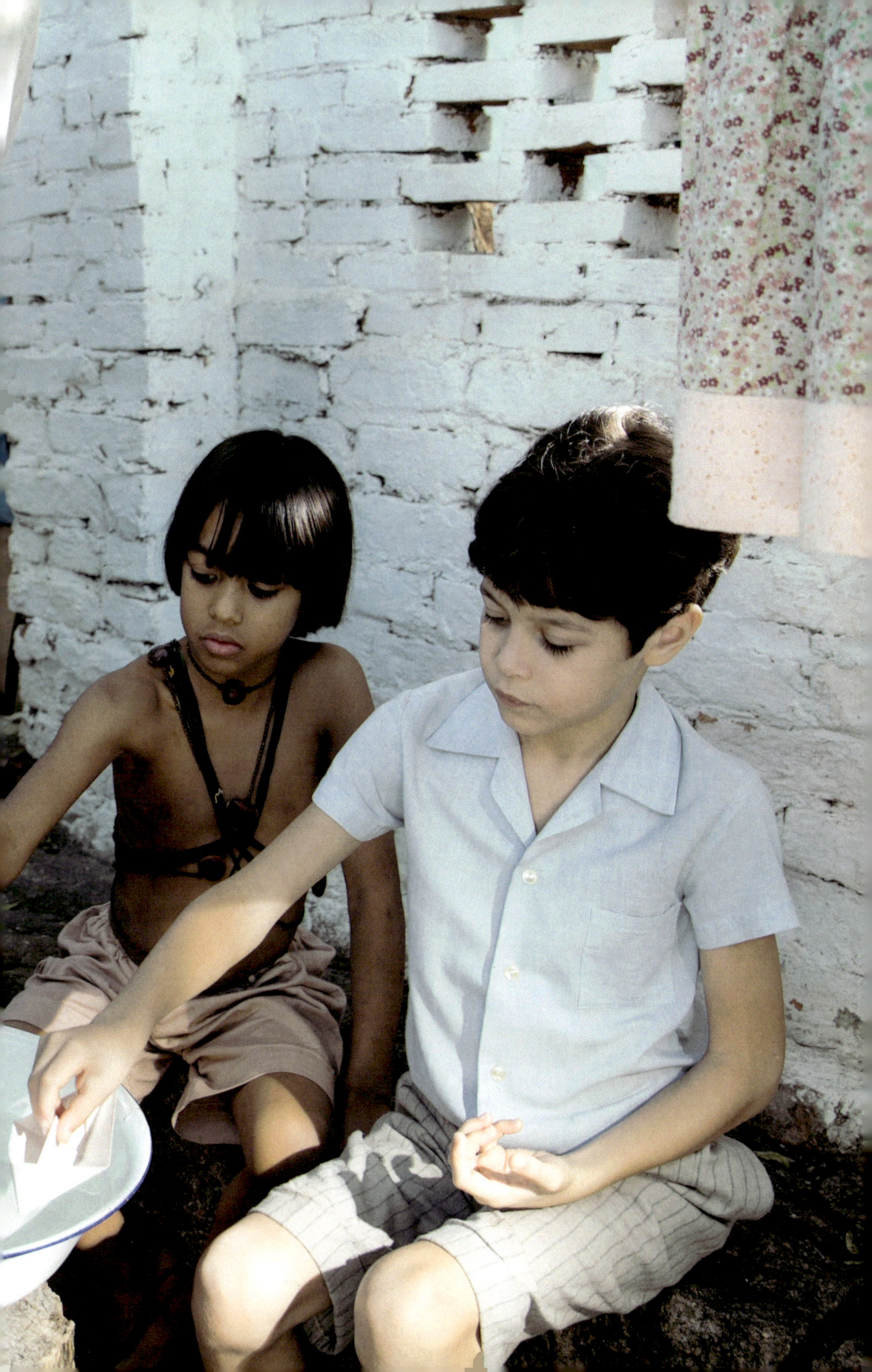

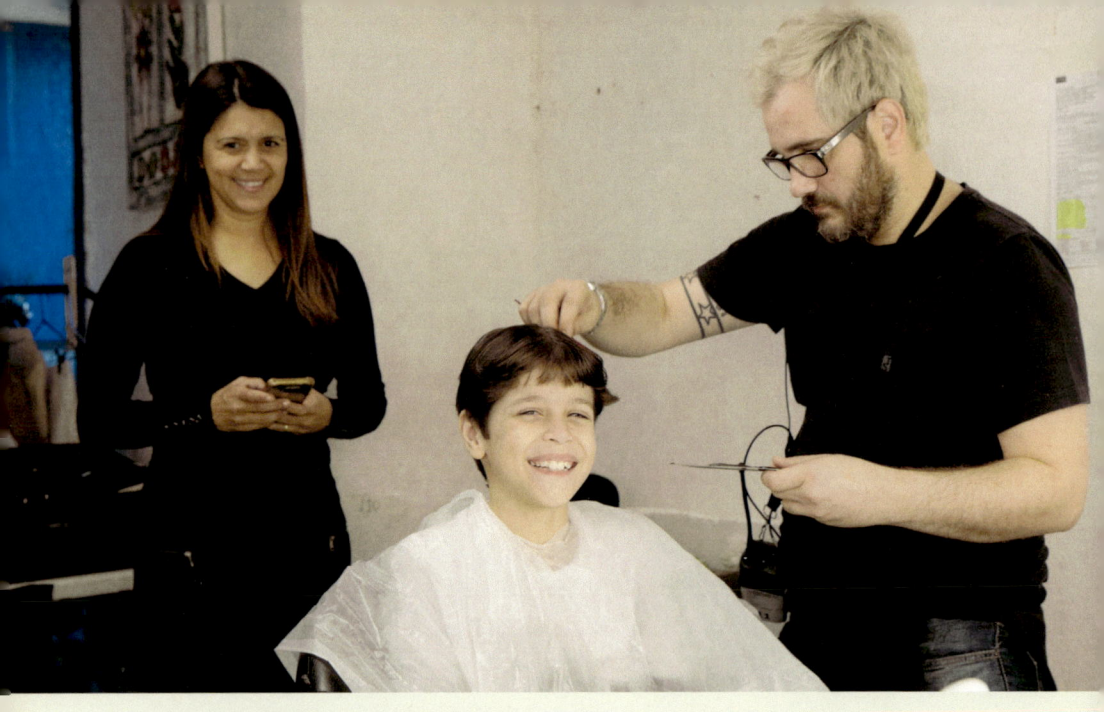

Então você se divertiu fazendo esse filme...

Sim, muito! Eu me diverti muito em todas as cenas que fiz.

Gabriela Bravo, a mãe de João, emenda:

Ele ficou muito ansioso pra fazer a cena do indiozinho.

João:

Ah, é... o Jaguaraçu. O "meu" amiguinho.

Foi bom? Como foi esse encontro com o Jaguaraçu?

Ah, foi muito bacana, porque quando aparecia um espírito na frente do Divaldo era normal. Ele tinha seis anos e não tinha medo.

Você aprendeu alguma coisa com esse filme?

Aprendi sim... muito amor! E eu aprendi a acreditar que a gente sempre pode conseguir.

E quanto a você, Gabriela?

Eu não conhecia o Divaldo, e confesso que fiquei encantada. Ele é uma pessoa que fala e vive o amor o tempo todo. Eu aprendi que tem muito mais coisas além do que eu imaginava. Com este filme, tenho sentido mais sede de aprendizado. Esta experiência me trouxe uma grande abertura para aprender o novo.

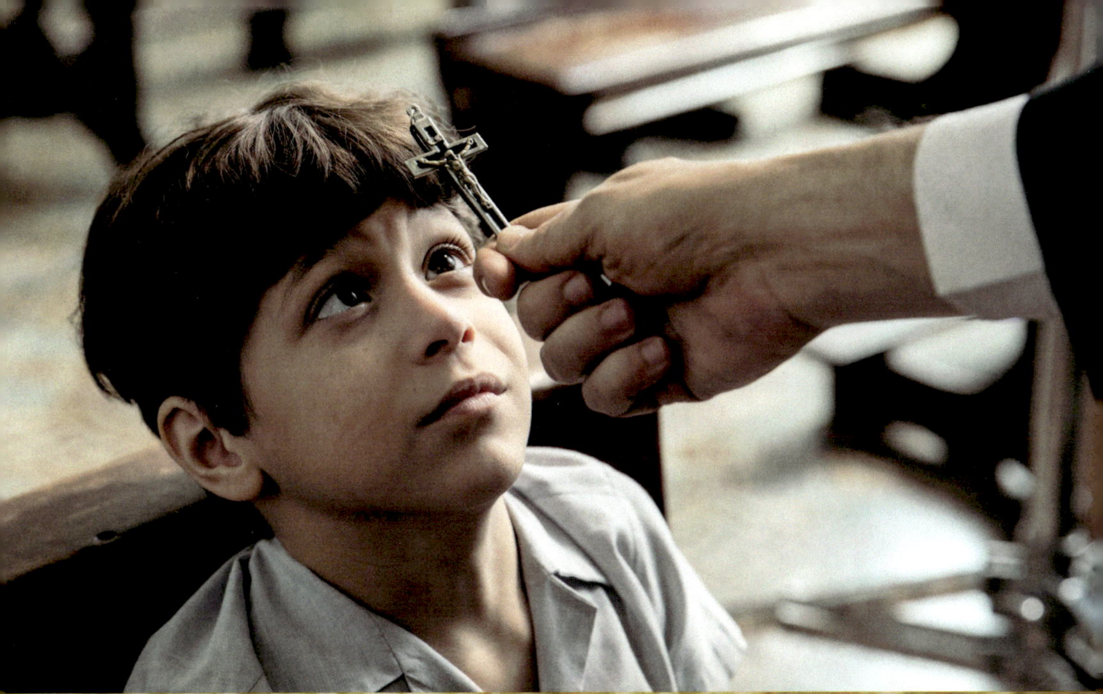

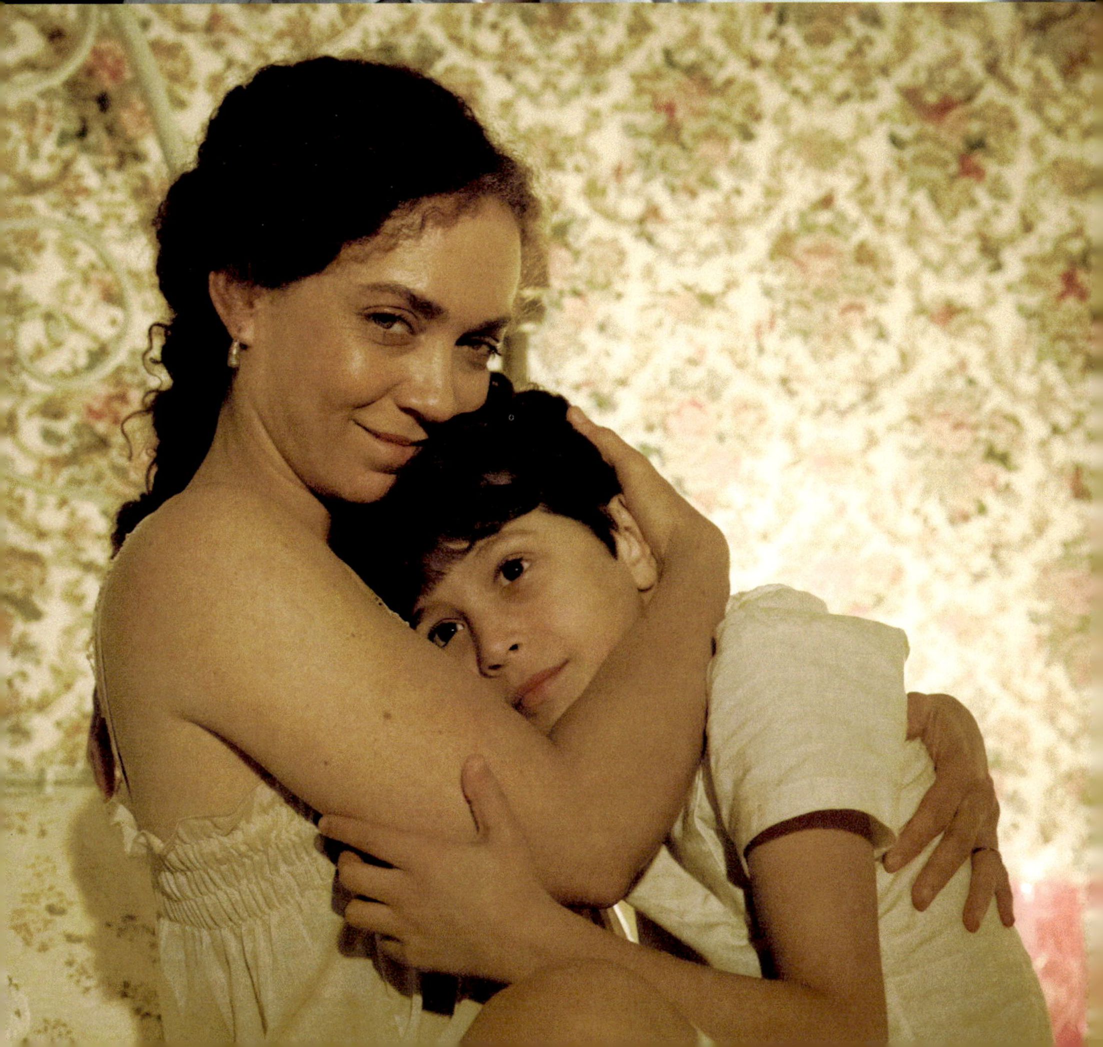

JUVENTUDE

A juventude de Divaldo retratada no filme inicia-se em Feira de Santana e segue após sua partida para Salvador, cidade onde estabeleceu-se e construiu sua vida e a obra Mansão do Caminho. Foi no início deste período que ocorreu o encontro com o Espiritismo, ainda em sua cidade natal, quando percebeu que precisaria ir além, em busca de sua emancipação tanto financeira, quanto emocional e espiritual.

No filme, esta fase contou com a interpretação de Ghilherme Lobo, que viveu grandes desafios e aprendizados na composição do personagem. O ator se sentiu como que passando "a vida a limpo" nesta experiência, removendo crenças e preconceitos antigos. Na entrevista a seguir, ele relata a essência do filme e o que leva deste projeto para sua vida.

Entrevista com o ator Ghilherme Lobo, que interpretou Divaldo na juventude:

Como esse projeto surgiu na sua vida?

Quando conheci o Clovis Mello, diretor, foi amor à primeira vista, tanto por ele quanto pelo projeto. Li o roteiro e fiquei encantado pela história do Divaldo. Mesmo já conhecendo o líder espiritual dentro do Kardecismo, foi neste filme que tive acesso à obra social maravilhosa que ele construiu. Fui criado na umbanda, com influências kardecistas. Meus pais atuavam como médiuns e, por isso, já o conhecia. Eu não senti nenhuma estranheza em relação a nada do que li no roteiro, pois muitos daqueles fenômenos faziam parte do universo familiar em que cresci.

O que mais te encantou neste projeto?

Eu gostei principalmente da forma como o Clovis colocou ênfase muito maior nas mensagens de amor e tolerância do que, propriamente, valorizando o Divaldo. Em nenhum momento, ele o coloca num pedestal. Ao mesmo tempo, o filme tira várias dúvidas em relação ao Espiritismo, inclusive para muitas das perguntas que eu sempre me fiz.

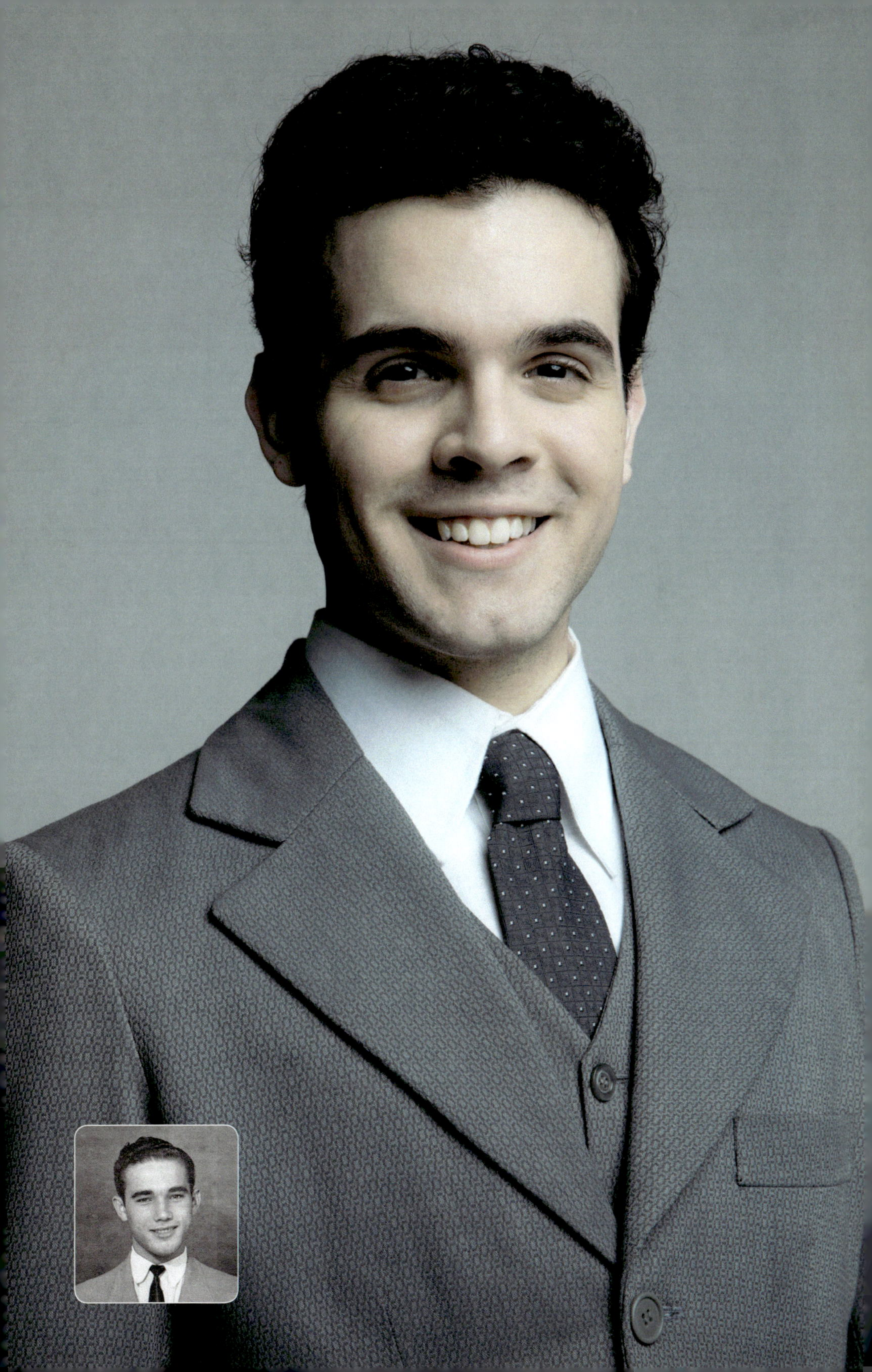

Fica algo do filme para sua vida?

À medida que fui compreendendo e ampliando muitas das minhas perspectivas, senti como se estivesse passando um pano e limpando a visão suja e limitada que eu tinha acerca de muitas interpretações religiosas. Esse filme retirou um cabresto de ideias antigas. Saio dele mais aberto, curioso e, consequentemente, mais inteligente. Pois entendo que a curiosidade é a semente da inteligência, que faz a gente querer questionar e buscar.

Agora, como você vê o Divaldo?

Ele é um homem de uma presença, vitalidade e sanidade mental incríveis. Fiquei muito impressionado com a agilidade física e rapidez de raciocínio que ele tem, após os 90 anos de idade. O trabalho que ele disponibiliza para milhares de pessoas, ao longo de tanto tempo, na Mansão do Caminho, é algo exemplar. O que mais me chamou atenção é a forma modesta com que ele vive em aposentos simples, se alimentando junto aos funcionários da casa. As crianças têm acesso a ele, e é sempre extremamente educado e bem-humorado. Não há como não perceber a seriedade, a ética, o bom caráter e a solidariedade com que Divaldo criou e administra esta obra, cuja marca maior é a sua própria história de vida, de dedicação e amor ao próximo. Eu não tenho dúvida alguma de tratar-se de alguém que faz a verdadeira caridade.

O que você aprendeu com este filme?

Eu aprendi sobre a importância de pensar, sentir e procurar se iluminar mais. Tem uma cena do momento em que Divaldo tenta se suicidar e o espírito Joanna de Ângelis lhe diz que "os problemas são como pássaros: não podemos evitar que venham pousar em nossa cabeça, mas jamais devemos permitir que façam ninhos em nossos pensamentos". Entendi que não adianta a gente ficar se martirizando e ruminando frustrações. Compreendi que as situações difíceis são oportunidades de aprender a praticar a tolerância, sem forçar as pessoas a mudarem a sua natureza. Ou seja, depende só de mim! Definitivamente, saio enriquecido desse filme. Foi uma honra e eu sou muito grato por esta oportunidade.

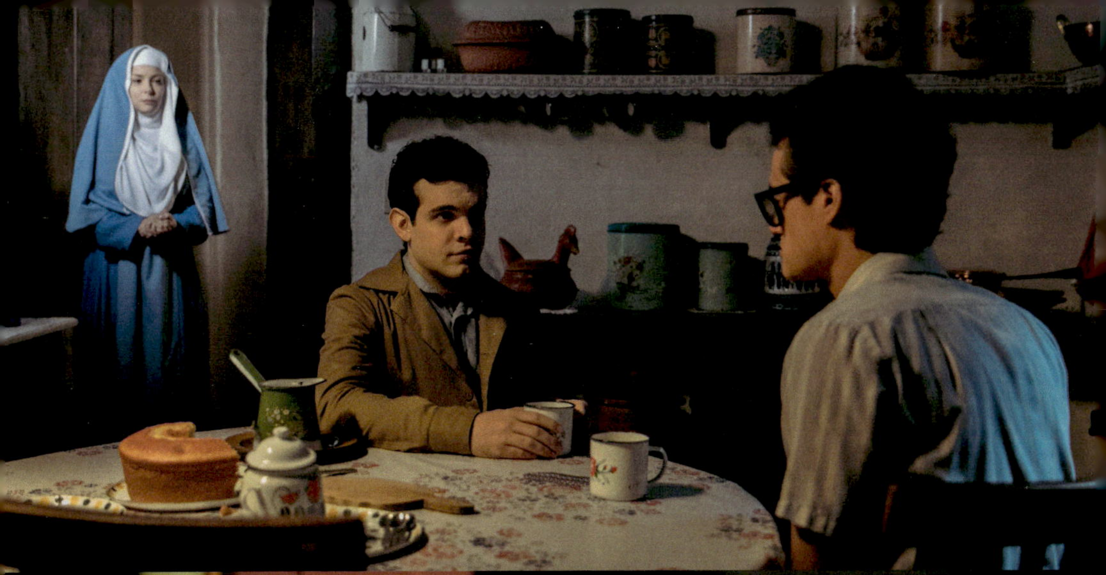
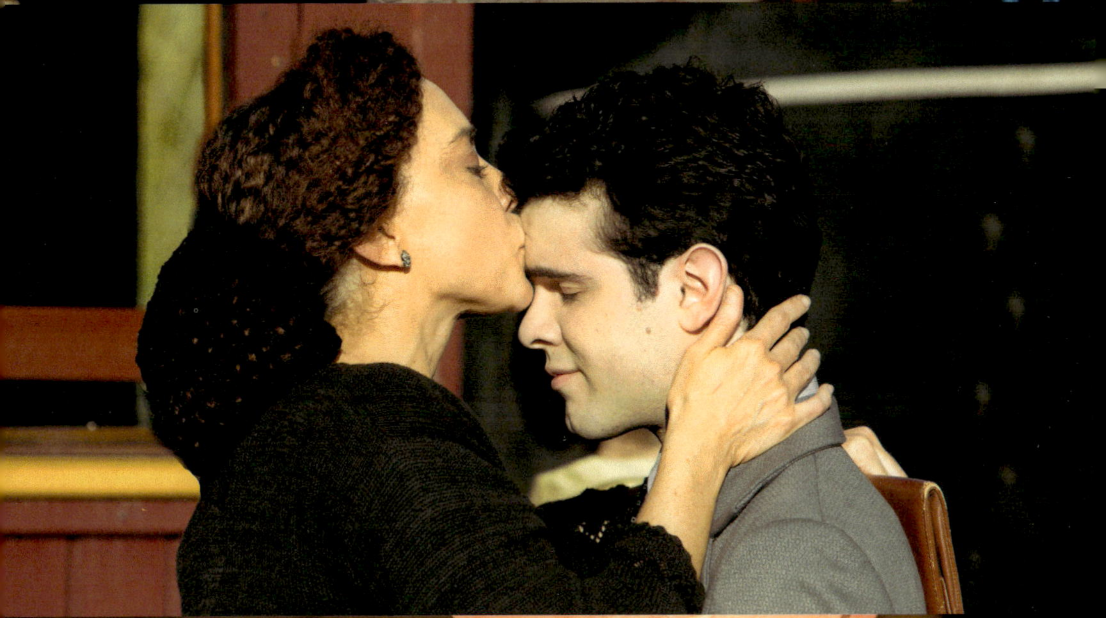
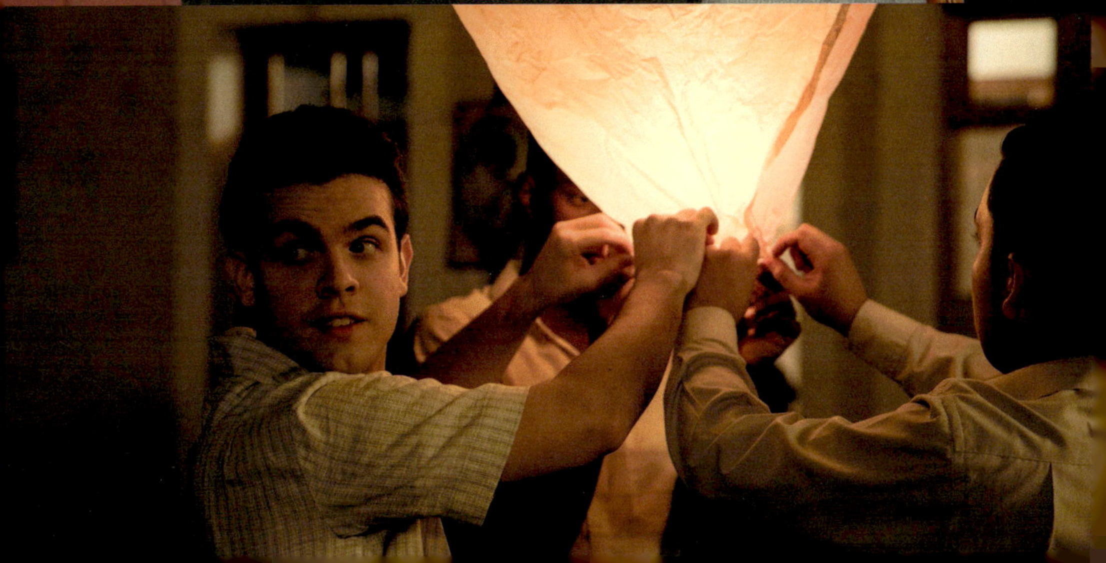

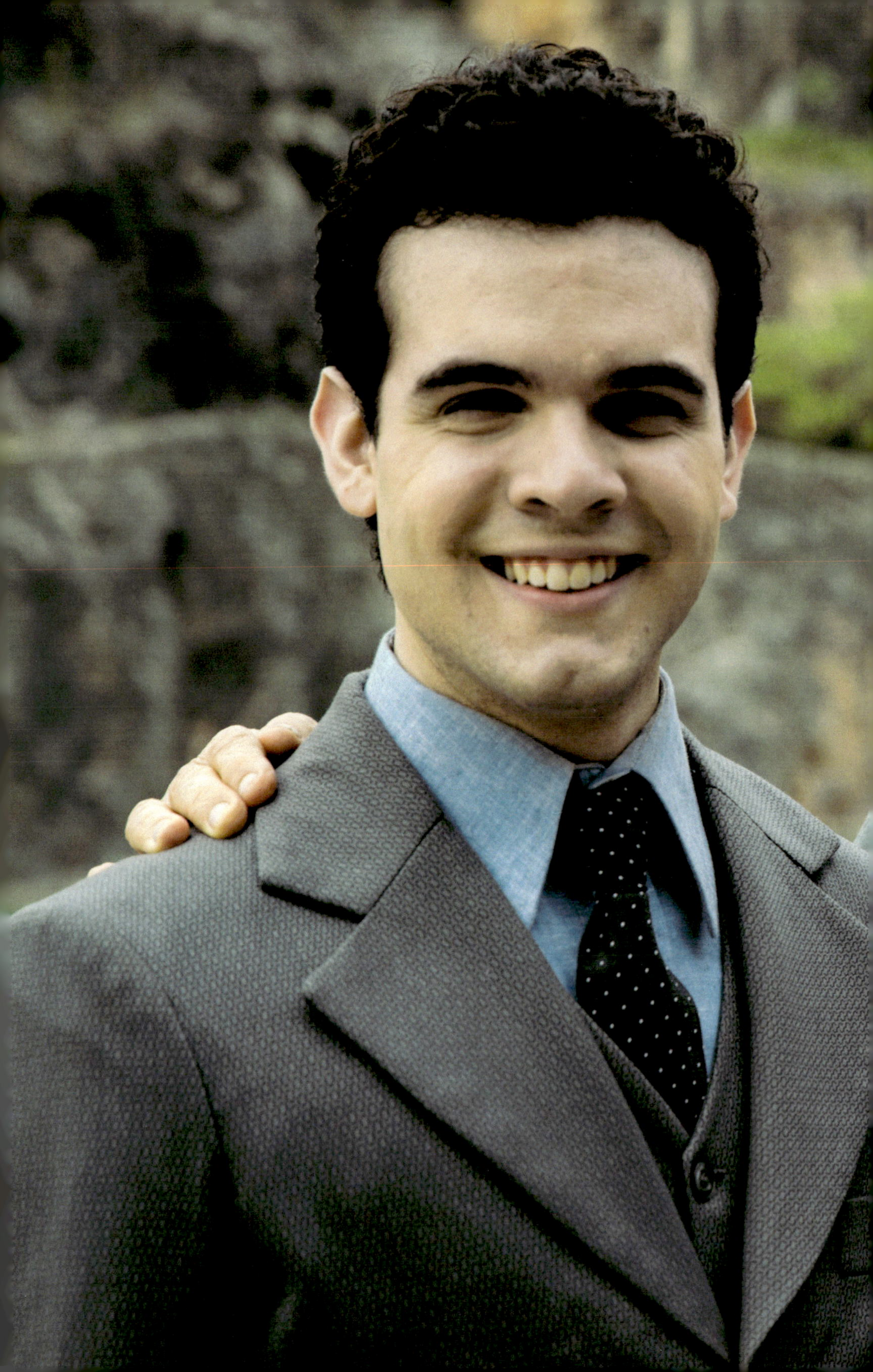

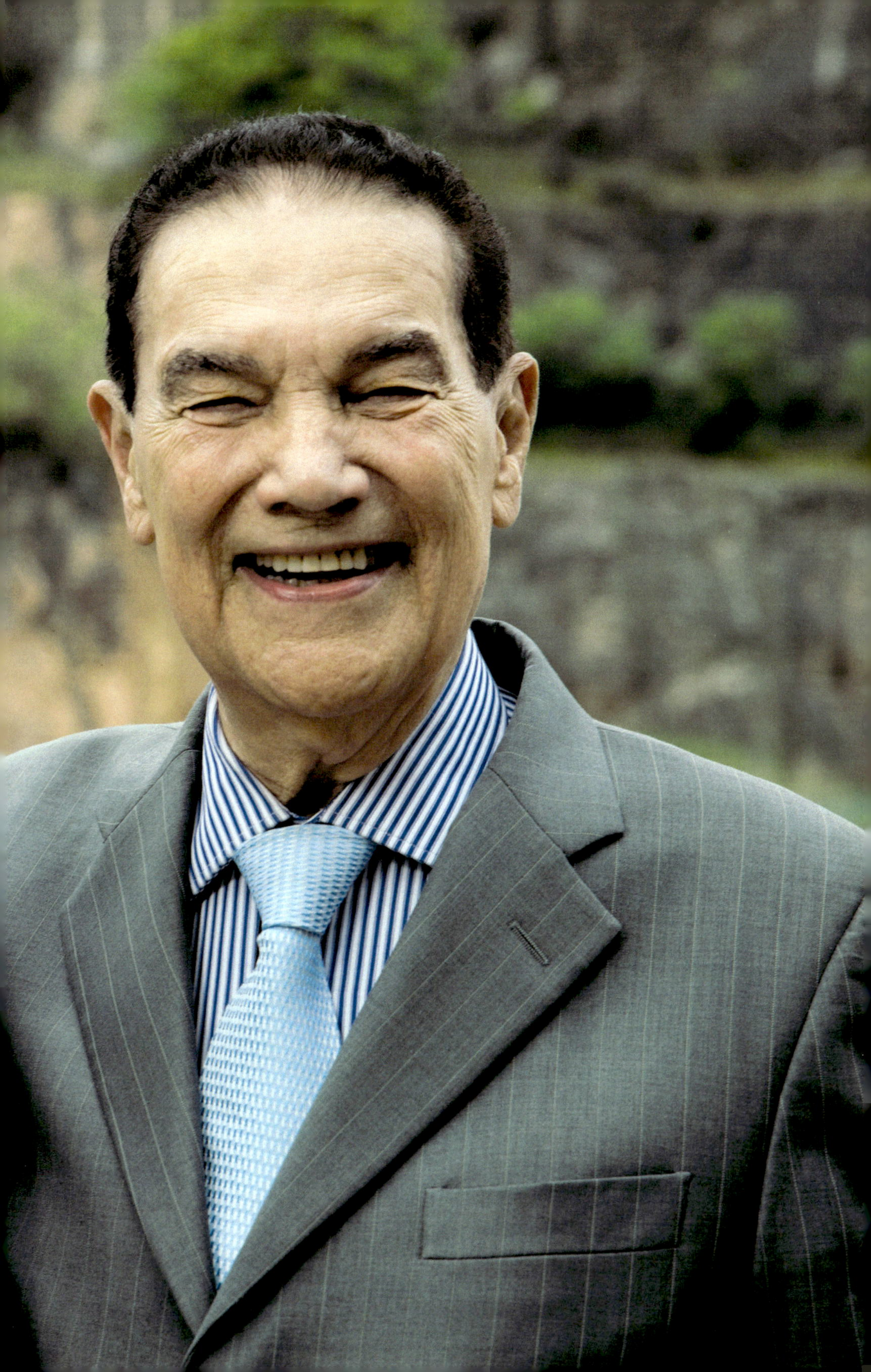

VIDA ADULTA

Na vida adulta, Divaldo Franco passou por diversos desafios. Muito cedo, compreendeu que não seria possível constituir família própria e, conforme aceitava esta realidade, dedicava-se mais e mais ao Espiritismo, aos estudos e à atividade mediúnica. A experiência ampliou-se com o início da vida pública, por meio de palestras em diversas cidades brasileiras, alcançando posteriormente muitos países do mundo.

Apoiou sua família de origem como pôde, e fez muitos amigos ao longo da vida, com quem estabeleceu relações profundas que lhe preencheram a alma em sua caminhada que, a princípio, lhe parecia muito solitária. A solidariedade completou tais espaços, numa vida dedicada a serviços de amor ao próximo. Hoje, vê os frutos de seu empenho, que se somaram aos esforços de muitos outros companheiros: unidos, mostram sua força por meio dos impressionantes números das ações sociais realizadas na Mansão do Caminho.

No filme, o Divaldo da fase adulta foi interpretado pelo ator Bruno Garcia, que encontrou sincronicidades muito fortes no projeto. Para viver este papel, o ator precisou se superar e desenvolver o tom certo do personagem principal do filme. Na entrevista a seguir, Bruno relata os momentos intensos desta experiência.

Entrevista com o ator Bruno Garcia, que interpretou Divaldo na fase madura:

Como este personagem chegou até você?

Inicialmente, outro ator havia sido convidado para fazer o papel, mas, por algum motivo, não deu certo. No momento em que a equipe de direção e a produtora de elenco, Marcela Altberg, estavam pensando em quem deveria fazer este personagem, a minha imagem teria aparecido de forma muito nítida em sua tela mental, o que fez com que ela intuísse que eu deveria representar Divaldo na fase mais madura. Eu achei interessante o fato de ter acontecido dessa forma, digamos, mais "espiritual".

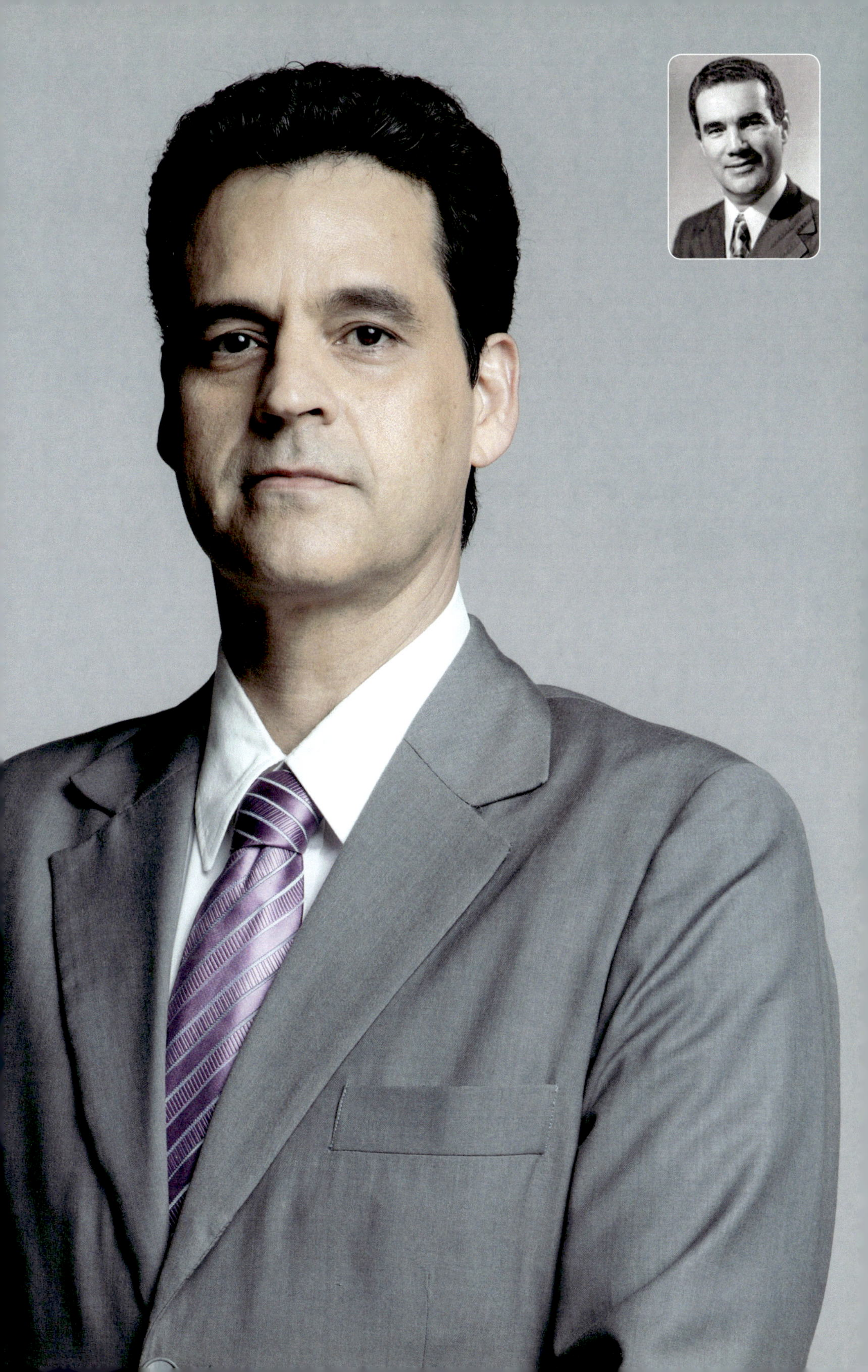

Já havia em você alguma abertura para o Espiritismo? A temática lhe causou algum estranhamento?

Achei esse convite uma coincidência muito interessante, já que estava vivenciando outro projeto que envolve um mergulho na cultura celta, também com um caráter espiritual muito forte. Então, me aparece essa oportunidade de interpretar o maior líder espírita vivo do Brasil. Uma chance e tanto de abrir ainda mais o meu olhar para a questão da espiritualidade. Eu sempre considerei o Espiritismo muito interessante. Pelo seu caráter mais leve e aberto a todas as possibilidades, eu a considero mais como uma filosofia do que uma religião. Como o próprio Divaldo diz, "o Espiritismo é capaz de matar a própria morte".

Como você se preparou para o papel?

Providenciei a leitura de *O Livro dos Espíritos* e me encantei ainda mais com as coincidências envolvidas neste convite pois, neste livro, descobri que o codificador da doutrina espírita, Allan Kardec, teria sido um druida em outra vida, ou seja, alguém ligado à cultura celta. Uma conexão e tanto! É por isso que considero que atuar é uma dádiva, pois a gente pode viver várias vidas em uma só.

Quais foram as maiores dificuldades que você enfrentou com este personagem?

Esse filme, pela própria natureza do tema, é bem complexo de ser feito. O fato de representar um personagem que está vivo é certamente um enorme desafio. Porque quando represento alguém que já morreu, me sinto à vontade e livre para compor o gestual do personagem. Como Divaldo está aqui e é muito atuante, eu senti uma grande dificuldade de estruturar os gestos do personagem. Ainda mais quando se trata dele, que tem um jeito muito peculiar. As falas no filme são repletas de profundidade filosófica, e eu tive uma enorme dificuldade pra decorá-las. Digamos que "rolou, assim, um atrapalhamento (risos)".

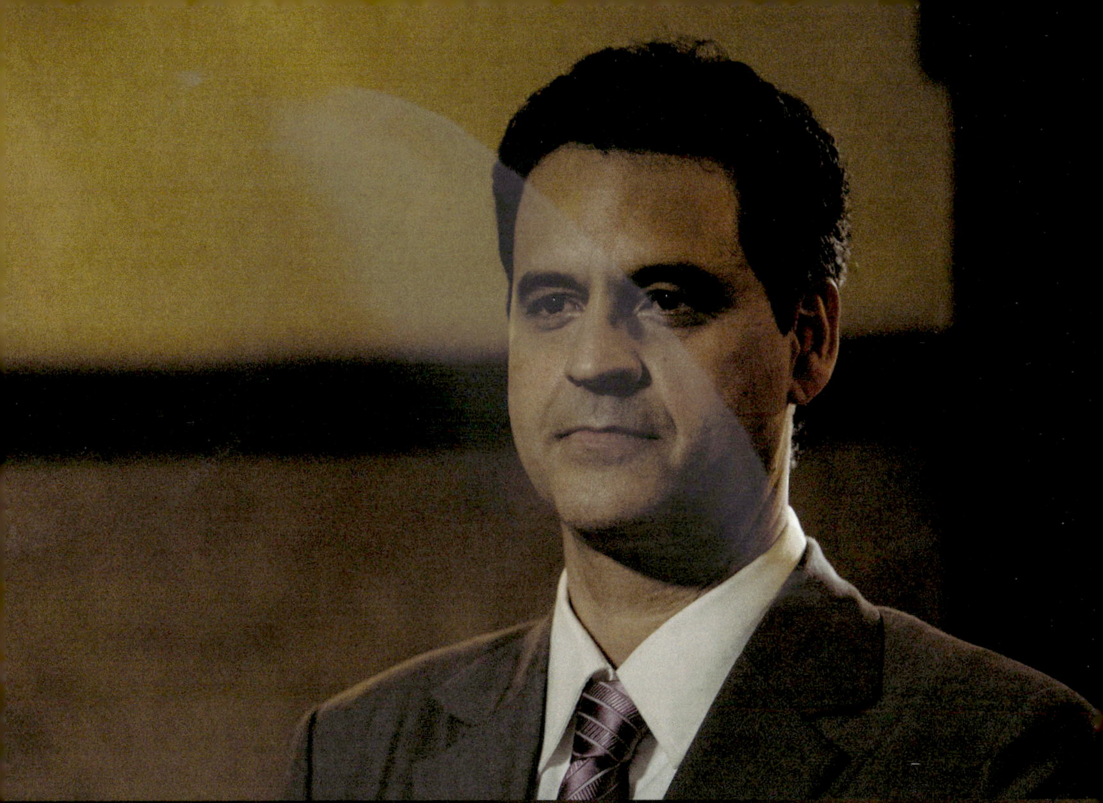

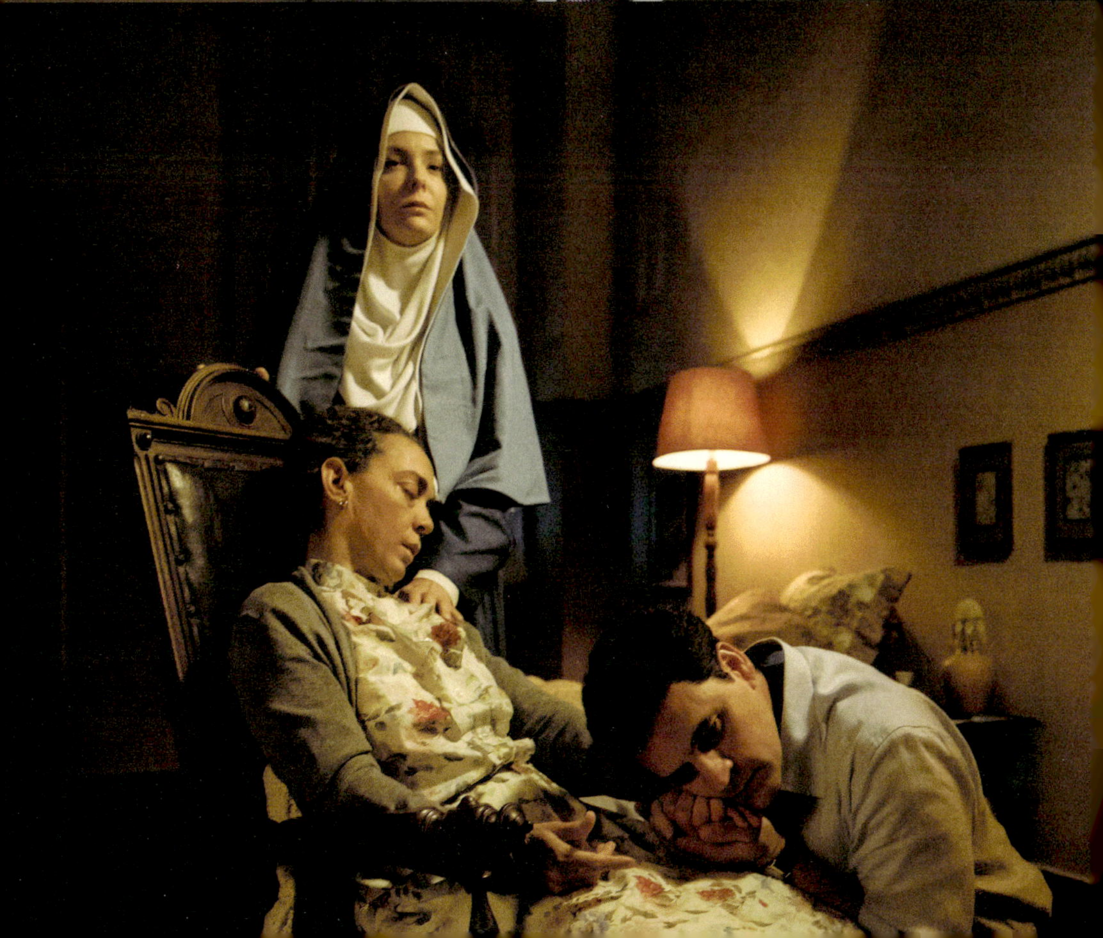

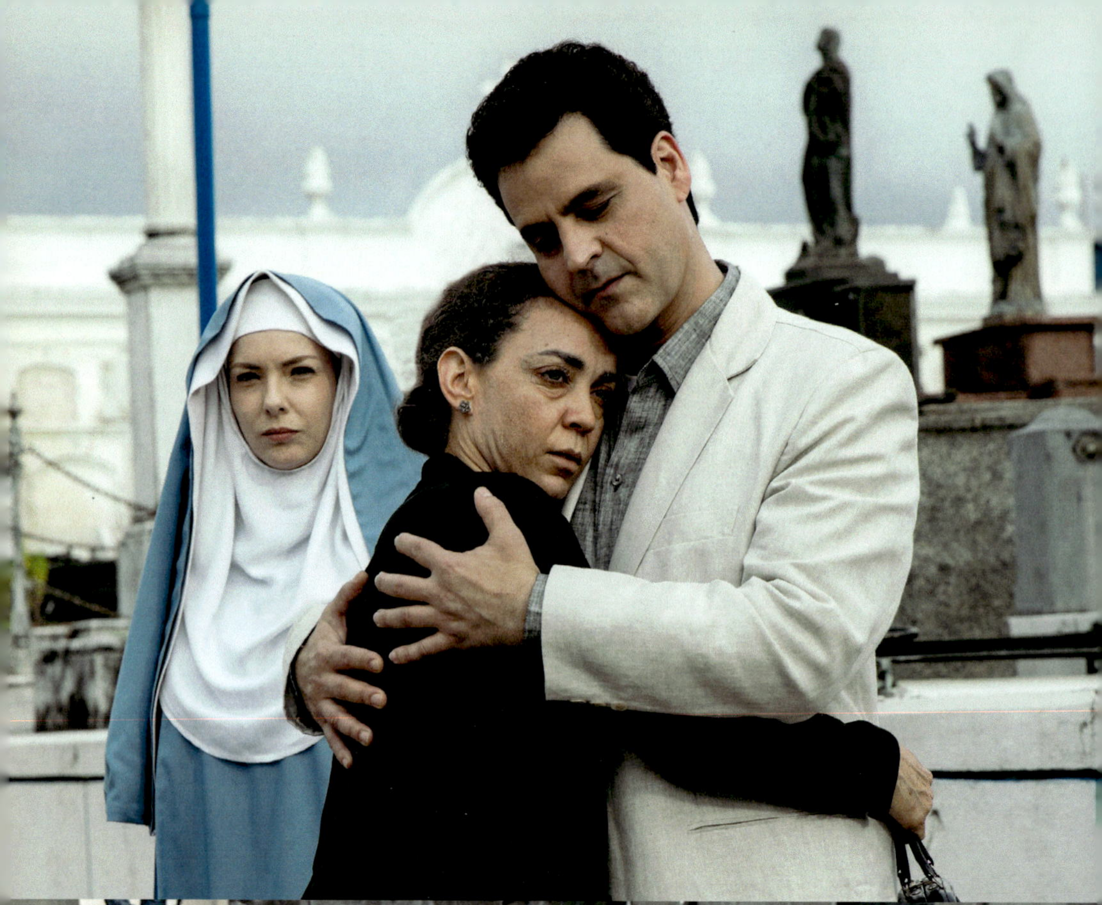

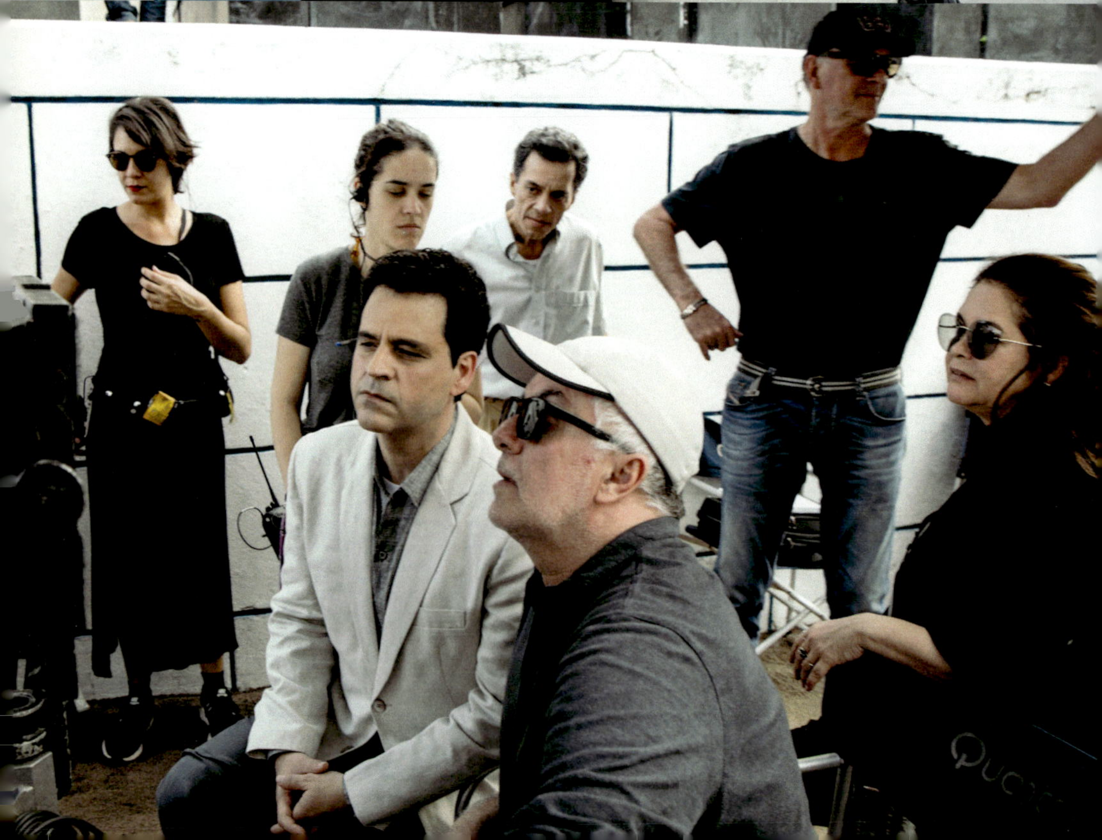

Quais cenas foram as mais desafiadoras?

Antes do filme começar, eu fiquei doente. No dia seguinte, na primeira cena, eu estava ainda pior, com muita febre. Era a cena em que o Divaldo tinha que fazer uma psicografia, sendo filmada por volta das 23 horas. E a segunda cena foi ainda mais desafiadora, e houve momentos em que eu quis desistir. Mas, o Clovis me convenceu a continuar. Na ocasião, ele achou que o tom estava muito de "pregador" e chegou a sugerir que eu improvisasse, ao que obviamente, reagi: "Como assim, improvisar Divaldo?!" (risos)

Primeiro, não teria como fazer isso, principalmente porque eu não conhecia o assunto com profundidade, além do que não se tratava de uma pessoa qualquer. Então, parei e fui ler um dos capítulos de *O Livro dos Espíritos*. E, desse modo, foi que pude entender um pouco do assunto. Mas, o filme já começou de uma forma profundamente desafiadora!

Você segue alguma religião?

Eu não pratico nenhuma religião formal, portanto, me considero um agnóstico. Respeito todas as religiões, simpatizo muito com a religião hindu, com as de matriz africana e considero o próprio Espiritismo a mais interessante de todas. Eu me reconheço como uma pessoa muito espiritual, porque sinto a presença de outros mundos.

Durante as gravações você percebeu esse tipo de conexão com outros mundos?

Sim! Num filme como este, é maior a possibilidade de acontecer essas interferências. Por exemplo, se você vai fazer uma cena no pátio de uma igreja católica falando de dores relativas a esta religião, é óbvio que vai movimentar situações energéticas que dificultam a realização. O encontro do Divaldo com seu obsessor também foi algo muito difícil de fazer. É um momento tenso, que envolve sentimentos difíceis de lidar. Do mesmo jeito que estão presentes energias favoráveis ao objetivo, também se percebe a presença de forças energéticas contrárias, que dificultam a realização do objetivo. Eu particularmente não tenho nenhuma vidência, mas, sim, eu sinto a presença dessas energias. Neste filme, essas atividades ficaram muito claras pra mim.

Participar deste projeto trouxe sentido pra sua própria vida?

Conhecer pessoalmente o Divaldo foi algo muito importante. É como se o personagem me dissesse: "Olha! Preste atenção à obra que este homem está fazendo!". A espiritualidade traz o que você está precisando. É como se eu tivesse sido conduzido a esse lugar. Então, eu tenho um sentimento de que, a partir deste encontro, irei colher muitos bons frutos. Uma amiga havia me dito que tinha visto que logo iria aparecer um personagem muito importante, que iria colocar a minha carreira de ator em um outro patamar. E então, exatamente um mês depois, chegou o convite para eu fazer este filme. Fica um sentimento de assertividade no caminho.

Tem alguma recomendação pra quem vai assistir ao filme?

Que veja com a mente aberta, sem nenhum conceito ou preconceito. Porque, apesar de ser uma temática séria, é um filme delicioso, com elementos de humor que me encantaram desde que li o roteiro. E o humor tem essa força de deixar a audiência desperta! Tem uma parte no filme em que o obsessor aparece e Divaldo brinca: "Olha só! Quem é morto sempre aparece (risos)".

MARIA SENHORINHA E EDWIRGES

O espírito da avó de Divaldo, Maria Senhorinha, aparece rapidamente na história e é representada pela atriz Lilian de Lima, em cena que mostra o desenvolvimento da mediunidade de Divaldo na infância. O fato toca a mãe do menino sensivelmente que, na cena, também está acompanhada da irmã Edwirges (representada por Amelinha Bittencourt) – que também assiste a todo o diálogo entre o sobrinho e a aparição da mãe com absoluta estupefação.

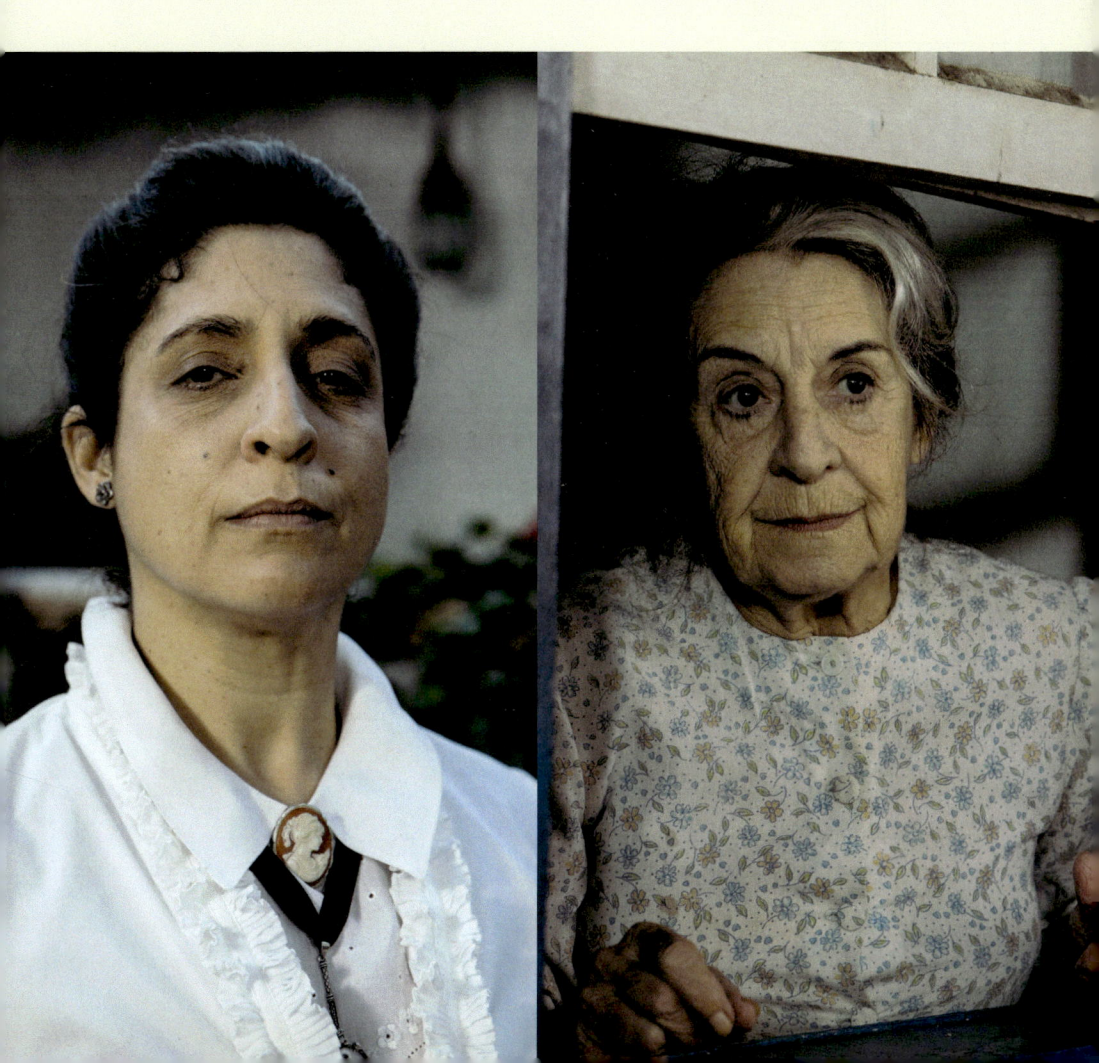

AMIGOS DE

FEIRA DE SANTANA

PADRE CARMELO

Ainda na infância, a mãe buscava apoiar Divaldo por meio de sua fé fervorosa na igreja católica. Ela levava o filho para o padre Carmelo orientar sobre como lidar com "aquelas coisas do diabo". O sacerdote, muito amigo da família, procurava apoiar Divaldo como podia.

Numa das cenas mais dramáticas do filme, padre Carmelo – ainda que tivesse por dona Ana alta consideração – recusa-se a rezar a missa da morte de sua primogênita, Nair, após a mesma cometer suicídio. Afinal, a igreja o proibia de oferecer seus serviços nesses casos.

Um momento grave na vida de todos, quando percebe-se, também, a dor do padre ao fazer a negativa. Ainda assim, ele se mantém firme aos princípios e ideais da igreja que respeita e abraça em seu coração. Apesar deste episódio delicado, quando dona Ana resolve sair da igreja para sempre, padre Carmelo segue afetuoso e em contato com Divaldo e sua família, até o fim de sua vida.

No filme, Nelson Baskerville foi o ator escalado para viver este personagem tão importante no filme. Para ele, uma oportunidade única de revisitar seu profundo amor pela igreja católica. Nelson relata que seu pai e padrinho foram seminaristas, sendo que o primeiro deixou o ofício para se casar com sua mãe, e seu padrinho seguiu como padre.

A profunda gratidão de Nelson pela religião transparece no personagem e ajuda a suavizar a compreensão das limitações do catolicismo ao longo da história. Sentimento este que ele procurou transmitir com serenidade, por meio de Padre Carmelo.

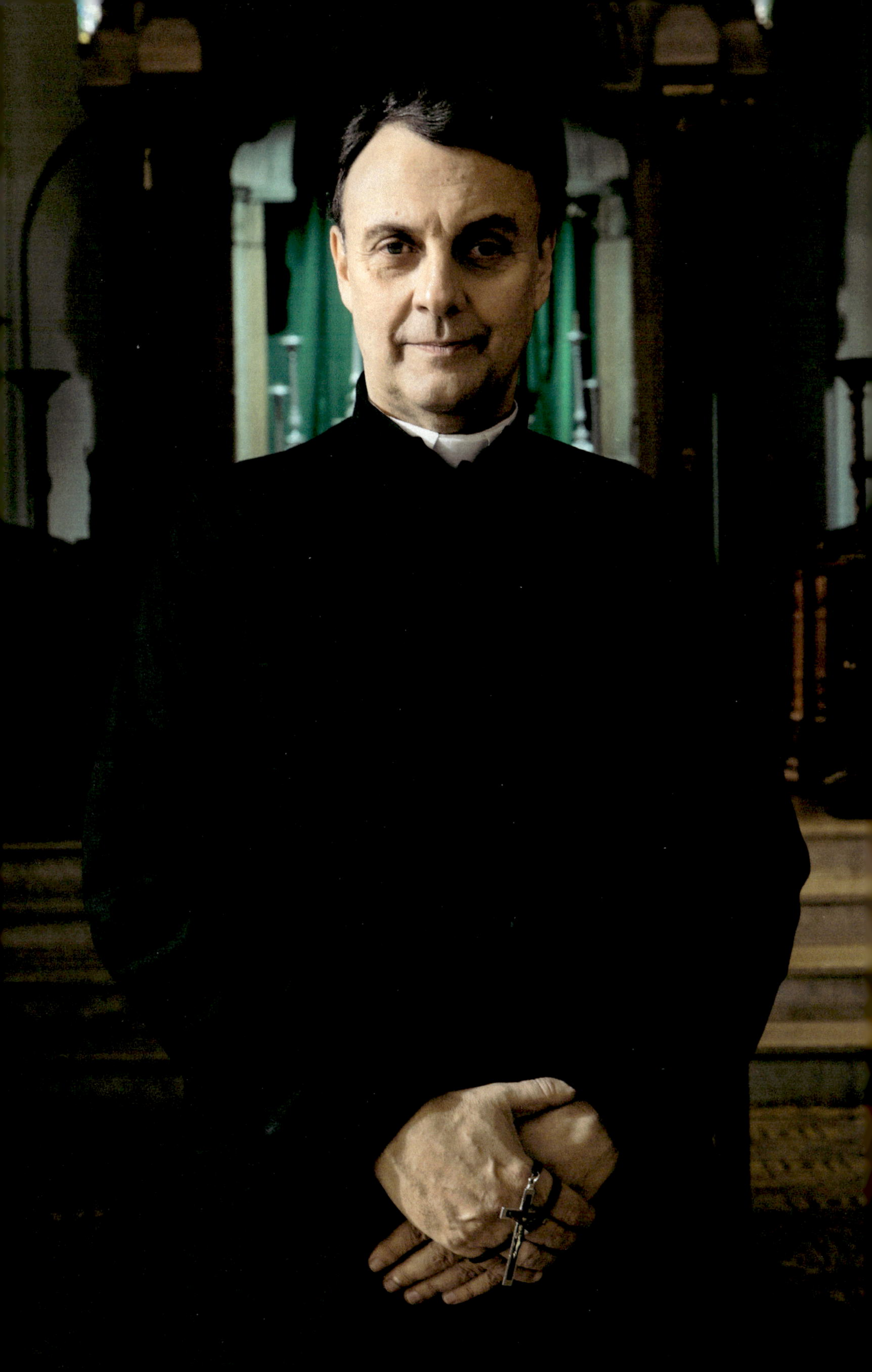

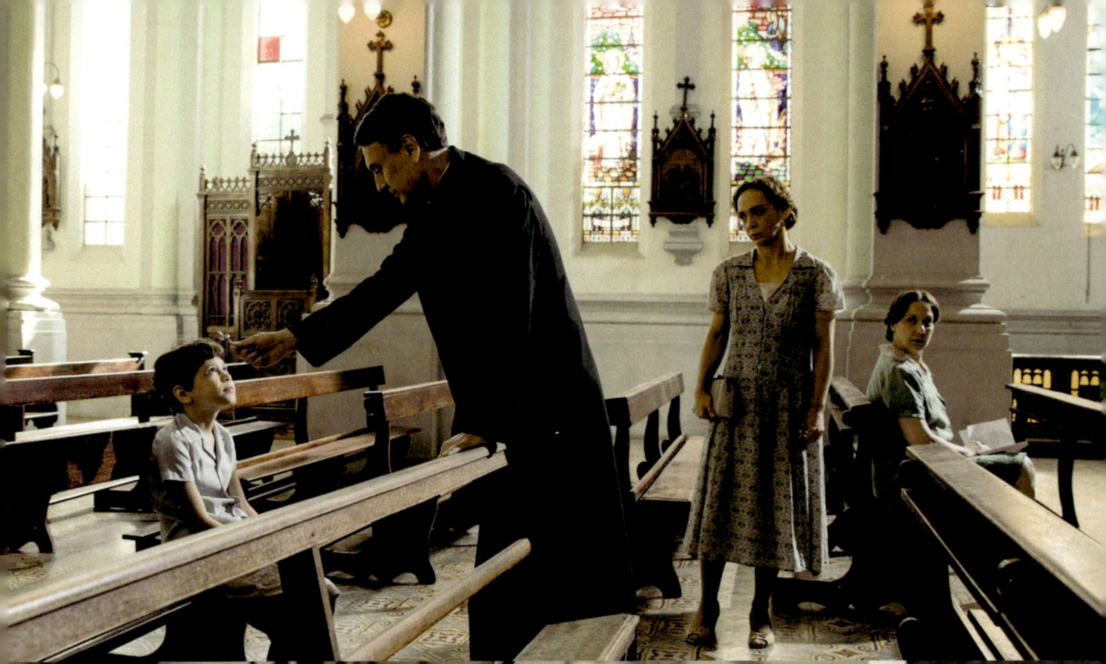

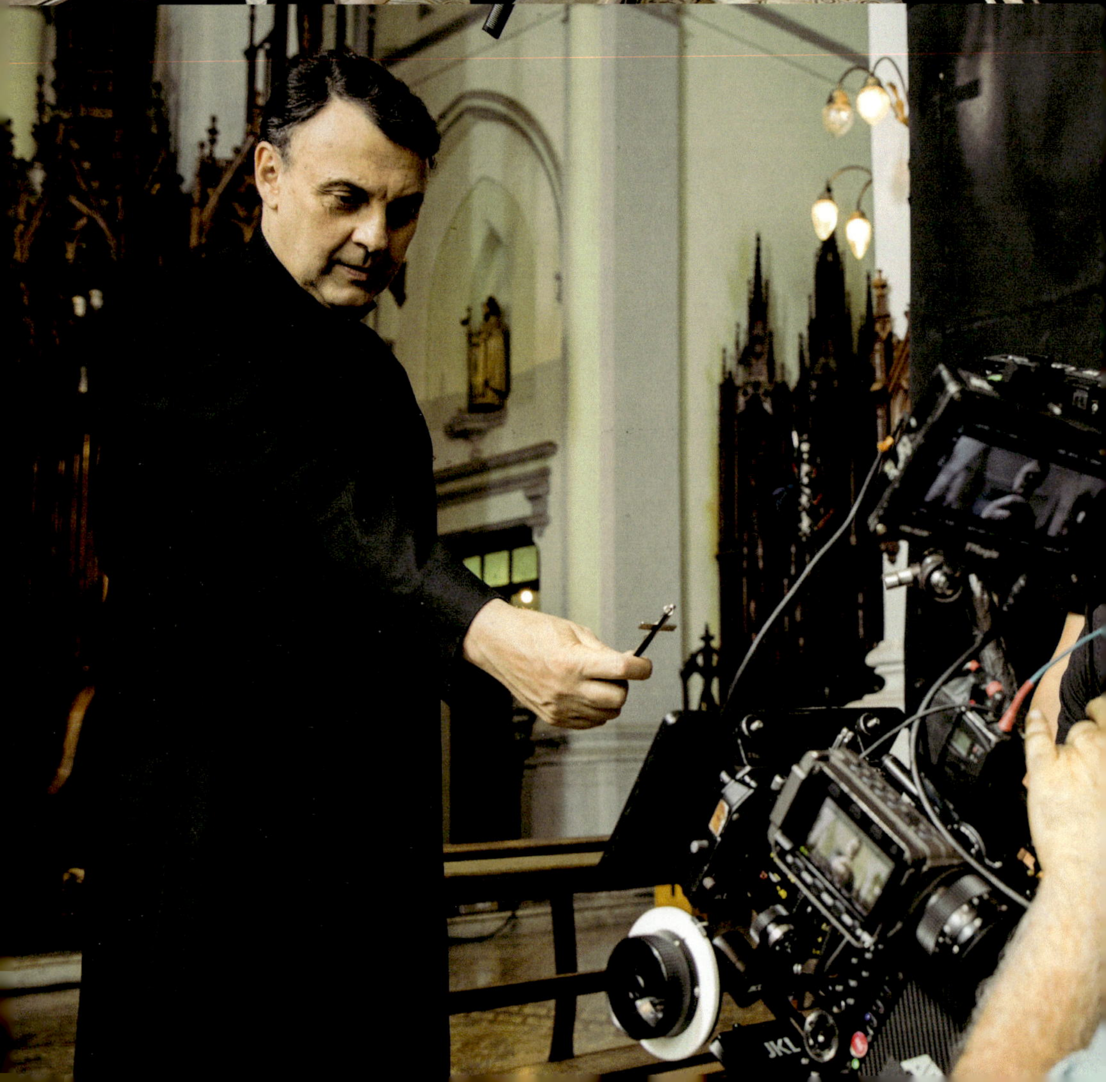

Entrevista com Nelson Baskerville, que interpretou o padre Carmelo:

Como aconteceu o convite para você participar deste filme?

Foi uma surpresa. Gostei muito de ser convidado. Eu já havia trabalhado com o Clovis na CINE, há cerca de 25 anos. Nem imaginei que ele ainda se lembrasse de mim. Então, através da agência da qual faço parte do *casting*, fui convidado. Eles me enviaram o roteiro, li, gostei e aceitei o papel!

Como foi esse encontro com o Padre Carmelo?

Ah, foi bem bacana! Porque eu tenho muita ligação com a igreja católica. Então, eu gostei do personagem ser um padre. Porque o meu pai foi seminarista e saiu do seminário para se casar. Então, eu sempre o escutei muito falar sobre o seminário, sobre ser padre. Mais tarde, eu participei de grupo de adolescentes na igreja e foi lá que eu comecei a fazer teatro, fazendo via sacra, jogral. Foi na igreja que eu descobri a minha vocação.

Então, você tem uma gratidão em relação à igreja católica...

Sim, eu tenho toda uma formação católica. Fui batizado, fiz a primeira comunhão e participava de grupos da igreja. Então, eu mantenho uma ligação bonita com ela, sim.

Interpretar o Padre Carmelo trouxe alguma nova compreensão?

Sim, eu gostei de ter tido essa oportunidade. Porque ser ator também é poder ter contato com algumas coisas que, às vezes, estão esquecidas. Pessoalmente, acredito que é como ter um móvel que tem várias gavetas que, a cada novo papel, vão se alternando. Essa gaveta que abri agora me remeteu muito à minha infância. Sabe, o meu padrinho, Dom Jorge, era padre em Santo André. Então, eu digo que foi como abrir essa gaveta. E eu gostei muito de revisitar essas memórias.

O Padre Carmelo é bem carinhoso no filme. Afinal, ele é um amigo do Divaldo?

Sim, ele é carinhoso! Penso que seu grande conflito é que ele acredita verdadeiramente no seu ofício. Ele acredita na fé, na sua vocação. E, por isso, ele é muito temente a Deus e obedece às leis da igreja de coração. E, claro, se ele pudesse, teria feito a missa da irmã do Divaldo. Mas ele não podia. Era como se estivesse com as mãos atadas em relação àquela situação.

Você conseguiu verdadeiramente passar a amorosidade dele, a despeito das limitações da igreja quanto à dor da família...

Numa conversa que eu e o Clovis tivemos, acordamos a ideia de que não deveríamos descaracterizar o papel da igreja. Ou, ainda, que não devíamos colocá-lo no clichê de "padre maldoso", mas do padre que discute. Afinal, cada religião tem suas regras e leis. O que eu acho muito rico em relação a esse tema é que temos hoje o Papa Francisco, que está revendo as coisas da igreja. Porque, na verdade, a palavra "religião" vem do termo latim que significa "religare", é você se religar.

Eu entendo que isso também significa a união das crenças, a união dos povos. É algo pra você se aproximar e não para se afastar. Não é algo que signifique que cada religião tenha suas ideias e briguem entre si. Porque isso também é uma bobagem, é briga por poder, por dinheiro, por quem vai conquistar mais pessoas ao seu redor. Eu gosto muito do Papa Francisco, porque ele está tendo a inteligência de renovar isso e de abrir a igreja. Eu acredito que um dos dogmas que a igreja ainda vai ter que rever, e precisa rever, é a questão dos suicidas. Porque todo mundo é merecedor...

E a amizade do Divaldo com o Padre Carmelo é uma prova de que isso é capaz de acontecer?

Sim, e é bonito! Porque, no fim, ele compreende que o que tem pra oferecer são apenas redes, e que vai chegar um momento em que ele só vai prender o Divaldo. Então, entendo como sendo um ato de amor, quando ele diz: "Vá! Siga a sua vocação, a sua fé, não necessariamente aqui dentro".

E como foi entrar em contato com Divaldo? Você já o conhecia?

Não o conhecia! Aliás, foi uma surpresa, porque quando eu li o roteiro, perguntei: "Quem foi esse Divaldo?" E fui pesquisar. E isso foi uma coisa maravilhosa porque ele é um homem santo. Uma pessoa que faz da ajuda ao próximo, a sua vida. Foi ótimo conhecer sua história, que adquiri como algo novo, sobre o qual vou querer pesquisar, pois quero entender ainda mais.

Numa analogia do seu coração como um quebra-cabeças, qual foi a pecinha que você encontrou neste filme?

Olha, foram várias, pois a gente nunca atravessa uma obra de arte impunemente. Quando participamos de uma empreitada dessas, acabamos também invadidos por essa obra, a gente passa a ser a obra. A equipe desse filme é muito especial. Os atores com quem contracenei, a equipe técnica, a direção: todos! E, certamente, uma dessas peças foi o fato de viver novamente esse ato de me religar com a religião. Isso é algo que eu vou levar no meu coração!

A atriz Yara de Novaes interpreta o espírito da mãe do Padre Carmelo que aparece para Divaldo enquanto se confessava.

DONA BENTA

Dona Benta é uma antiga conhecida de dona Ana, da igreja de Feira de Santana. Ao mesmo tempo, mantinha uma vida paralela como uma das principais médiuns do Centro Espírita Jesus de Nazaré, onde Divaldo visita, pela primeira vez, uma casa de Espiritismo. A surpresa de mãe e filho foi grande ao encontrar dona Benta que, na igreja tradicional, também era devotada zeladora do sagrado coração de Jesus. No filme, esta personagem é interpretada pela atriz Lais Corrêa.

GLORINHA

Glorinha é muito amiga de seu Francisco e dona Ana. Observa a lida dos pais de Divaldo, conforme sua mediunidade aflora na infância. Numa outra cena retirada do filme, em que o pai tenta remediar as "coisas do demo" com chicotadas, mostra-se consternada com a incompreensão deste em relação ao filho médium. Junto à amiga Laura, que também é espírita e frequentadora do Centro Jesus de Nazaré. São elas que auxiliam Divaldo nos primeiros passos do contato com a mediunidade.

LAURA

Laura é apresentada à família de Divaldo por Glorinha. Ela entra na vida deles durante um momento delicado, em que Divaldo está sem andar há dias, obsidiado pelo espírito do próprio irmão José, que não aceitou ter morrido repentinamente. No primeiro contato com o rapaz, acamado, Laura já percebe sua mediunidade e trata de mobilizar a família para auxiliar na solução daquele quadro.

Seu Francisco resiste, mas acaba por ceder ante a intervenção enérgica de Laura, que recebe o apoio de dona Ana. Esta abre seu coração e permite que a médium auxilie Divaldo a compreender seu processo espiritual. Experiente, Laura o encaminha ao centro espírita de Feira de Santana onde Divaldo dá os seus primeiros passos no Espiritismo. E ela segue amparando-o ao recebê-lo em sua própria casa, quando Divaldo se muda para Salvador.

Laura esteve perto de Divaldo por longo tempo e foi de fundamental importância em sua vida, até que ele estivesse seguro de sua própria caminhada na seara espírita.

Entrevista com a atriz Ana Cecília Costa, que representou Laura:

Como o papel de Laura chegou a você?

> Fui convidada durante uma viagem de férias, fora do país. Fiquei muito feliz e honrada com o convite, especialmente pela força da personagem. Trata-se de uma mulher que é como uma mestra espiritual do Divaldo e que foi muito importante na formação dele. Voltei para o Brasil antes do previsto e, mesmo durante a viagem, comecei a pesquisa para me preparar por meio de leituras, filmes e palestras do Divaldo.

Quais os maiores desafios deste personagem?

> Passar a sensitividade, a mediunidade dessa mulher, que tem o dom de visão, ou seja, tem um olhar de quem está vendo além do visível. Eu precisava transparecer este olhar, de quem está enxergando outras realidades. Também precisei focar em transmitir toda a autoridade espiritual de Laura, que é doce e, ao mesmo tempo, tem muita firmeza.

> Do ponto de vista de interpretação, acho que o momento mais difícil foi a cena de incorporação do espírito Manuel Vianna de Carvalho, que precisava ser real, convincente, passando a carga de uma mulher que está sob a influência de um espírito masculino. Fazer isso de uma maneira natural, sem ser caricata, foi bastante intenso.

Você conhecia Divaldo e o Espiritismo? Tem esta vivência em família?

> Não conhecia o Divaldo, e espero ter esse privilégio de conhecê-lo. Eu conheço a obra dele, que é muito famosa em Salvador, onde vive minha família e minha mãe. Tenho parentes que frequentam a Mansão do Caminho, que é uma grande referência para nós baianos, com a obra social que Divaldo faz na Bahia. Em relação à doutrina espírita, eu não conhecia nada, fui em poucas sessões e nunca tinha lido a doutrina espírita de

Allan Kardec. Como uma forma de preparação pro filme, eu li e fiquei muito enriquecida, mexida e tocada com *O Livro dos Espíritos*. Esta experiência me fez muito bem.

O que de mais precioso você leva da experiência deste filme?

Esse contato com a figura do Divaldo é muito transformador. O contato com qualquer pessoa que tem uma autoridade espiritual, verdadeira e autêntica nos transforma, no bom sentido. O Divaldo é uma referência no Brasil, e é muito importante ter sua obra divulgada, conhecida e honrada. A leitura de *O Livro dos Espíritos* e assistir às palestras do Divaldo, com certeza, me fizeram muito bem.

Particularmente, tenho uma busca espiritual já há bastante tempo, então, me interesso e tenho o desejo de estar nessa caminhada de, cada vez mais, buscar um aprofundamento espiritual. Não acredito em espiritualidade que não esteja vinculada à caridade, ao amor ao próximo, e a um senso de justiça social. A figura de Divaldo Franco é exemplar nesse sentido.

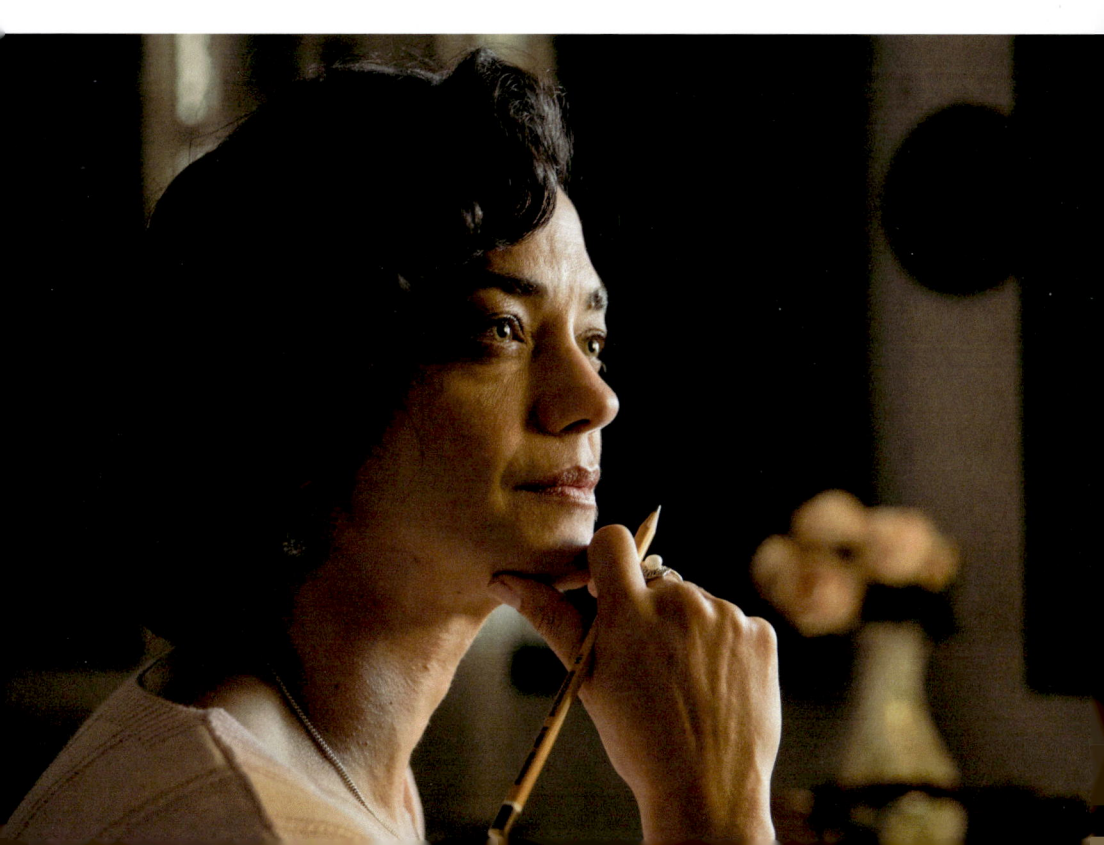

COMPANHIAS

ESPIRITUAIS

JOANNA DE ÂNGELIS

Joanna de Ângelis tem sido a grande mentora e companheira fundamental na vida de Divaldo Franco. Desde a infância, ele tinha visões e impressões de sua presença. No entanto, a clareza completa sobre o papel da mentora em sua vida foi realmente revelada no ano de 1945, quando tinha 18 anos, e esta apresentou-se como um "Espírito Amigo".

Naquela mesma noite, revelou ter a tarefa de andar ao seu lado e apoiá-lo nesta existência – sem, no entanto, revelar sua identidade. Isso inquietava o médium baiano, que chegou a consultar o amigo e também médium, Chico Xavier, sobre a questão. Joanna somente apresentou-se com nome e sobrenome anos mais tarde, mediante muita conversa e negociação com seu tutelado.

A escolha de Regiane Alves para o papel foi bastante assertiva, e conduzida pela própria mentora espiritual. Sobre a representação da atriz, Divaldo Franco se emociona: "Ah! Mas a Joanna (Regiane) é linda. É fantástico vê-la! Ela tem um olhar...!". A seguir, conheça um pouco dos bastidores desta escolha, e todo o aprendizado que a atriz precisou atravessar para cumprir o papel que lhe foi designado pela espiritualidade, conforme lhe afirmou o próprio médium.

Entrevista com Regiane Alves, atriz que interpreta a mentora espiritual de Divaldo Franco, Joanna de Ângelis:

Regiane, como este papel chegou em sua vida?

> Eu fui convidada, ou melhor, convocada, para fazer o personagem da Joanna de Ângelis de uma forma muito especial. Primeiro, porque eu conheço o Clovis, diretor do filme, desde que eu era adolescente. Ele entrou em contato uma primeira vez sobre o filme que iria dirigir, mas eu disse que estava atarefada com muitas questões pessoais. Depois de um tempo, ele insistiu e me perguntou se eu já tinha ouvido falar sobre Divaldo Franco, me perguntando se eu era católica ou espírita. Respondi que já

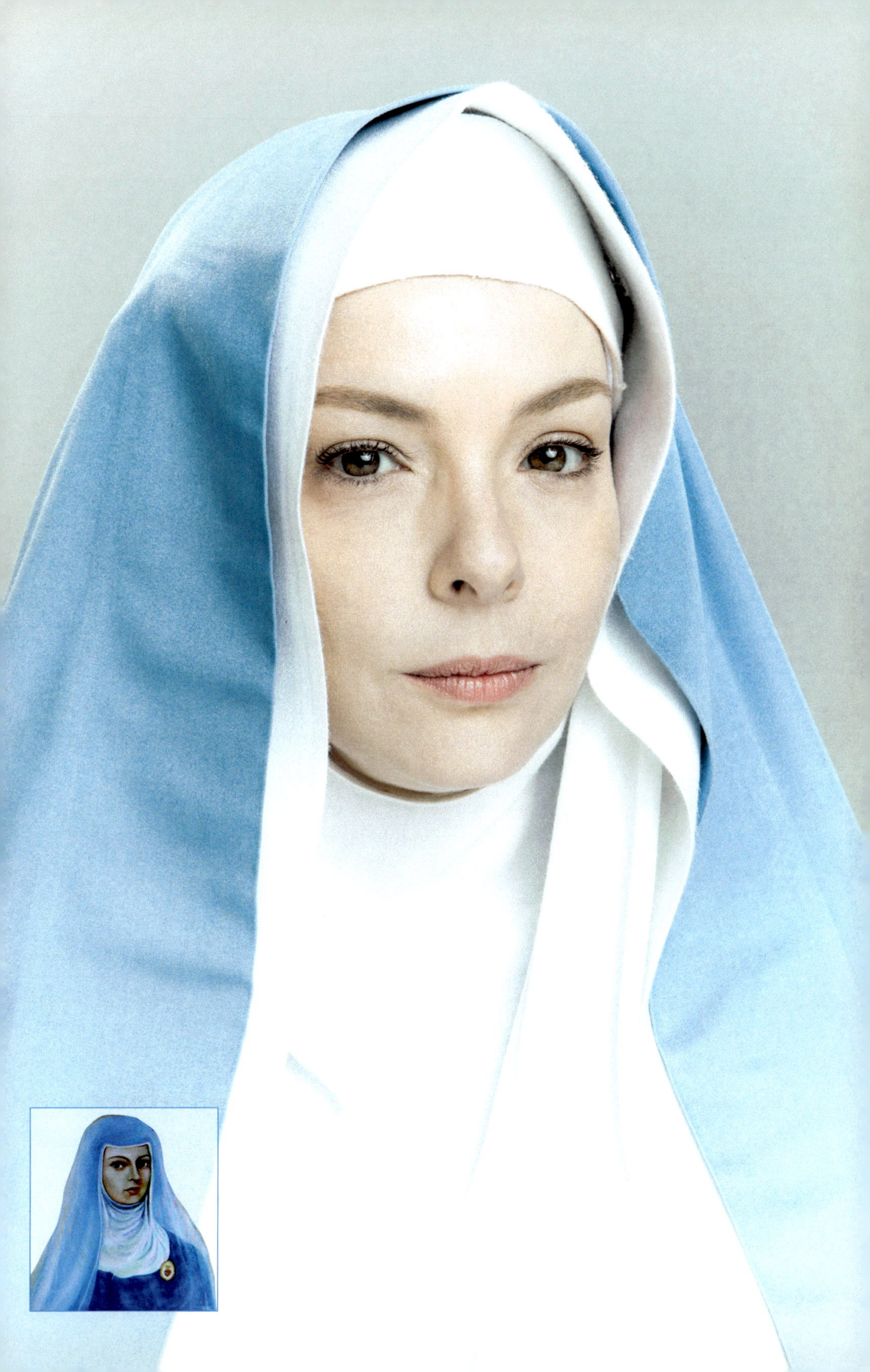

tinha lido algo sobre ele, e que a minha formação era católica. Também disse que sempre acontecia de alguém espírita ter algum bom "recado" pra me dar.

E qual era o recado do Clovis para você?

Pois é... (risos). Naquele momento, ele sorriu e falou: "Pois eu tenho um outro desses recados para você: O Divaldo Franco te escolheu pra fazer o personagem de Joanna de Ângelis, que é a mentora espiritual dele, no filme que iremos gravar sobre sua história". Surpresa, agradeci, dizendo que aceitava e que ele podia contar comigo. Na verdade, mesmo já tendo ouvido sobre Joanna, eu não sabia praticamente nada sobre ela, mas entendi que um convite que nos alcança desse jeito não deve sequer ser questionado.

Você soube detalhes de como a escolha do seu nome aconteceu?

O Clovis havia levado para o Divaldo fotos de várias atrizes. E já naquele primeiro momento, ele me escolheu. Dias depois, Clovis retornou com mais fotos de outras atrizes e, também, mais algumas minhas em que eu aparecia com diferentes cortes de cabelo. Ou seja, todas diferentes das primeiras fotos que ele havia levado da primeira vez. No entanto, Divaldo falou, apontando para uma de minhas fotos: "Não há dúvidas, já te falei sobre essa escolha. É ela quem vai fazer o personagem de Joanna de Ângelis".

E como você se preparou para esta grande responsabilidade?

A partir daquele instante, comecei a me interessar por esse universo do Espiritismo, fui pesquisar e estudar sobre o assunto. E o primeiro livro que li foi *Joanna e Jesus*, de Divaldo Franco e Cezar Braga Said. E também uma série que relata um pouco sobre a vida dela. Enfim, mergulhei no assunto. Minha professora de yoga, Lúcia Helena Guimarães, passou a me emprestar os livros de Joanna e, depois que eu lia cada um, a gente comentava e trocava informações. Isso me auxiliou demais. Quanto mais eu lia, mais compreendia que estar nesse trabalho era uma espécie de chamado para mim e minha busca espiritual, que estava um pouco de lado.

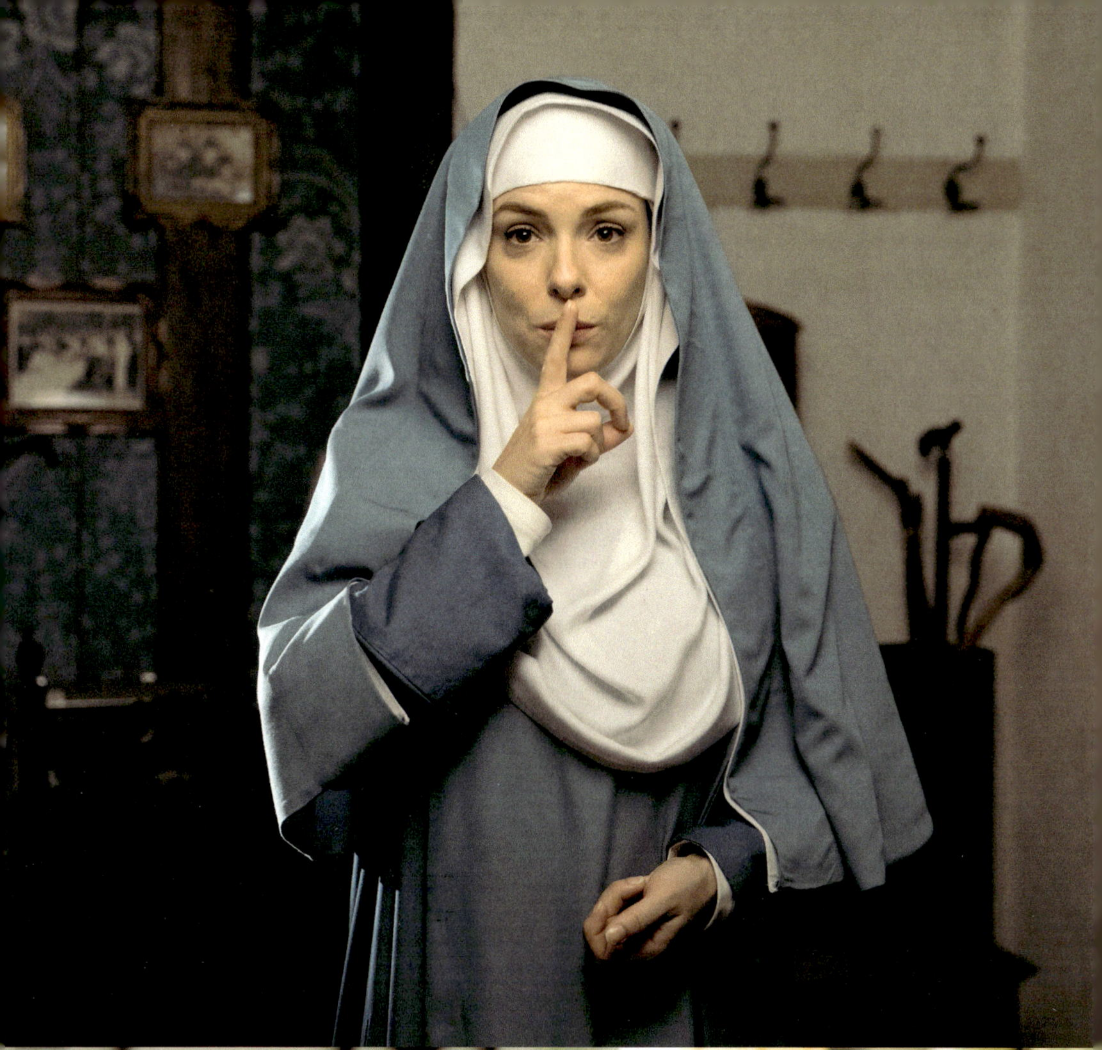

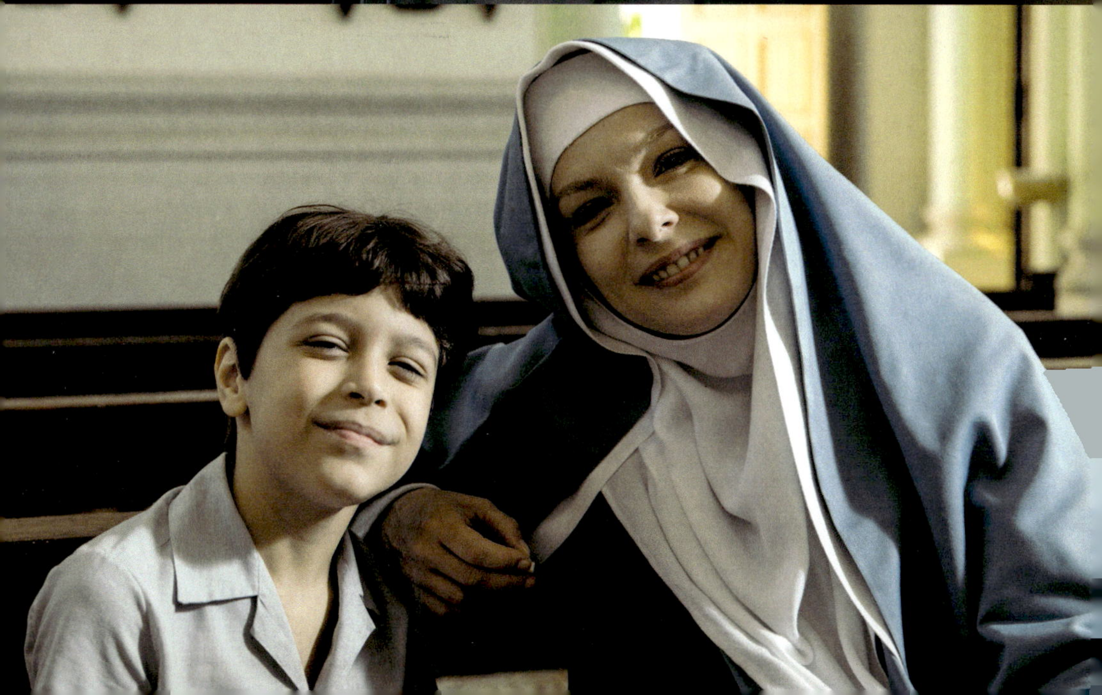

O filme chegou num momento muito importante da minha vida pessoal, em que eu realmente precisava resgatar e entender este processo, até mesmo pra ficar em paz.

E o que este chamado trouxe para sua vida?

Quando a gente começa a trabalhar nesse lugar, a gente vai ficando mais sensível. Passamos a prestar mais atenção aos sinais que estão aí todo o tempo, mas que geralmente a gente nem se dá conta. Durante esse período, foram acontecendo várias coisas na minha vida, e elas me fizeram prestar mais atenção em tudo isso. Por exemplo, em como o universo é maior, que não estamos sozinhos e saber que sempre tem alguém trabalhando a nosso favor. Com isso, fui me sentindo cada vez mais em paz, com muita conexão comigo mesma e com toda essa temática.

Como foi a reação das pessoas ao saber que você interpretaria Joanna de Ângelis?

Algumas pessoas ficavam muito emocionadas. Daí, comecei a me achar muito importante (risos)... Então, eu tive que dar uma parada e aprender a lidar com tudo isso. Porque eu sou uma atriz e compreendi que precisava me distanciar um pouco de tudo aquilo e pensar seriamente em como eu iria fazer esse papel. Trata-se de uma personagem que é de extrema importância, numa história linda, cuja mensagem a gente quer passar para o público em geral, não apenas para a comunidade espírita.

Qual foi o maior desafio nesta interpretação?

Esse é um personagem muito difícil de ser feito, porque é um personagem pronto. A força dela se mostra na palavra e na própria presença. O recurso do gestual praticamente não pode ser explorado: não pude gesticular, deitar, fazer caras e bocas, nem trejeitos. Porque ela, Joanna, não tem nada disso. Eu só tinha à minha disposição a vestimenta característica, que é um hábito de freira que passa muita força, além de contar com um texto que também é muito forte. Nessa interpretação, é preciso ser muito segura, serena e, desse modo, fazer com que a força do texto chegue até o outro lado da tela.

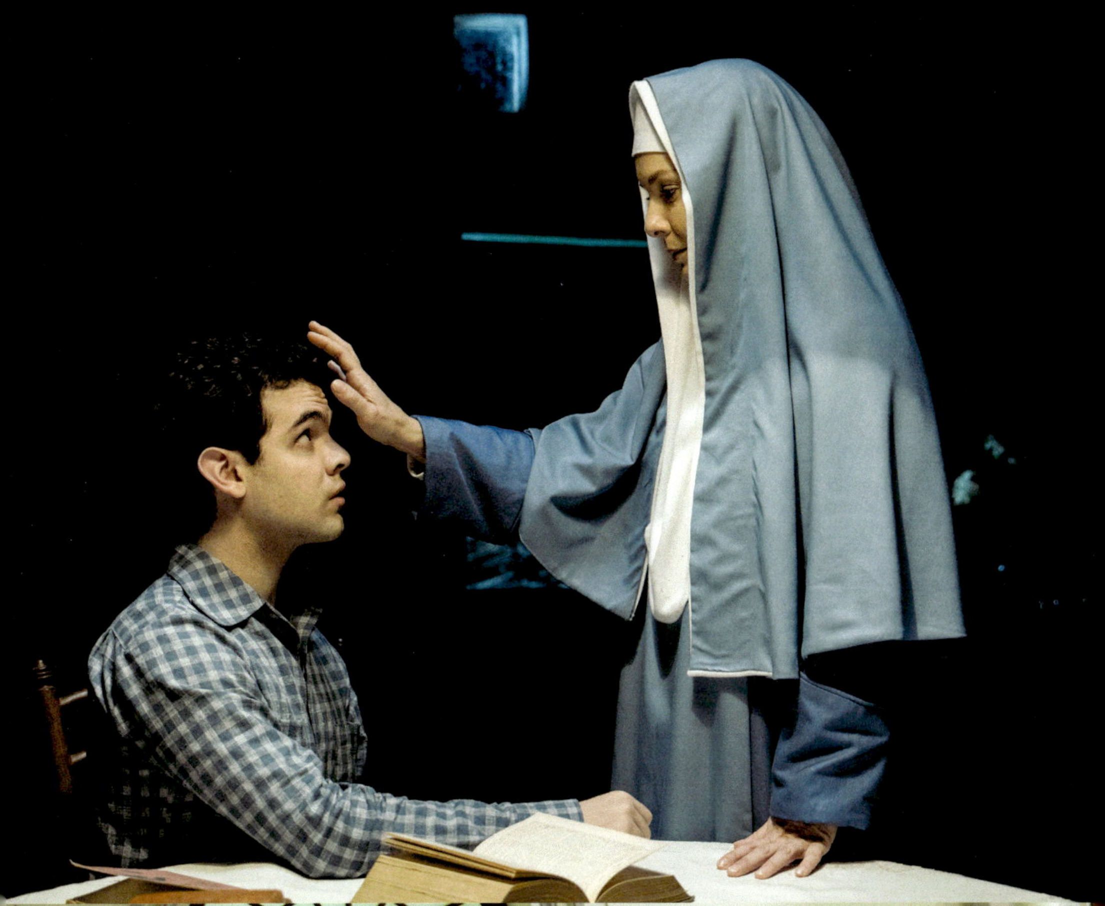

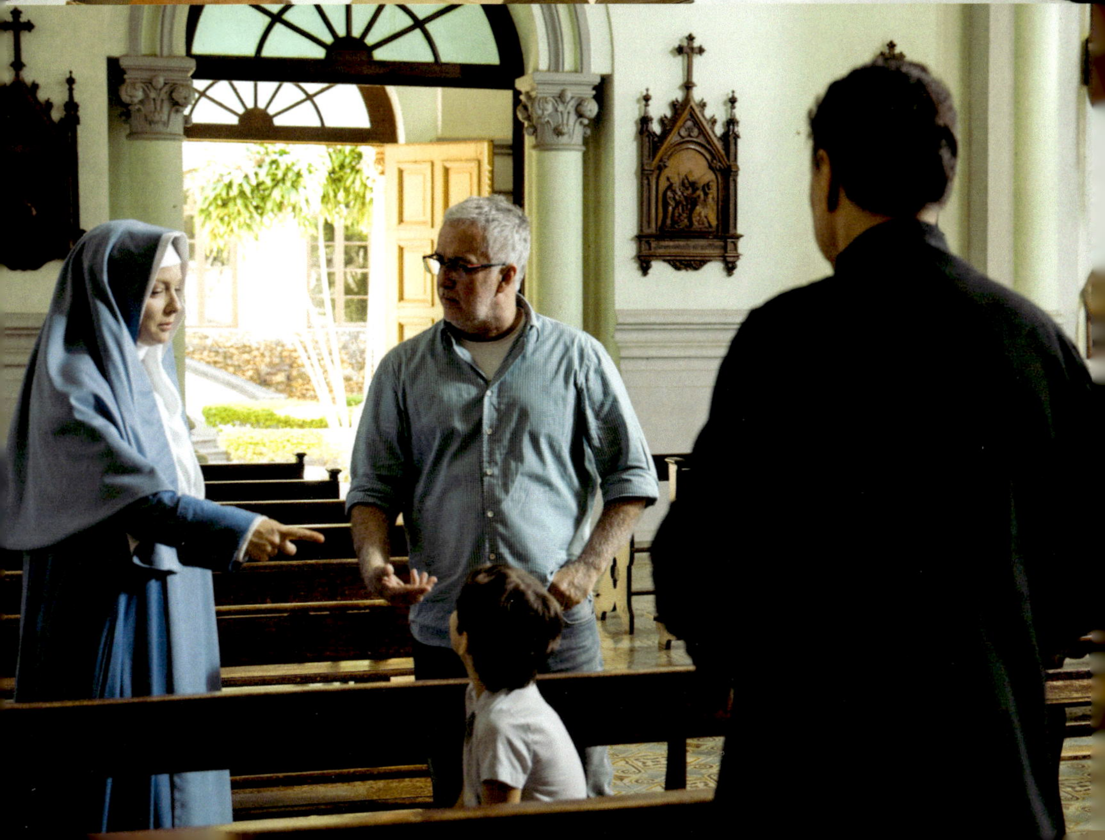

ROLL	SCENE	TAKE
AL4	33/6	

FPS: 23.976

03.10.03.00

RICARDO CADILA

PROD: DIVALDO FRANCO
DIR: CLOVIS MELLO
CAM: JB CREPON

17-6

Talvez o personagem mais difícil de sua carreira?

Certamente é um dos personagens mais difíceis, pois existem cenas que eu não falo, mas que eu tenho uma presença forte. Cada vez que essa presença aparece, é diferente e eu tenho que modulá-la um pouco. Em outras cenas, eu tenho a palavra, que é a minha força, mas eu também tenho que saber colocá-la muito bem. Além do mais, tem um lugar muito especial, que é a simplicidade dessa personagem. E o simples realmente pode tocar, pode emocionar. Então, tem algo em mim que diz pra eu confiar no simples e no pequeno, que é uma boa forma de chegar ao público.

Como foi o seu encontro com o Divaldo?

Quando eu conversava com algumas pessoas que iria fazer a personagem de Joanna, algumas delas me sugeriam conhecer o Centro Espírita Joanna de Ângelis (Ceja), do Rio de Janeiro. Eu sempre dizia que iria, mas fui adiando. Um tempo depois, conheci uma pessoa que estava passando por um processo bem difícil de separação e que, por isso, estava frequentando este centro. Então, falei: "Tá bom! Eu entendi! Eu vou!" (risos). Então, conheci a Iraci Campos, que foi uma querida e me recebeu de braços abertos, além de me contar que estava ao lado do Divaldo no dia em que ele me escolheu pra fazer a personagem de Joanna. Ela também me convidou para ir assistir à palestra que ele iria proferir no domingo seguinte, no Rio.

Foi aí que se conheceram?

Depois que falei com a Iraci, telefonei para o Clovis e conseguimos marcar. No dia seguinte, fomos encontrar o Divaldo. Antes de começar a palestra, eu cheguei no camarim, e então ele me olhou e deu o maior sorriso do mundo. Parecia uma criança que estava me encontrando. Eu achei muito bonitinho! A gente se abraçou, e falei pra ele da minha gratidão pela oportunidade e honra de ter sido escolhida para fazer esse papel. E ele respondeu: "Eu e Joanna que escolhemos, não é minha filha? E você sabe disso". Apenas sorri, porque nem soube o que dizer... Foi muito especial.

E como foi a palestra?

Eu fiquei muito impressionada, porque eram oito horas da manhã e havia 5.500 pessoas no local. Todo mundo em silêncio e muito atento, prestando total atenção nele, na força e no poder que ele tem.

Você também conheceu a Mansão do Caminho?

Num outro momento, eu falei pro Clovis que gostaria muito de conhecer a Mansão do Caminho, e fomos. Tivemos a sorte de o Divaldo estar lá naquele dia e ele nos recebeu muito bem. Conheci a Mansão, que é um trabalho lindo, gigantesco, com muita gente sendo assistida. Um lugar onde a gente se sente muito bem. Participamos de um café da tarde na companhia do Divaldo e também tivemos a oportunidade de presenciar uma sessão mediúnica – o que, até onde fiquei sabendo, é raro conseguir esse tipo de liberação.

Você já havia presenciado algo do tipo?

Nunca! Foi um momento muito forte, muito interessante. Eu já acreditava que temos de ter muito cuidado com a vibração dos nossos pensamentos e com o poder que eles contêm. E, naquele momento da sessão, além de ter sido abordado o quanto temos que nos esforçar para estarmos sempre num lugar positivo em nossa mente, buscando nossa paz, esse tema foi abordado de um jeito ainda mais amplo e esclarecedor. Saí de lá acreditando ainda mais seriamente em tudo isso. O Ghilherme Lobo, ator que faz o personagem do Divaldo na juventude, também estava conosco. E, claro, eu aproveitei e conversei com o Divaldo sobre algumas questões pessoais da minha vida.

Foi aí que você teve a real dimensão de quem ele é?

Nesses momentos, percebi que ele é um grande homem, que tem toda a minha admiração. Porque ele é muito vivo, culto e muito inteligente também. É um prazer, uma honra, pois é um filme que conta a história desse homem que teve uma vida de muito sofrimento: muita luta, muita busca, que sofreu muito preconceito e rejeição e, sobretudo, que dedicou toda a sua vida para o serviço do amor ao próximo.

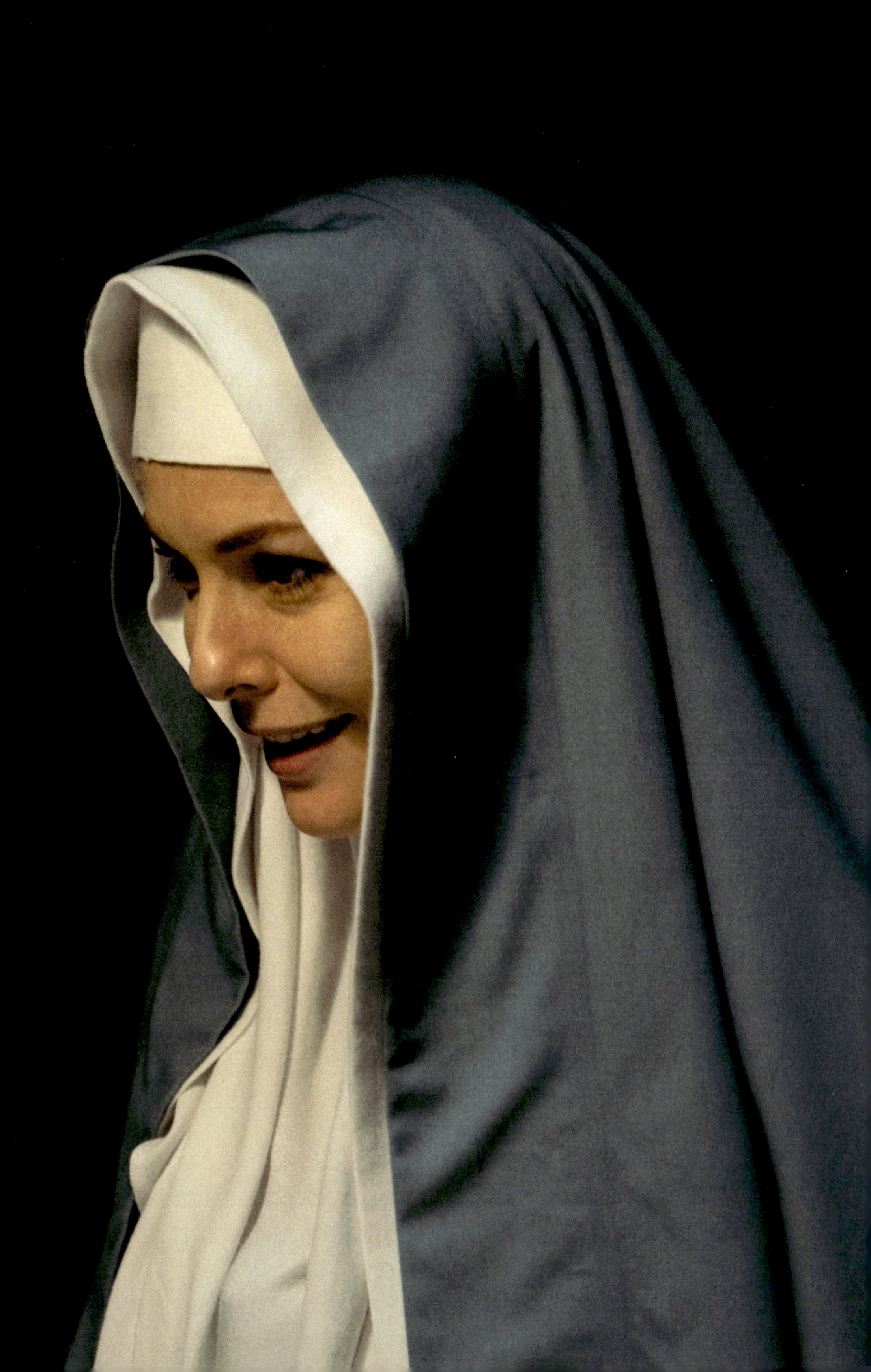

Nesses dias de preparação e de filmagem, você foi ficando mais sensível, tendo sensações durante a gravação das cenas?

Nesse sentido, teve um momento muito especial. Foi no primeiro dia das filmagens, quando cheguei nos bastidores e vi que tudo estava pronto. O hábito que eu iria usar em cena, a maquiagem etc. E quando eu coloquei a roupa, fiquei muito emocionada! Porque realmente fazer esse personagem é uma grande responsabilidade. Eu me senti muito abençoada! Ali, naquele exato instante, eu vivi um momento de compreensão e clareza sobre existir um porquê da minha própria vida aqui na Terra. Que tem um porquê de eu ser atriz e, então, senti uma profunda gratidão de estar naquele lugar.

Em seguida, quando entrei no set pra gravar a primeira cena, percebi imediatamente um silêncio diferente, que se fez espontaneamente naquele local, seguido da expressão que eu ia vendo aparecer no rosto de cada pessoa que estava ali. Assim que me viam como Joanna, todas as pessoas ficavam realmente muito emocionadas. Achei muito lindo! Eu gostaria de ter tido uma câmera na mão naquela hora, pra poder filmar aquele momento. O próprio Clovis ficou muito tocado. Foi realmente muito especial aquele dia!

Foi assim durante todas as filmagens?

O fato é que todos os dias, no exato momento em que vestia o hábito, eu era alcançada por uma emoção que nem sei explicar. É um sentimento muito bom, muito bonito, um momento de muita gratidão. Além disso, não me esqueço das coisas que foram acontecendo ao redor na minha vida pessoal. O quanto eu estava passando um momento difícil, e a forma como esse convite chegou. Depois, à medida que eu ia lendo um capítulo de cada livro de Joanna, o quanto isso foi me nutrindo. Eu sinto que é esse o caminho que eu não posso perder nunca mais. Esse caminho da paz, de a gente estar bem consigo mesmo e de sempre buscar fazer o bem para o outro. São coisas que a gente não pode esquecer jamais. Temos que internalizar isso. Sempre pensar e fazer o bem pra si e para o outro.

O que você espera desse filme?

Eu quero que as pessoas assistam e compreendam o recado maior, que é saber que tudo depende do amor: que a gente tem que acreditar nele, e que qualquer ato de amor vale, pois é o amor o que nos move! Sinceramente, eu espero que o filme consiga passar essa mensagem para todo mundo, no mundo todo!

CURIOSIDADE:

Divaldo comenta sobre a situação em que Joanna de Ângelis lhe pede que queime diversas mensagens psicografadas ao longo de sete anos, para sua surpresa e dor.

"Eram umas mensagens que eu psicografei durante o período de 1949 a 1956. Na época, eu as guardava dentro de um baú. Um dia, Joanna de Ângelis mandou que eu as queimasse. Eu tentei argumentar, dizendo que tinha muita coisa interessante. E a questionei se não seria possível manter algumas delas. Ao que, de forma muito assertiva, ela respondeu: 'Isso foi apenas para você se exercitar. As mensagens são minhas. São apenas exercícios. Queime-as.'

Mas confesso: depois, eu roubei algumas (risos)! É óbvio que ela percebeu e determinou que as queimasse no total. No entanto, quando percebeu o quanto eu fiquei frustrado, ela então apressou-se a me dizer de uma forma bem doce que nós ainda iríamos escrever muitas outras mensagens juntos. Na verdade, a frequência com que ela me ditava aquelas mensagens era muito diferente das de hoje. Atualmente, ela psicografa praticamente todos os dias, é uma situação quase invencível!"

ÍNDIO JAGUARAÇU

Na infância, um menino índio, com cerca de cinco anos, Jaguaraçu – que significa "onça grande" – fez companhia à infância de Divaldo, aparecendo sempre no quintal de casa. Ambos brincavam próximos à natureza, subindo em árvores e correndo. Gostavam de montar presépios e, juntos, construíam os bichinhos e personagens à base de barro.

Na época, Divaldo não percebia claramente que se tratava de um espírito. Até que Jaguaraçu, num certo dia, avisou que não mais voltaria a visitá-lo, pois precisaria reencarnar. Na despedida, no entanto, assegurou que um dia encontrariam-se novamente, deixando Divaldo triste e choroso por algumas semanas.

No filme, o amigo de Divaldo foi representado pelo artista mirim, Pedro Henrique Rodrigues de Paula.

MÁSCARA DE FERRO

Desde pequeno, a presença de um espírito ameaçador rondava Divaldo Franco. Era muito difícil, e vivia assustado: não foram poucas as vezes que pedia socorro aos pais. Depois de observar a reação constrangida de ambos, o menino teve que aprender a lidar sozinho com esta presença. Ao longo do tempo, veio a saber que se tratava de um espírito com quem tinha uma dívida espiritual pesada, pois teria levado o mesmo ao autoextermínio, numa vida em que ambos viveram como integrantes da igreja católica do passado.

A presença de Máscara de Ferro – assim batizado quando Divaldo havia assistido a um filme homônimo, cujo personagem era assim conhecido – levou o médium a viver situações extremas, incluindo duas tentativas de suicídio induzidas pelo perseguidor. Com o tempo e o conhecimento do Espiritismo, Divaldo Franco conseguiu compreender a situação e buscava atuar com amor, sinceridade e correção, com vistas a sensibilizar o coração do, até então, inimigo.

A resistência terminou quando Máscara de Ferro viu sua mãe reencarnar e ser acolhida por Divaldo Franco na Mansão do Caminho, selando a paz com as seguintes palavras: "Divaldo, a partir deste momento, eu o amarei. Você me convenceu. Eu tenho que ajudá-lo... porque essa aí é minha mãe reencarnada. E preciso amar quem vai amá-la".

Desde então, Máscara de Ferro passou a ser amigo do médium, apoiando-o, inclusive, em palestras nas quais há citações do latim – uma de suas especialidades –, auxiliando o médium a corrigir pronúncias e significados. Para Divaldo, sua presença serviu de maneiras desafiadoras por um lado, e pedagógicas por outro. Certamente, uma linda história de superação e compreensão de dores e amores.

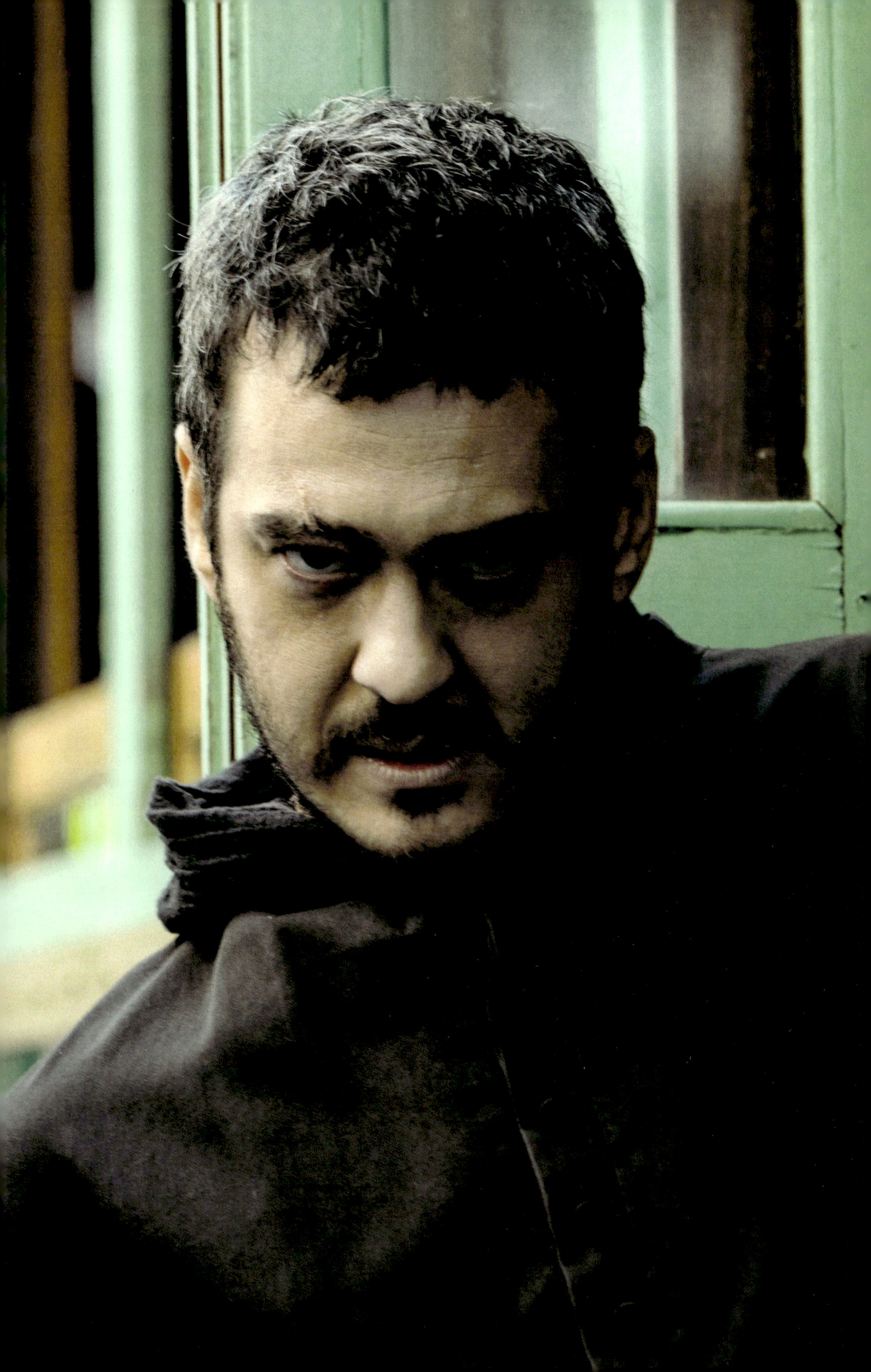

Para viver o personagem, o diretor Clovis Mello precisou dar voltas até chegar no perfil correto. Tinha uma imagem do obsessor embrutecido, corpulento, mas Divaldo o alertou que era exatamente o oposto. Faltando apenas uma semana para o início das filmagens, chegaram ao nome de Marcos Veras, conhecido por sua carreira alegre, calcada no estilo de comédia. Vê-lo no papel do Máscara de Ferro, portanto, é algo bastante novo para o espectador, que se deparará com uma interpretação construída com muita entrega e profundidade.

Entrevista com Marcos Veras, ator que interpreta o espírito obsessor de Divaldo Franco, o Máscara de Ferro:

Quem é você no filme?

Eu sou o ator responsável por interpretar o personagem Máscara de Ferro, que é o espírito que obsidiou Divaldo durante mais de 40 anos. Esse obsessor aparece ao Divaldo pela primeira vez quando ele tinha sete anos de idade. À época, como toda criança diante do desconhecido, ele ficou muito assustado. Pelo que compreendi, aos poucos, Divaldo passou a entender que esse espírito teve a finalidade de obsidiá-lo devido a uma dívida cármica de 400 anos, que Divaldo contraiu com o mesmo, como consequência de tê-lo induzido ao suicídio em sua última existência carnal.

Fiquei feliz em fazer esse personagem, por ele ser o único vilão da história. Sobretudo porque, durante o desenrolar da trama, percebe-se que mesmo tendo por objetivo a vingança, há fortes indícios de uma espécie de humanização do personagem. Tanto é assim que culmina com a cena do perdão entre ambos.

Você buscou alguma inspiração para fazer o personagem, ou foi uma livre adaptação sua?

Não busquei uma inspiração específica, apenas levei em conta aquilo em que acredito. Ou seja, que ninguém é totalmente mau nem bom. Por isso, procurei imprimir em minha interpretação desse personagem, que é o

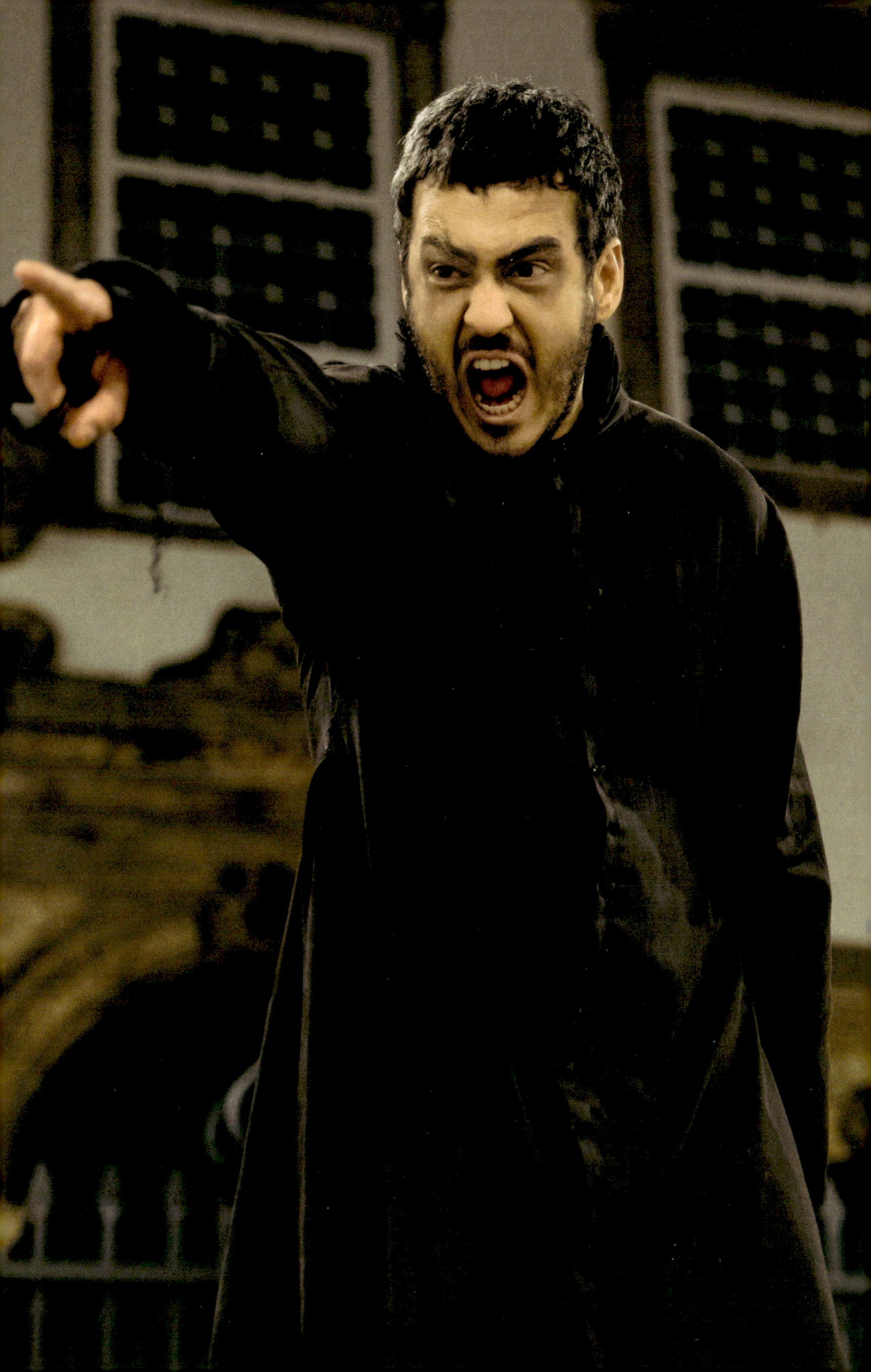

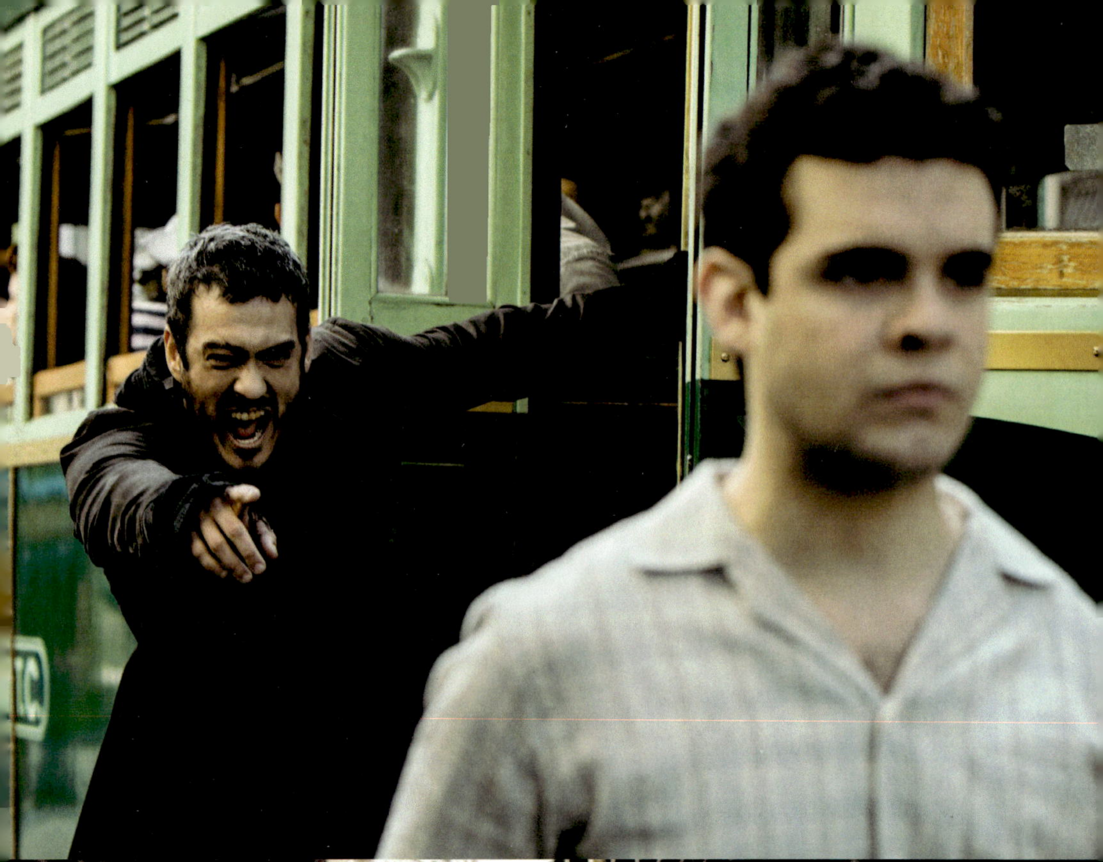

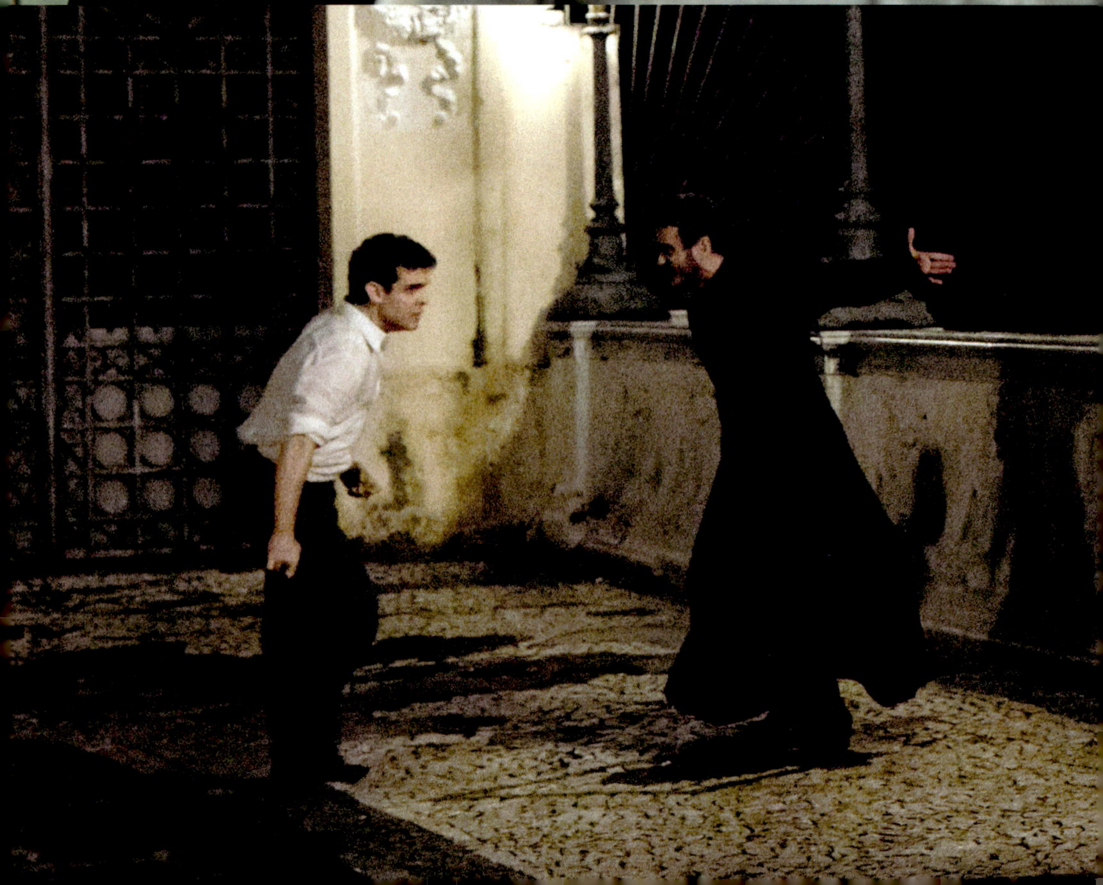

antagonista da história, um quê de humanidade, de doçura, pra não limitá-lo apenas à questão da vilania. Aliás, o próprio Divaldo reconhece que ele mesmo não foi sempre essa pessoa tranquila que hoje ele consegue ser. Como todos nós, não é?

E como você foi escalado para este papel?

Curioso é que fui o último a entrar no filme. Todo o elenco já estava escalado. Estávamos a apenas uma semana e meia do início das filmagens. O Clovis me contou que, ao pensar nesse personagem, ele imaginava um ator que tivesse um porte grande. De aparência mais densa, tipo ogro, mais bronco. Alguém cuja aparência evocasse a imagem de um cara perturbado, assustador. No entanto, ao conversar sobre essa questão com Divaldo, o mesmo o corrigiu explicando que a aparência física desse obsessor era justamente o contrário. Ou seja, um homem de porte franzino, magro, com aproximadamente 28 anos. Foi assim que fui escolhido para fazer o mesmo.

Então, não houve tempo de estudar o contexto espiritual da história?

Apesar de ter tido uma formação católica, de ter passado por todos os sacramentos dessa instituição, e ainda que hoje eu prefira frequentar igrejas somente quando estão vazias, de rezar todas as noites e de acreditar em Jesus Cristo, eu respeito todas as religiões, incluindo o Espiritismo. No entanto, confesso que não fiz nenhuma preparação específica para esse personagem. Primeiro, pelo pouco tempo que eu tinha pra filmar. E segundo, porque, pelo tema escolhido, eu sabia que estava em boas mãos.

Aliás, não apenas eu, mas vários outros atores, realmente nos sentimos escolhidos para fazer este filme. Nos sentimos privilegiados porque, certamente, não é um filme qualquer. Então, apenas decidi me deixar guiar por minha intuição. E me joguei usando a minha experiência como ator, e tive o apoio da equipe que me transmitia, a todo o tempo, a certeza e a tranquilidade de que nós estávamos sendo bem apoiados.

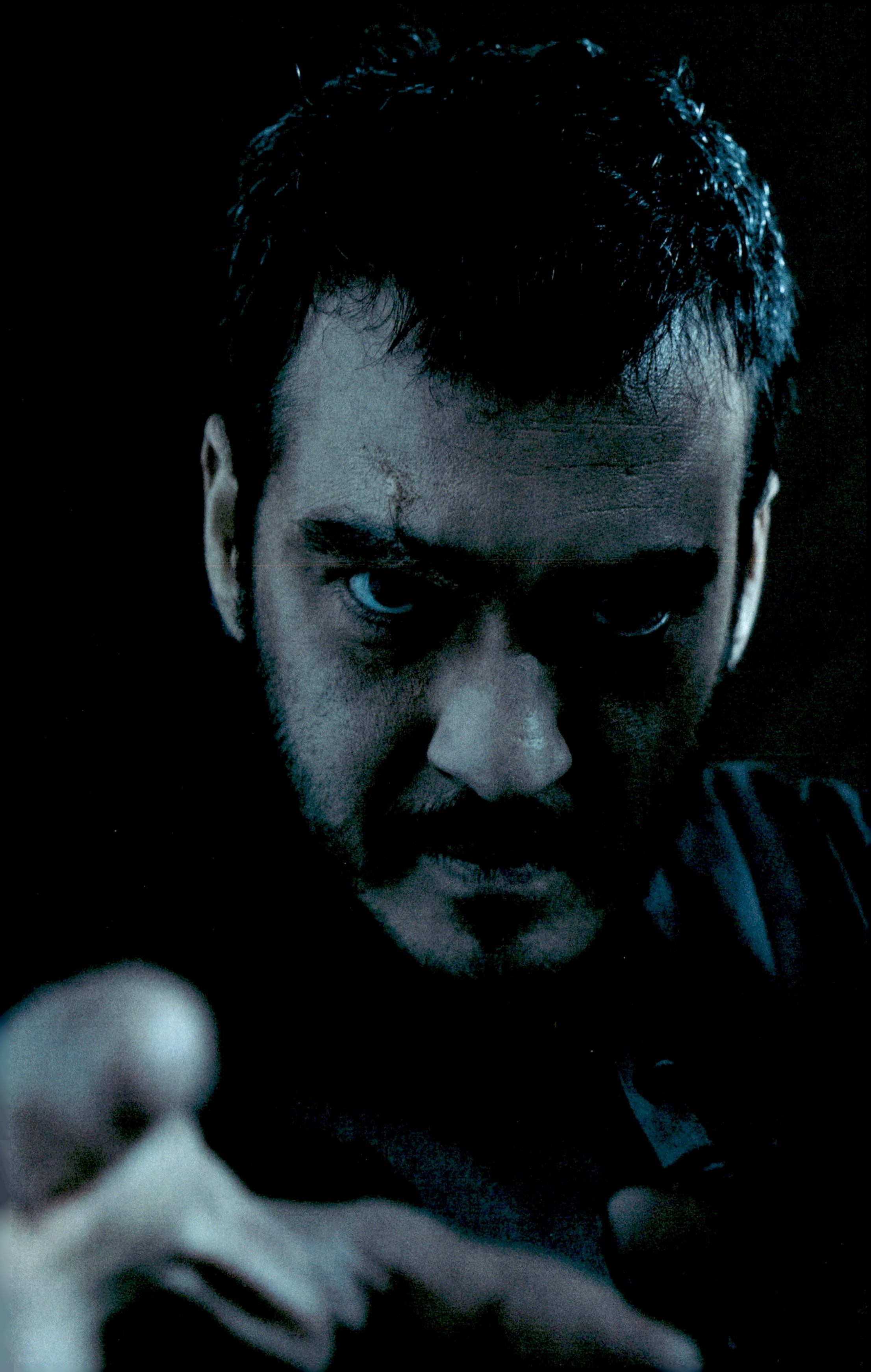

Esse foi o primeiro antagonista que você fez, um personagem mais dramático?

Não, ele não foi o primeiro. Mas, certamente, foi um dos poucos e mais importantes antagonistas de minha carreira. É que a minha obra como ator é majoritariamente conhecida na área do humor. Meu cartão de visitas é a comédia, um gênero pelo qual sou apaixonado. Mas eu fiz outro filme em 2016 que me tocou muito, e cujo personagem é também de viés dramático. Foi na companhia da atriz Débora Fallabela, "O Filho Eterno", baseado no livro que é um *best seller* conhecido no mundo inteiro. Ganhou o prêmio Jabuti, entre outros, de autoria de Cristóvão Tezza.

O personagem que fiz é pai de uma criança que tem Síndrome de Down e que convive com todos os dramas, descobertas e alegrias que alcançam alguém nessa posição.

Esse encontro com o tema espírita trouxe alguma compreensão ou aprendizado para a sua vida pessoal?

Certamente. De todo personagem que faço, sempre procuro aprender algo que aplico em minha trajetória como indivíduo. A exemplo do filme "O Filho Eterno", eu nunca mais olhei para uma criança portadora da Síndrome de Down da mesma maneira. Em relação ao filme sobre o Divaldo, eu definitivamente me torno uma pessoa melhor, porque eu considero que a mensagem desse filme é de amor, de perdão. É um filme que, independentemente da religião de quem for assistir, passa um estado de paz.

Não se trata de um filme com tom dogmático. É a história de vida de um homem em toda a sua trajetória de erros e acertos, e que serve de inspiração para cada um de nós. Mas não tem, em nenhum momento, uma tentativa de converter ou impor nada a ninguém. Então, eu identifico que este filme fortalece ainda mais a minha fé e me instiga cada vez mais a ser um praticante do bem para o meu próximo.

Momento de descontração nas gravações

Você fez muitas cenas no filme. Alguma delas te levou a considerar a ação de uma força espiritual nas filmagens?

Sim, senti isso em algumas delas. A cena que fizemos no Seminário de Pirapora, em São Paulo, me chamou atenção sobremaneira. Foi o típico dia em que o set de filmagem não fluiu. Tínhamos que gravar três cenas e só conseguimos, a muito custo, e depois de várias tentativas, gravar apenas uma única cena, desde de manhã até as três horas da madrugada.

Particularmente, na condição de ator, jamais demorei tanto tempo pra gravar uma única cena como esta, nunca repeti tanto os diálogos. Apesar de eu estar completamente concentrado, o outro ator com quem eu contracenava, mesmo sendo um profissional muito experiente, não conseguia dizer as falas, por mais que se esforçasse para isso.

Uma energia parecia resistir às filmagens?

Parecia ser. Além dessas dificuldades, vários fatores externos contribuíram para que o trabalho não fluísse de jeito nenhum, a exemplo da forte e constante presença do vento e, até mesmo, das labaredas saltando da fogueira a ponto de atingir a perna do ator em questão. Havia também o barulho de uma festa nas proximidades do local.

Houve um momento em que a própria equipe começou a considerar a possibilidade de que havíamos mexido energeticamente com alguma força de oposição. Lembro que o tema dessa cena entre os personagens girava em torno de um diálogo filosófico sobre diferentes religiões.

Do mesmo modo, impressionou-me, igualmente, a fluidez, a facilidade e a beleza com que o trabalho aconteceu no dia seguinte, que é justamente a cena que retrata o perdão entre os dois personagens. Eu fiquei muito emocionado!

O que você pode falar sobre a cena em que seu personagem provoca o Divaldo para que ele cometa suicídio?

Ah, é uma cena muito forte! É o auge do processo de vingança do obsessor na história. É quando o mesmo tenta zerar a questão da dívida cármica à força, e provoca Divaldo a cometer o suicídio como forma de pagar com a mesma moeda. Isso faz com que Divaldo fique completamente atormentado a ponto de realmente decidir tentar o suicídio, o que só não acontece devido à intervenção do espírito da irmã mais velha, que também havia se suicidado.

E seu encontro pessoal com Divaldo? Te causou algum tipo de impacto?

Nossa, foi demais! A minha ignorância não havia permitido que eu conhecesse nada sobre ele, até então. Algo que me impressiona demais é o fato de que todas as vezes que faço um comentário nas redes sociais, de que estou fazendo um filme sobre ele, as pessoas ficam muito empolgadas e sempre tecem comentários positivos e de admiração acerca do mesmo.

A minha impressão é de estar diante de um homem que todo o tempo transpira paz. É uma pessoa bem-educada e gentil, além de ser extremamente bem-humorado e um excelente contador de histórias. Ele é uma pessoa que a gente realmente se percebe gostando de ouvir. Divaldo Franco certamente é alguém que serve de exemplo e de inspiração para cada um de nós. E eu estou muito agradecido pela oportunidade de conhecê-lo pessoalmente.

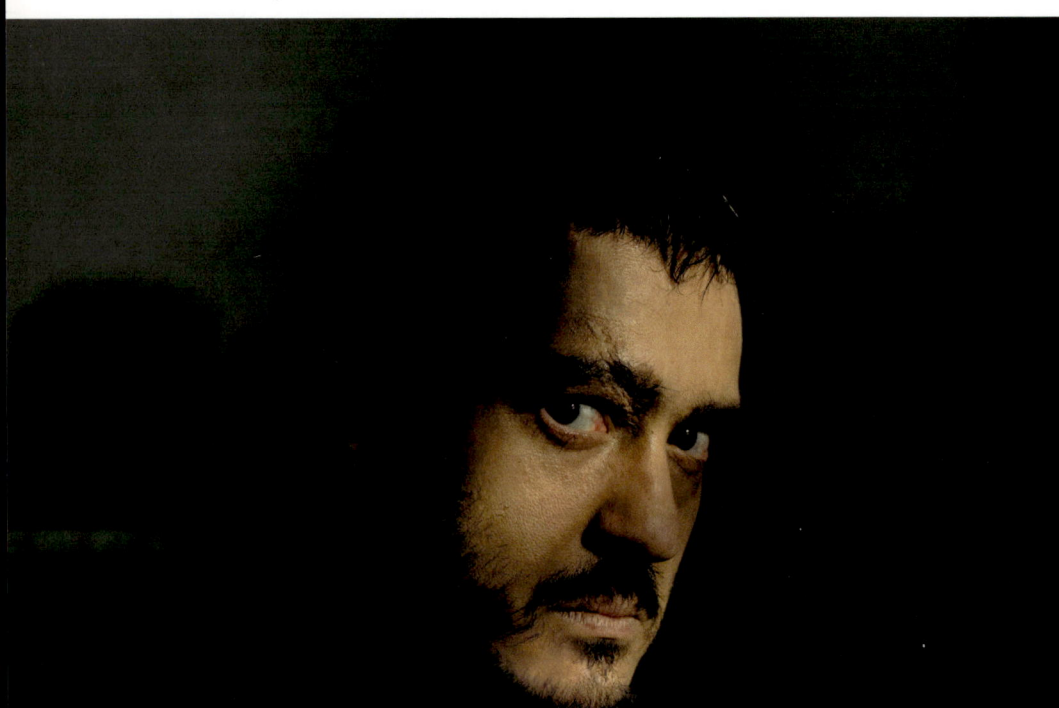

Parte II

Salvador
Bahia

Largo do Cruzeiro de São Francisco – Salvador/BA

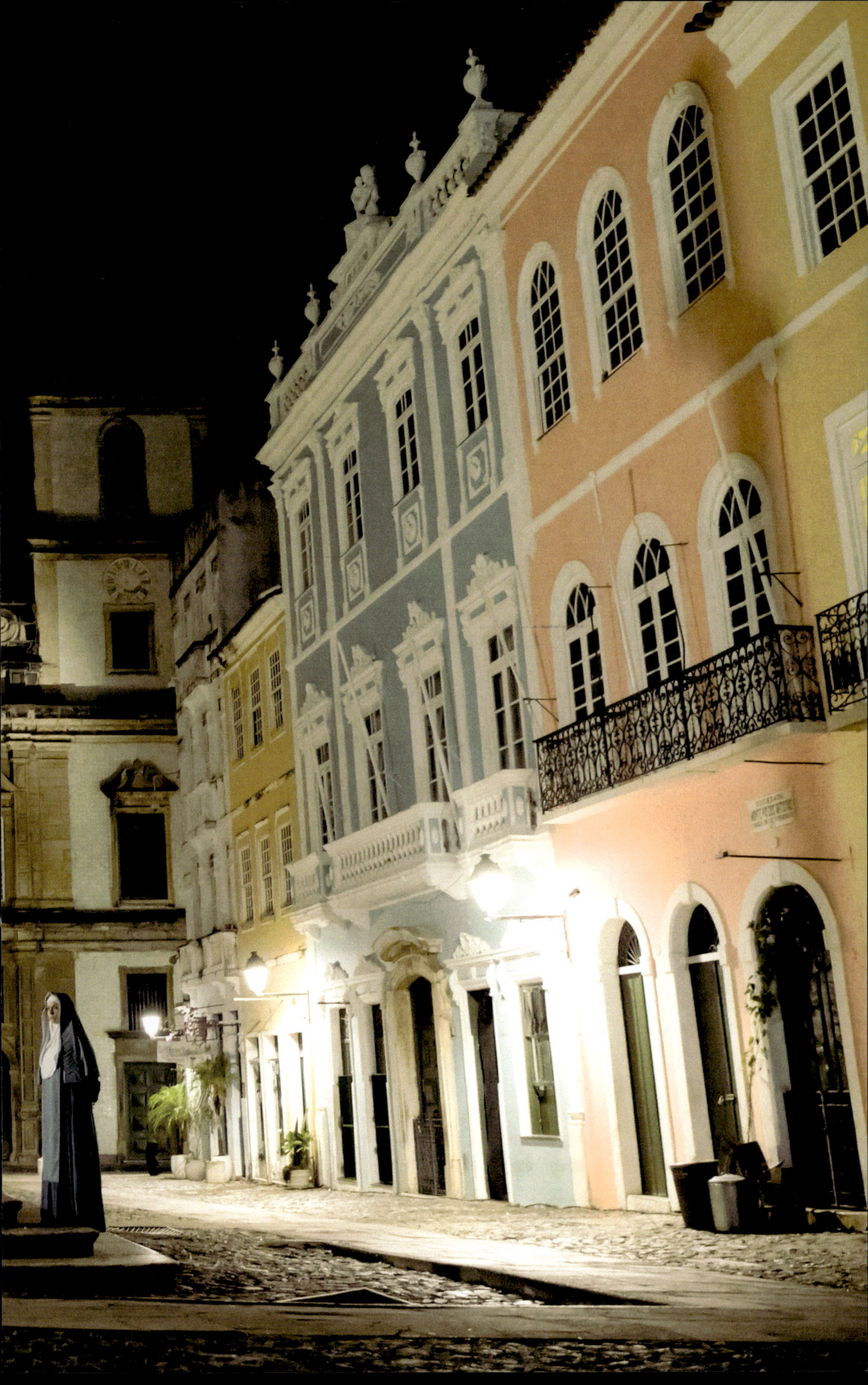

EM SALVADOR

Salvador, a terra de todos os santos! Nesta cidade, Divaldo Franco encontrou um lar, primeiramente, na casa da médium e espírita, Laura, que o trouxe de Feira de Santana para a capital. Na cidade, ele passou por grandes desafios até encontrar seus primeiros empregos numa seguradora e numa escola de datilografia. O centro histórico e o Pelourinho, a cidade baixa e a cidade alta, o centro e as favelas eram frequentemente visitados pelo baiano que fez a vida na cidade, até consolidar-se em seu emprego final, como funcionário público no Ipase.

VIDA PROFISSIONAL DE DIVALDO

SEGURADORA

O emprego na seguradora durou pouco: 13 dias após ser contratado, a empresa resolveu demitir os funcionários mais novos devido aos reflexos econômicos resultados da Segunda Guerra Mundial.

CURSO DE DATILOGRAFIA

No bairro de Santo Antônio, Divaldo encontrou a oportunidade de um segundo emprego por meio de Helenita dos Santos, que havia conhecido quando esta esteve em Feira de Santana. Proprietária de uma pequena escola de datilografia, contratou-o como professor por um valor muito baixo – que Divaldo aceitou de pronto.

IPASE

Em 1945, um amigo que frequentava as reuniões mediúnicas, Palhares (interpretado por Marcus Dioli), soube que Divaldo precisava de emprego. Como gerente de uma repartição, ofereceu a ele o posto de datilógrafo no Instituto de Previdência e Assistência aos Servidores do Estado (Ipase), num cargo temporário.

No local, Divaldo fez dois amigos: Paulinho e Georgeta – interpretados por José Trassi e Monique Hortolani. Ao perceber a mediunidade de Divaldo Franco, Georgeta prontificou-se a auxiliá-lo a distinguir clientes encarnados dos desencarnados – que ele próprio não conseguia perceber. Pouco tempo depois, Divaldo Franco foi aprovado no concurso público nacional, sendo efetivado no quadro de funcionários do Ipase, onde aposentou-se 35 anos mais tarde, em 1980.

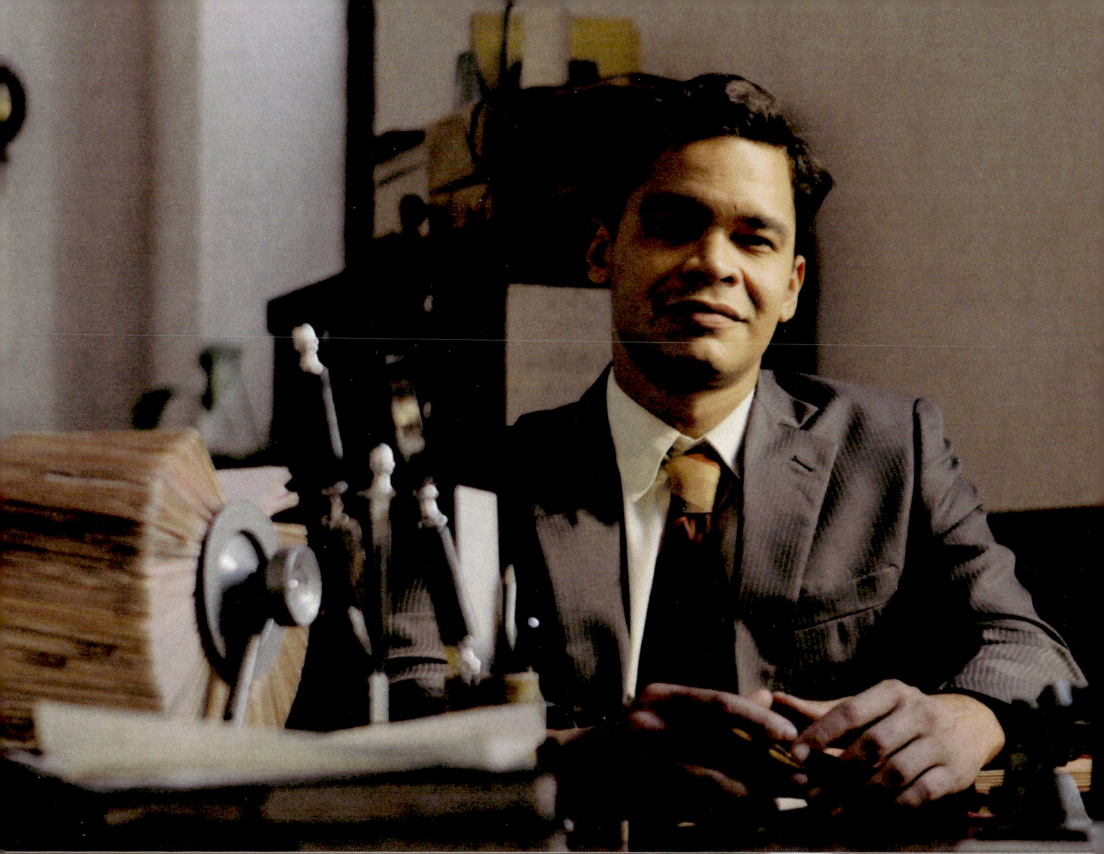

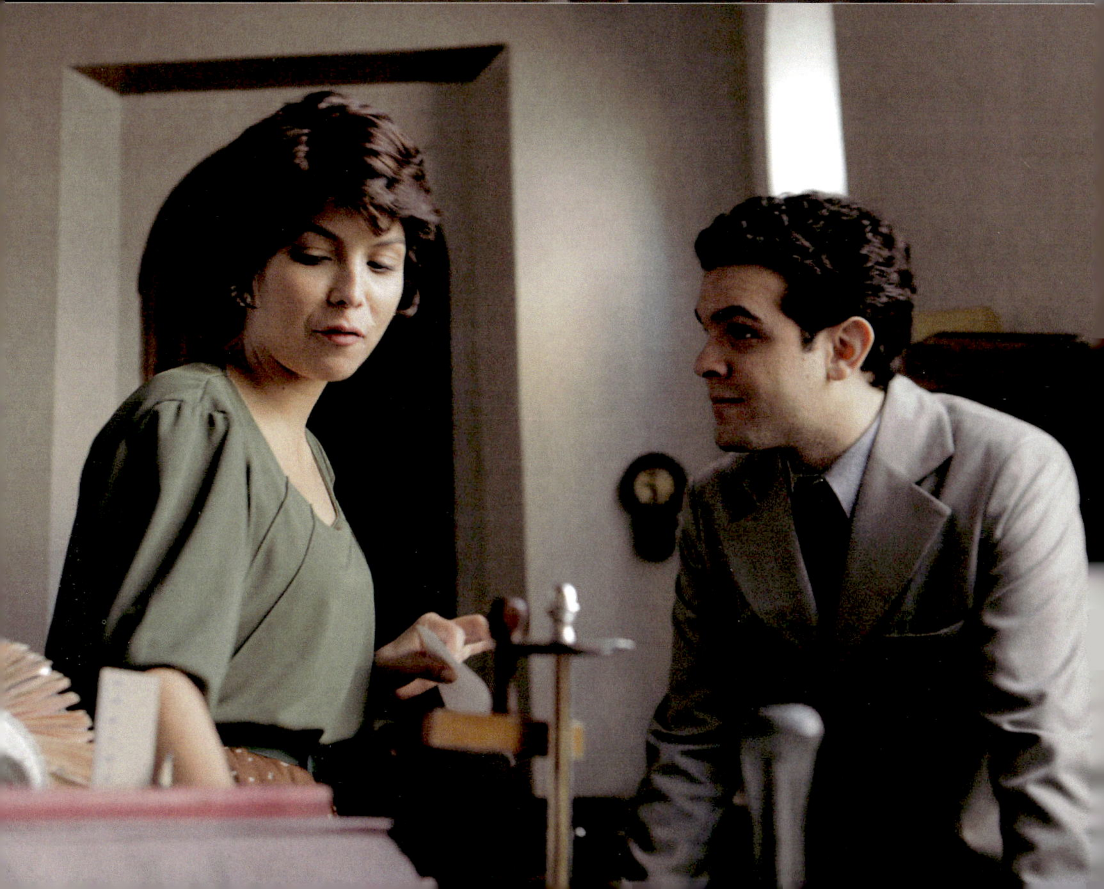

ESPÍRITOS COM QUEM TRABALHOU MEDIUNICAMENTE E QUE APARECEM NO FILME

ESPÍRITO MANUEL VIANNA DE CARVALHO

No filme, o espírito Manuel Vianna de Carvalho se manifesta pela mediunidade de psicofonia por meio de dona Laura, interpretada pela atriz Ana Cecília Costa. Vianna auxilia Divaldo no estudo do Espiritismo, para facilitar sua preparação para a longa tarefa à frente de palestras espíritas em todo o planeta. Durante as gravações do filme, numa entrevista concedida por Divaldo, o médium se diverte lembrando dos primeiros contatos com este espírito:

De repente, quando eu menos esperava, um dia me aparece também um outro espírito que disse se chamar Vianna. Um homem realmente muito culto. Ele me disse: 'Divaldo, quando vivi na Terra, fiz muitas conferências. Fui engenheiro militar e quando eu desencarnei, você nasceu. Então, eu tenho a tarefa de lhe ajudar'. O resultado é que ficamos muito amigos. Dias depois, eu estava em São Paulo e perguntei ao mesmo se ele poderia me ensinar um tema científico. Porque eu tinha muita vontade de abordar algo assim, mas não tinha cultura pra isso.

Então, ele me perguntou qual o tema que eu gostaria de abordar e respondi: Algo que abordasse a origem, sob o ponto de vista antropológico. Ele sorriu e disse: 'Nossa! Logo um tema difícil desses?! Está certo, eu vou te ensinar!' Nesse tempo, eu via as coisas que ele falava como se fosse numa fita de teletipo, que passava diante dos meus olhos e eu lia. Às vezes, passava devagar e, de repente, acelerava. Mas eu falava rápido e então, de novo, a mesma desacelerava. Eu dependia muito dessa fita. Mas, assim, eu ia aprendendo.

Então, um dia ele me apareceu e disse: 'Hoje nós vamos falar'. E eu fiquei muito empolgado! Então, eu vi logo adiante um termo lamarquiano, porque Jean-Baptiste Lamarck foi um autor por ele citado. Mas, antes disso, eu vi, também, três outros nomes. Empolgado, mandei brasa e falei bem alto, cantando: 'Lord Bacóón!' (risos) E Vianna me disse: 'É Beicon, burro!!! Você não sabe que em inglês o 'a' tem o som de 'ei'?' E respondi: 'na Bahia não é assim não!' (risos). Ao que ele só argumentava: 'Você não tem jeito, não!!!'.

O fato é que quando terminei de dar essa palestra com os termos científicos, eu ouvi, assim, como se fossem uns aplausos. Então, disse pra ele: 'Vianna quando é que a gente vai fazer outra?' Ao que, secamente, ele respondeu, 'Um dia! Um dia!'... (risos) Depois de passado um tempo, ele me deu umas aulas bem interessantes! Aí, eu fui melhorando da cabeça. Tanto que hoje até já consigo falar nas universidades. Mas eu mesmo achava graça de mim nesta época.

ESPÍRITO DR. BEZERRA DE MENEZES

No filme, Dr. Bezerra de Menezes é representado pelo artista Walmir Santana. Ele aparece na cena de cura do pai de Nilson, em que Divaldo aplica passes e recebe instruções sobre o melhor medicamento para o caso. O mentor é companhia constante de Divaldo Franco, até hoje – e o médium, vez por outra, dá passividade ao emérito benfeitor espiritual, por meio da psicofonia, com mensagens de amor e esperança para todos.

Bezerra de Menezes foi um médico que viveu no Brasil no século XIX, sendo conhecido como médico dos pobres, tendo atuado como legislador e ferrenho defensor do Espiritismo. Foi, também, presidente da Federação Espírita Brasileira no ano de 1895.

ESPÍRITO DE HUMBERTO DE CAMPOS

No filme, o espírito Humberto de Campos, interpretado por Joe Ribeiro, aparece num momento em que Divaldo Franco enfrenta dificuldades para falar numa palestra pública. Com toda a assertividade, apoia o médium na tarefa que, graças a ele, termina bem-sucedida. Em seguida, puxa-lhe a "orelha" num chamado importante para que Divaldo se dedicasse aos estudos do Espiritismo, de forma contínua. Segundo o mentor, tal medida favoreceria o apoio da espiritualidade a Divaldo, durante as palestras públicas que aconteceriam de forma intensa, daqueles tempos em diante.

NILSON DE SOUZA PEREIRA

Nilson de Souza Pereira, conhecido como Tio Nilson, conheceu Divaldo em 1945, no primeiro emprego do médium em Salvador, como professor numa escola de datilografia. Logo de início, uma situação delicada com o pai de Nilson, José Leocádio (interpretado por Francisco Gaspar), selou a amizade: ele estaria à beira da morte, e Divaldo ofereceu-se para ir à sua residência verificar a situação de perto. Com o auxílio de uma entidade veneranda, Dr. Bezerra de Menezes (interpretado por Walmir Santana), Divaldo aplicou passes por três dias e recomendou uma medicação homeopática que levou o pai de Nilson a se recuperar plenamente. Depois disso, tornaram-se amigos inseparáveis.

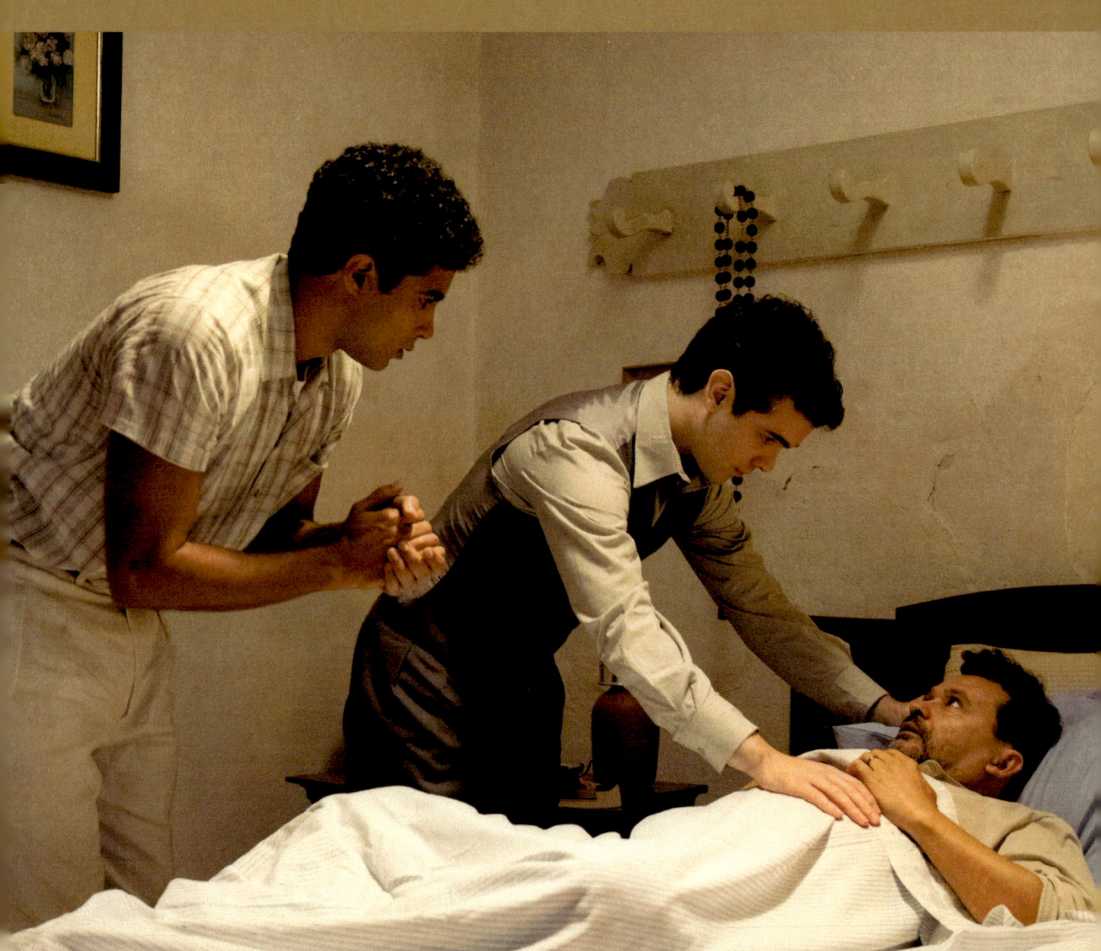

Nilson apoiou Divaldo nos seus primeiros tempos de mediunidade, cuidava de sua segurança, e mesmo com formação católica de família, passou a frequentar as sessões mediúnicas e de evangelho no lar. Foi questão de tempo para compreender as questões do Espiritismo. Anos mais tarde, Divaldo trouxe a família para morar em Salvador, numa casa próxima à da família de Nilson. Com muita naturalidade, suas mães, Ana Franco e Marieta (interpretada pela atriz Cláudia Assunção), também tornaram-se melhores amigas.

Nilson atuou fortemente no planejamento e construção da Mansão do Caminho, inclusive desenhando a estrutura das ruas e dos prédios. Era conhecido por ser brincalhão, e não permitia que ninguém abusasse do amigo Divaldo, defendendo-o nas reuniões públicas de pessoas com atitudes inconvenientes. Foram companheiros incansáveis no atendimento às famílias que buscam auxílio no local, até que Nilson passou a apresentar sérios problemas de saúde que pioraram gradualmente, culminando em sua desencarnação no dia 21 de novembro de 2013.

TIO NILSON – JUVENTUDE

Entrevista com Bruno Suzano, ator que interpreta tio Nilson na juventude:

Como esse papel chegou em sua vida?

Foi um presentaço do céu! Eu fiz testes e fui escolhido, felizmente. Considero um presente porque, na realidade, eu nem estava esperando, pois estava envolvido com outro projeto no teatro. O tio Nilson que eu represento é diferente do Divaldo: marinheiro, muito impulsivo, fala alto, é agitado. Características que reconheço dentro de mim.

E qual foi a surpresa que você teve entrando em contato com a temática espírita?

Esse é o meu primeiro contato com o Espiritismo e eu estou aberto, amando o que tenho conhecido. Respeito e aceito quem é praticante dessa doutrina. Aliás, uma boa parte dos meus amigos pessoais é formada por espíritas.

Houve algum momento das filmagens que você percebeu ou tenha sentido algo diferente?

Sim! Na locação da fazenda ocorreram algumas sensações. Eu particularmente não levei muito a sério, porque eu faço o Nilson na fase jovem da vida. E até ele "virar a chave" e vir a ser o braço direito de Divaldo, caminhar junto com ele, Nilson era um cara que não acreditava em nada disso, pois ainda estava totalmente fora desse universo espírita. Achava tudo isso medonho. O Nilson jovem que eu faço é muito cômico, e isso me deixa muito feliz.

Existe alguma nova compreensão que você esteja levando pra sua vida?

Sim!!! A própria trajetória do Nilson é um grande aprendizado pra mim. Um cara que era leigo no assunto, que vivia à parte desse universo, mas que permaneceu aberto para aprender. Tanto era assim que ele entendeu e aceitou a proposta do Divaldo. Eu penso que o encontro deles era algo que tinha realmente que acontecer. Então, essa experiência me ensinou a ser ainda mais aberto em relação a todos esses assuntos.

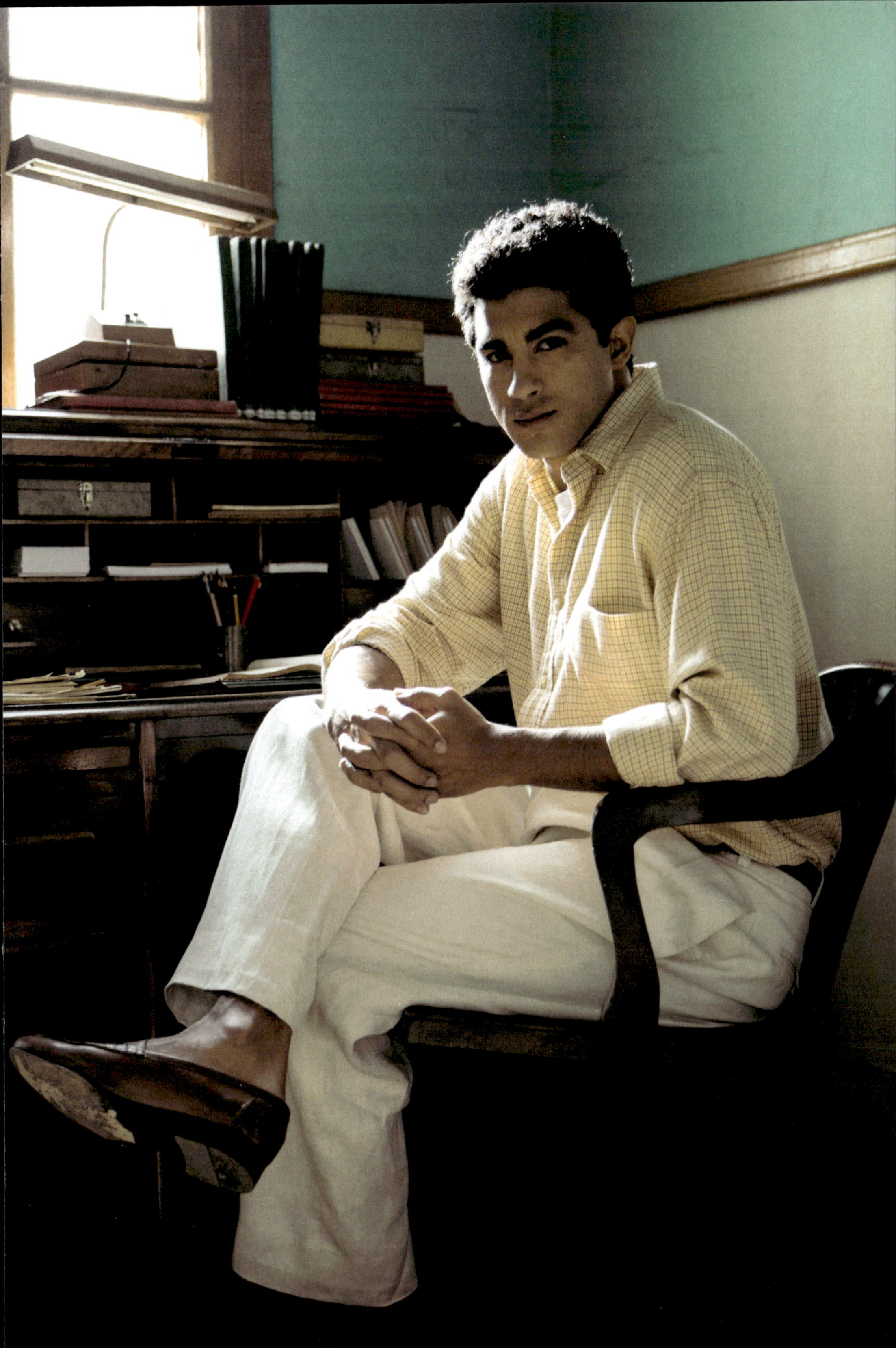

Qual é a sua prática religiosa?

Eu fui criado na religião evangélica. Mas sempre fui receptivo em relação a qualquer outra doutrina.

Você diria que esse é um filme pra assistir sem nenhum tipo de preconceito, sendo de qualquer outra religião?

Total! Porque esse é um filme que fala de humanidade, de paz, amor e solidariedade. Eu acho que pessoas de todas religiões que pregam o amor vão gostar muito desse filme. Ele tem um roteiro genial, o Clovis é um grande diretor e a equipe toda é muito especial. Tenho certeza que vai ser um grande sucesso!

TIO NILSON – VIDA ADULTA

Entrevista com Osvaldo Mil, ator que interpreta tio Nilson na vida adulta:

Você lembra quantas cenas você chegou a fazer?

Foram cerca de sete dias de gravação, num total de dez ou oito cenas que se encerram na cena da morte de dona Ana.

Como foi que esse personagem surgiu em sua vida?

A mesma produtora de elenco com quem trabalhei na série *O Mecanismo*, Marcela Altberg, também me convidou a fazer este personagem.

Você tem alguma proximidade com a temática espírita, ou já conhecia o Divaldo? Como foi a sua relação com esse convite?

Eu fui criado sob os ensinamentos católicos. Mas, ao longo da vida, fui descobrindo outras coisas, perguntando muito pra mim mesmo e também pra outras pessoas. Há coisas que simpatizamos, e escolhemos acreditar, mas eu não tenho nenhuma certeza. O fato é que eu preciso de um Deus para me fortalecer. Algo maior que eu, para quem eu peço e agradeço.

Você gostou de interpretar o Nilson?

Sim! Principalmente se levo em conta a recorrência com que as pessoas de cinema e TV me chamam para fazer personagens densos, pesados, tensos. Só neste ano, eu fiz três personagens que morrem. Então, vim para cá e identifiquei um movimento absolutamente diferente. Trata-se de algo suave. Quando eu vi fotos do Nilson como marinheiro, descobri nele gestos leves. O que a princípio nem caracterizam tanto assim um marinheiro, né?

Mas o Nilson é um personagem suave. Eu fiquei muito feliz em fazê-lo. Durante a maior parte do filme, eu o fiz sorrindo, de um jeito solar. Até mesmo porque o Bruno, que faz o Nilson mais jovem, tem também essa alegria. Essa parceria do Nilson com o Divaldo é uma coisa muito bacana. Ele é um sustentáculo, o braço forte que garante paz para que Divaldo vá fazer suas coisas tranquilo com as questões de ordem prática.

Você leva algum aprendizado desse filme para a sua própria vida?

Sim. Eu sou questionador, um pensador. Só que um pensamento é só um pensamento. Mas quando você consegue transformar um pensamento em algo palpável, real, aí é outra coisa. O Divaldo conseguiu construir uma obra, e isso é um grande mérito. Ele abriu mão de uma vida pessoal, com tantas dificuldades e sacrifícios que o filme vai mostrar.

O que fica para mim desse filme é a obra pronta. Eu compreendi que o mais importante na vida, o grande ato do ser humano deve ser o de prestar ajuda ao próximo. E quando um Divaldo, uma Irmã Dulce e tantos outros conseguem materializar uma obra dessas, que tem como único objetivo melhorar a qualidade de vida das pessoas, então eu posso dizer que isso representa uma grande transfusão de ânimo para mim. Saio desse filme com a minha esperança na humanidade, renovada.

Preparação para a cena de reunião mediúnica

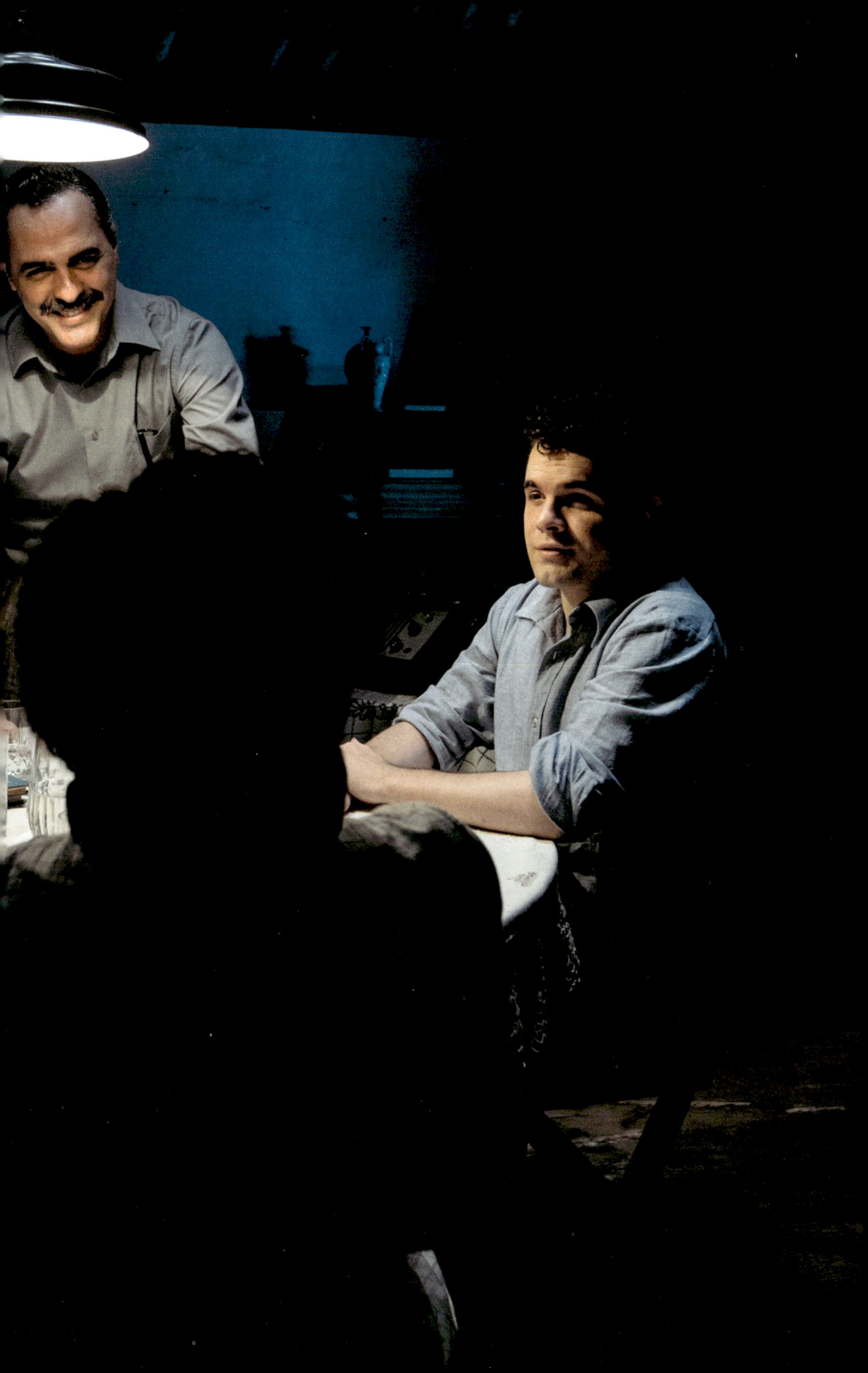

AMIGOS ESPÍRITAS EM SALVADOR E NA VIDA ADULTA

Divaldo sempre esteve rodeado de queridos amigos ao longo de sua vida. Para retratar a história em questão, Clovis Mello contou com novos personagens na cidade de Salvador, além dos iniciais que aparecem nas filmagens de Feira de Santana. Entre eles: Palhares (interpretado por Marcus Dioli), dona Ethelvina (interpretada por Maria Salvadora), Sinhazinha (interpretada por Rita Lira), Martins (interpretado por Elias Cardoso) e Chiquinha (interpretada por Érica Miranda).

Este núcleo foi responsável pela implantação das primeiras reuniões mediúnicas ainda na casa de Laura, passando pela criação do Centro Espírita Caminho da Redenção até chegar na Mansão do Caminho. Foram grandes aventuras para que a estrutura alcançasse os patamares atuais. Conheça alguns desses rostos retratados no filme:

CHICO XAVIER

O médium de Uberaba, Francisco Cândido Xavier, também esteve presente de forma definitiva, em momentos delicados da vida de Divaldo Franco. O médium baiano chegou a cogitar em viver um tempo com Chico e atuar ao lado dele na seara mediúnica, ao que o mineiro de Pedro Leopoldo respondeu: "Nós somos como dois postes de luz... precisamos ficar separados, para levar luz a mais lugares". No filme, o médium foi interpretado pelo ator Álamo Facó.

Divaldo Franco e Chico Xavier

SONHO NA PEDREIRA E A MANSÃO DO CAMINHO

Ao perguntar a Divaldo se ele faria tudo outra vez, ele responde de imediato: "Se eu tivesse que repetir tudo... mesmo com os insucessos, os problemas e as dificuldades que passamos, eu faria tudo de novo".

Então, relembra com carinho o momento que deu origem a tudo isso que hoje é a Mansão do Caminho. Por volta dos seus 19 anos de idade, teve um sonho, que ele mesmo gosta de narrar:

Estava cochilando no trem, num momento em que voltava de uma visita que fui fazer a uma senhora que tinha uma doença mental. Nesse sonho, eu estava ao lado de uma pedreira e via muitas crianças. Via também, de costas, um senhor de muita idade, que quando se virou para mim, pude identificar como sendo eu mesmo, no futuro, numa idade bem mais avançada.

Ele, então, me disse, apontando para as crianças: 'Isto, é o que tu farás da tua vida. Tu serás educador'. Eu senti um choque e acordei assustado. Comentei com o meu amigo Nilson, que estava sentado ao lado. Esse sonho me impressionou de tal maneira que nunca mais saiu da minha mente.

Mais tarde, estudando o Espiritismo, eu compreendi que aquele sonho foi uma espécie de desdobramento psicológico. Fenômeno de desdobramento da personalidade. Agora, o que achei interessante, é que o Clovis repete essa cena. E ele me chamou para representar o senhor idoso. Então, eu disse pra ele: 'Olha Clovis, tem um problema: o moço tinha o cabelo branco. Mas agora, a gente pode escolher a cor que quiser para o cabelo' (risos).

Assim, no filme, ele que era eu, ficou um pouco diferente. Mas a cara é idosa.

Essa foi a primeira vez que representei. Tive que memorizar apenas quatro palavras. Olha!!! Não é fácil ser ator! (risos).

Nota da autora: Na edição final do filme, a cena foi retirada pelo diretor Clovis Mello, que quis reservar o impacto da presença de Divaldo Franco para a última cena.

Crianças atendidas na Mansão do Caminho

A JORNADA DAS CRIANÇAS NA MANSÃO DO CAMINHO NAS PALAVRAS DE DIVALDO FRANCO:

A Mansão do Caminho é uma comunidade muito grande. No total, é composta por 52 edifícios, em que atendemos cerca de 5.000 pessoas por dia. Somente crianças, na escola, são 3.600 atendimentos diários.

Primeiras atividades da Mansão do Caminho, Rua Barão de Cotegipe, 124

DO NASCIMENTO AO CURSO PROFISSIONALIZANTE

Lá, temos uma casa de parto que foi a primeira do Brasil a dar total assistência ao parto natural que, na maioria das vezes, acontece na água, na banheira. Antes, porém, dá-se à parturiente uma preleção sobre essa técnica para que ela possa escolhê-la ou não. Também são fornecidas práticas de yoga para, na medida do possível, diminuir o processo de dor durante o parto.

Fachada da Mansão do Caminho com crianças nas sacadas

Mantemos de plantão, durante as 24 horas do dia, uma ambulância. E o fazemos para o caso de acontecer alguma complicação na hora do parto. Quando isso acontece, nós fazemos a imediata remoção para um dos hospitais e maternidades que possuem centros cirúrgicos, e com os quais temos convênio. Nesses últimos anos, já atendemos mais de 4 mil partos aqui, sem óbitos de parturientes.

Filmamos o parto natural. E, nessa hora, geralmente, preferimos que o pai da criança esteja presente. Quando isso não é possível, sempre fazemos questão que esse processo seja acompanhado por alguém da família da parturiente. Assim, documentamos tudo em imagens e as mantemos em arquivo. E fazemos isso para o caso de ocorrer alguma complicação durante o parto, e esse material possa ser usado pela justiça, se necessário. E tudo isso, nós fazemos absolutamente grátis.

Quando completam dois meses, essas crianças que nasceram na Mansão do Caminho passam também a ser atendidas em nossa creche. Atualmente, atendemos a 150 crianças. Elas têm entre dois meses e dois anos de idade. Ao completar dois anos, elas são transferidas para o nosso Jardim de Infância, onde permanecem até os quatro anos.

Enquanto que em países desenvolvidos, como na Suécia e na Dinamarca, por exemplo, ainda existe o Jardim de Infância, aqui no Brasil foi eliminada essa fase do ensino por considerá-la desnecessária. E, por isso, a criança já vai direto pro ensino fundamental. Mas aqui na Mansão do Caminho, fazemos

Antigo refeitório da Mansão do Caminho

questão de manter ativo o ciclo do Jardim de Infância porque entendemos a importância dessa etapa para o bom desenvolvimento emocional da criança. Quando elas completam quatro anos, elas são direcionadas para o curso fundamental, que também mantemos.

Agora, estamos criando o curso de ensino médio porque aqui em nossa região existem cerca de 400 mil habitantes. Ou seja, é uma cidade de médio porte e, mesmo assim, não existe nenhum curso de nível médio nesta área. O número de alunos sem vagas é impressionante.

UM OÁSIS EM MEIO A MUITA POBREZA

Na Mansão do Caminho, a única condição para ser atendido é a pessoa ser pobre. No entanto, não basta apenas chegar aqui e dizer que é pobre. Nós vamos pessoalmente visitá-los pra conferir se é real essa condição a princípio declarada.

Assim, um dos meus funcionários tem carta branca para ir constatar a veracidade dessa informação. Vai trajando o uniforme e com a identificação da Mansão do Caminho. E, aqui, só admitimos realmente quem está na pobreza ou abaixo dessa linha, vivendo na miséria. Tem uns que, inclusive, moram nos esgotos.

Nessa região onde a Mansão do Caminho fica localizada, com todas essas ladeiras, fica muito difícil durante a época do inverno subir essas rampas de acesso sem sapatos apropriados. Então, nós também fornecemos a essas crianças o calçado, a roupa, o uniforme e a alimentação. De segunda a sábado, fornecemos refeições aqui na creche e, também, o que eles irão comer em casa nos domingos, que é o dia em que a creche não funciona.

Daí, quando concluem o Jardim de Infância, eles passam para o ensino fundamental. Agora, como já falei, estamos criando o ensino médio. Assim, eles poderão prestar o exame do ENEM e ir para uma universidade. Porque eles saíam daqui aos 16 anos, com uma profissão e uma escola de arte, simultaneamente. Mas não podiam prestar o ENEM justamente porque não tinham o ensino médio. E isso realmente era lamentável, porque esses jovens ficavam pelas ruas, expostos a muitos perigos.

Era impressionante o número de garotos e garotas de 14 a 16 anos que viviam assim, aqui no bairro. Então, decidimos criar o Ensino Médio, para que eles possam dar um salto mais ousado. Estamos muito contentes porque antes de eu morrer, se é que eu não vou morrer logo (risos), nós já poderemos deixar o primeiro ano de uma universidade para o futuro. Para que eles possam ter vez!

Algumas das crianças adotadas por Divaldo Franco

CONVITE AOS ASSISTIDOS: LEVAR AO MUNDO O QUE RECEBERAM

Quando inauguramos a escola profissionalizante, que tem 10 cursos, nós pudemos tirar vários desses meninos do seu envolvimento com as drogas. Ao iniciarmos a Escola de Artes, somente para o Curso de Violão, tínhamos 400 alunos matriculados!!! Mas eu os avisei: Para estudar violão, vocês têm obrigatoriamente que frequentar a escola na parte da manhã, e almoçar conosco. Depois, na parte da tarde, vir estudar arte. Foi um jeito que encontramos de manter ocupados esses 400 violões (risos).

O nosso objetivo não é mantê-los na miséria. A função é dar aos mesmos a cidadania, é dignificá-los. Não é dar a eles uma bolsa pra ficarem na preguiça e numa vida miserável. Eu digo a eles: 'Vá trabalhar. Porque nós trabalhamos para te ajudar'.

Descobrimos que mais da metade desses meninos eram envolvidos com as drogas e mais de 50 deles eram o que chamam de 'mula', pessoas que os traficantes usam para o transporte de drogas. E foi através de nossos serviços que já conseguimos tirar vários meninos da drogadição.

Então, eles se formam e vão viver a vida deles. Nosso objetivo é formar cidadãos para que eles possam contribuir com a sociedade. Nós os estimulamos a levar adiante a mensagem. A fazer pelos outros o que eles acham que fizemos por eles. Nessas situações, dizemos: 'Se você acha que nós acertamos com você, então vá fazer o mesmo para os outros. Porque o seu compromisso é com a sociedade'.

SOBRE OS LARES SOCIAIS E OS FILHOS ADOTIVOS

Por volta dos anos 80, a psicologia educacional nos demonstrou que os filhos adotivos eram muito protegidos. Porque uma criança que cresce sem acesso à sociedade tem mais facilidade de fracassar quando, afinal, é exposta, porque fica muito vulnerável aos costumes da mesma e consequentemente aos vícios também.

Inicialmente, nós tínhamos o Lar Família. Eram 15 lares. Fomos os primeiros na América Latina a implantar esse sistema. Atendíamos cerca de 680 órfãos sociais. Eram crianças de rua e em situação de risco social. Cada grupo era formado por 10 crianças. Em cada casa, moravam seis meninos e quatro meninas. Ou seis meninas e quatro meninos. Cada uma dessas casas recebia o nome de uma árvore ou de uma fruta, de acordo com a predominância do gênero masculino ou feminino que nela habitasse.

E como aqui a gente não fuma, pedíamos que eles não fumassem. Também não podiam entrar com bebida alcoólica. E foi assim que, ao compreender o que nos demonstrou a psicologia educacional, decidimos abrir o acesso deles para a sociedade. Dos que aqui viveram, cerca de 90% foram exitosos. Os outros 10% não temos notícias. Saíram pelo mundo.

Primeiras crianças acolhidas na Mansão do Caminho

Hoje em dia, a criança fica aqui apenas no período de 7 horas da manhã até às 18h. Horário em que eles retornam para as casas de suas famílias.

DIVALDO E SEUS FILHOS ADOTADOS, CONFERÊNCIAS E LIVROS

A vida de Divaldo sempre foi próspera na semeadura. Ainda que não tenha formado família própria com esposa e filhos biológicos, seu amor encontrou profícuos terrenos que foram devidamente semeados, proporcionando lindos frutos. Abaixo, seguem números que refletem sua notável colheita:

- Em 1952, fundou a Mansão do Caminho, onde são atendidas, atualmente, mais de **5000 pessoas** por dia.
- Ao longo de sua história, acolheu e cuidou de **682 filhos adotivos**.
- Proferiu **22000** conferências em mais de **2000 cidades**, em **70 países**.
- Participou de **oito conferências na ONU**.
- Recebeu mais de **1000 homenagens** de instituições culturais, sociais, religiosas, políticas e governamentais.
- Possui o título de **Embaixador da Paz no Mundo**, realizando projetos, palestras e vivências da cultura de paz em todo o Brasil.
- Mais de **250 livros publicados**, por meio de **211 autores espirituais**.
- Mais de **10 milhões de exemplares vendidos** com todos os direitos autorais doados a entidades filantrópicas.

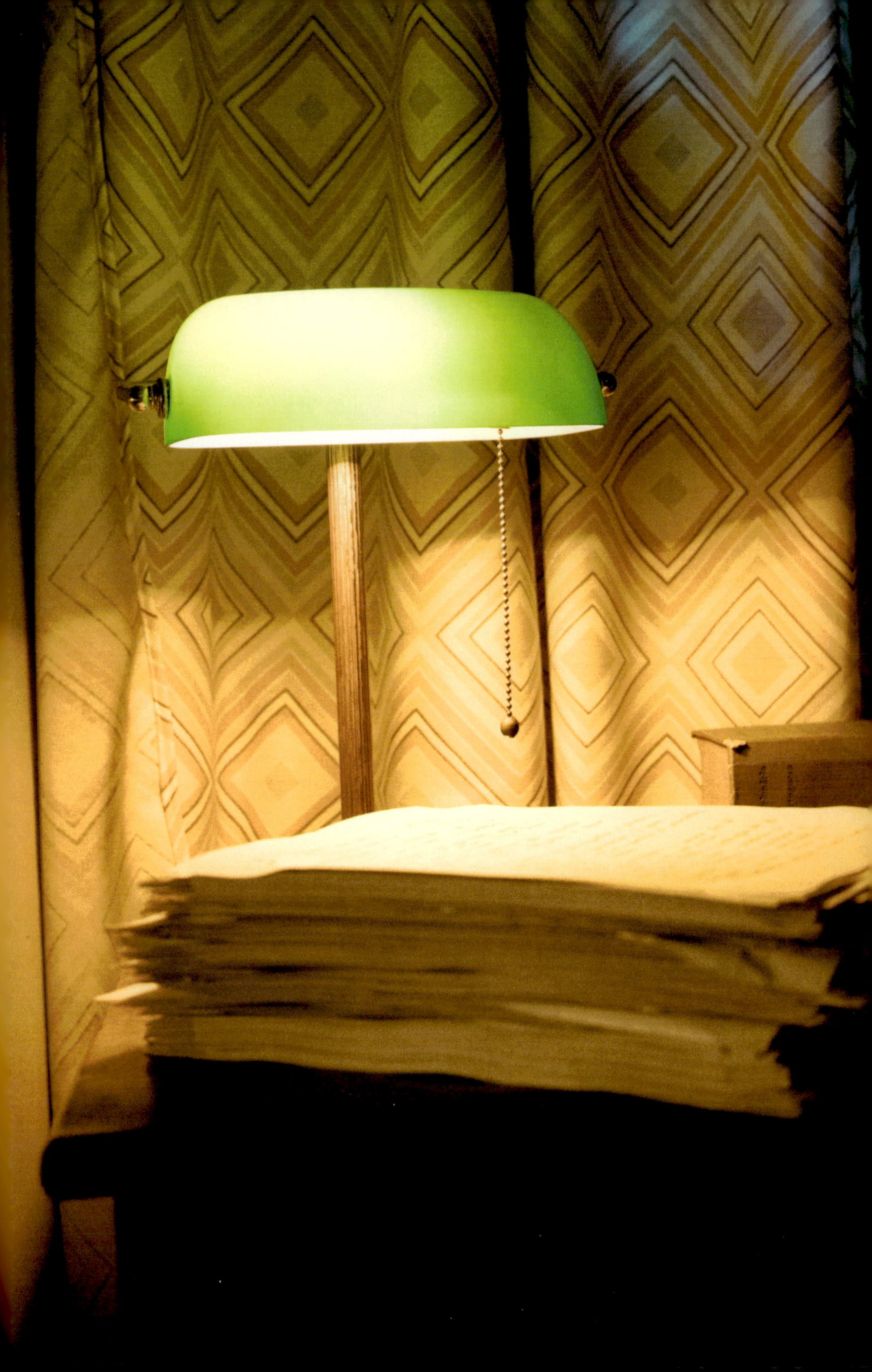

ROLL	SCENE	TAKE
A123	91/3	1

RICARDO CADILA

FPS: 23.976

01.01.17.08

PROD: DIVALDO FRANCO
DIR: CLOVIS MELLO
CAM: JB CREPON 4-7

OS CRIADORES DO FILME

Inicialmente idealizado pelo empresário Luís Eduardo Girão, diretor da Estação Luz Filmes (até dezembro/2018), e seu sócio, Sidney Girão que, juntos, produziram outros filmes espíritas, como *Bezerra de Menezes* e *As Mães de Chico*, o projeto de contar a vida de Divaldo Franco no cinema é resultado do encontro destes com os diretores da Cine, Raul Dória e Clovis Mello. Nas entrevistas a seguir, você conhecerá um pouco dos bastidores de criação deste filme.

LUÍS EDUARDO GIRÃO

Diretor da Estação Luz Filmes (até dezembro/2018). Idealizador, produtor e um dos investidores do filme:

Como surgiu o projeto do filme em sua vida?

É algo já esperado dentro do trabalho que é desenvolvido na área do cinema entre grandes humanistas, pacifistas da humanidade. Depois de *Bezerra de Menezes*, depois de *Chico Xavier*, e de *Allan Kardec*, também em 2019. Divaldo Franco também é um nome muito natural neste contexto, pois é o maior médium da atualidade no Brasil, palestrante internacional, e a sua obra é extremamente relevante para a humanidade. Então, a história deste grande brasileiro era algo que estava faltando na sétima arte de nosso país.

Qual sua relação com Divaldo Franco e com o Espiritismo?

Em momentos muito delicados de minha existência atual, Divaldo Franco foi como um pai para mim. Ele foi extremamente carinhoso, humano, compreensivo e fraterno. Em momentos de aflição e de superação, eu sou muito grato ao Divaldo e ao Espiritismo. A partir do momento que eu tive contato com a doutrina, Divaldo também me auxiliou com suas palestras e livros, seu amor incondicional que ampliou a visão do sentido da vida, dos verdadeiros valores e princípios que são importantes para a gente cultivar, pra gente ter a felicidade e a gente fazer as pessoas felizes. A nossa interligação. Eu só tenho a agradecer por, com todas as minhas limitações e imperfeições, conseguir colaborar de alguma forma para a realização deste filme. É uma bênção muito grande, uma honra e um presente que Deus está me dando de poder colaborar com esta realização.

Qual o objetivo do filme perante o público?

O projeto, eu não tenho nenhuma dúvida, é do Alto, não é dos homens. Nós somos meros instrumentos, altamente imperfeitos, e se a gente não atrapalhar os planos da espiritualidade com nossas limitações e imperfeições, ou atrapalhar pouco, já está de bom tamanho. Esse filme foi inspirado pelo Alto, e a gente está tendo a bênção de servir, de sermos instrumentos pequenos para a realização dele.

E todo mundo tem uma participação importante, desde o diretor, do produtor, até a pessoa que estava lá preparando material, limpando a sala. Um trabalho humano no set de filmagem, na produção, ainda no roteiro, tudo acontece numa fluidez incrível porque o objetivo é levar essa mensagem para o maior número de pessoas. Levar conforto, esperança, uma nova forma de ver a vida. Então, é um filme realmente abençoado e que a gente espera que toque o coração, a alma e faça as pessoas refletirem. Se uma só pessoa mudar a vida, se melhorar um pouco, iniciar a sua reforma íntima, ajudar o próximo, ter uma compreensão humana maior sobre as coisas do mundo, isso já valeu o esforço de todos nós.

Como foi a escolha da Cine e do diretor do filme?

Eu não acredito em coincidência, eu acredito em "Jesuscidência". Esse filme trilhou esse caminho, tudo fluiu para ele acontecer, pela boa intenção de dezenas, centenas de pessoas que participaram deste projeto, desde a ideia até a execução. Até a gente chegar na Cine teve toda uma construção, no tempo de Deus. A gente precisa confiar e acreditar, porque em alguns momentos a gente se viu preocupado em não dar toda a qualidade que um filme de Divaldo Franco merece.

Então, nós percebemos as nossas limitações, como produtora, e estávamos lançando um filme em 2016, chamado "Doonby", do diretor Peter Mackenzie, que compramos os direitos e trouxemos pro Brasil. Um filme lindo que fala do valor da vida, da importância de cada ser neste mundo, a relação de que todos estamos interligados uns com os outros.

A gente se mobilizou muito para lançá-lo no Brasil, e fomos fazer o evento em São Paulo. E a Cine, sem saber do projeto do Divaldo, que estava na gaveta e ninguém sabia de nada, porque estávamos trabalhando com muita cautela, sem ninguém divulgar, abriu as portas para receber este evento e divulgar o filme. Foram muito gentis e generosos com a Estação Luz Filmes.

Fui lá participar deste lançamento, uma exibição e coletiva de imprensa, quando conheci o Raul Dória que foi muito cortês, e comentei com ele, de forma totalmente desinteressada, sobre o filme do Divaldo.

Ele, na hora, se emocionou e disse: "Poxa, a gente está querendo reforçar esta área do cinema. E eu sou espírita, gosto muito do Divaldo e meu sócio, que é o Clovis Mello, tem uma admiração grande, já estuda a vida dele e frequenta centro espírita também". Naquele momento, houve uma "Jesuscidência" e a gente seguiu conversando de forma natural, até chegar na parceria para produzir isso juntos.

E tinha que ser com eles, porque foram muito dedicados, muito talentosos e competentes. Eles somaram, também, com Sidney Girão, que está à frente da Estação Luz, e atua com muita determinação, carinho e cuidado. Então, essas duas produtoras fizeram o melhor, junto com as equipes, e produziram esse filme com muito amor, para levar para as pessoas essa mensagem tão importante, tão consoladora, de tanta esperança para este mundo que a gente vive, que é um mundo de transformação para uma cultura de paz.

SIDNEY GIRÃO

Diretor da Estação Luz e produtor executivo do filme:

Como surgiu o projeto do filme em sua vida?

O Divaldo é um presente de Deus pra gente, para nos permitir evoluir como pessoas. Desde nosso primeiro filme da Estação Luz, sobre Bezerra de Menezes, o Divaldo nos auxiliou. Ele assistiu, fez as ponderações, nos auxiliou no crescimento do filme. De lá para cá, de todos os filmes que a gente vem participando, ele sempre nos incentivou. Então, ele nos concedeu essa honra de desenvolver um filme contando a vida dele. Portanto, o filme surgiu dessa evolução, dessa amizade, desse respeito mútuo que a gente tem e dessa vontade de disseminar uma cultura de paz para as pessoas. Porque a vida do Divaldo é exemplo do cuidado, do servir às pessoas. Com esse filme, a gente quer despertar esse sentimento.

Qual sua relação com Divaldo Franco e com o Espiritismo?

Eu tenho muito respeito pelo Divaldo e o admiro demais. Ainda com o pouco contato em função da agenda cheia, nossa amizade se manifesta por um grande carinho. Quando a gente se encontra, surge em mim uma profunda admiração e respeito. Não sou espírita, sou católico, mas como pessoa e como líder religioso, eu acredito demais nele. Ele é um pacificador da humanidade, um homem forte que está deixando um legado de muito exemplo para todos nós.

Qual o objetivo do filme perante o público?

A Estação Luz filmes tem a missão de desenvolver filmes com o propósito de sensibilizar as pessoas pra uma reflexão quanto à humanidade, de cuidar do próximo, de preservar a vida, de ter respeito e mostrar que existe vida após a morte. Esses projetos não precisam ser especificamente espirituais, eles simplesmente precisam ser projetos que façam o exercício dos ensinamentos de Jesus. Esse mesmo objetivo também acontece neste filme.

Como foi a escolha da Cine e do diretor do filme?

Esse filme começou pela Estação Luz Filmes, com o próprio Divaldo Franco e algumas pessoas ligadas a ele. Depois, a gente teve a chegada da Fox Filmes, como coprodutora e distribuidora. E na sequência chegou a Cine, como coprodutora. Não foi uma escolha, foi um presente. De um contato, aconteceu um casamento com a chegada deles, do Raul e do Clovis com suas equipes que abraçaram o projeto como se fosse deles desde o início. Um imenso agradecimento pela participação da Cine neste projeto.

O Clovis é um diretor que é sócio da Cine, consagrado. Ele, com muita sensibilidade, aproximou-se do Divaldo e captou sua essência para conseguir lançar na telona. O projeto está lindo, cheio de parceiros que só pensam no bem. É uma construção de muitas mãos, muitas cabeças e a espiritualidade conduzindo da melhor forma possível. Esse filme deixou um legado que é a união de pessoas em prol de fazer o bem.

RAUL DÓRIA

Diretor da Cine. Produtor executivo do filme:

Como surgiu o projeto do filme em sua vida?

Veio parar nas nossas mãos por meio de Deus, uma coincidência muito feliz. Uma coletiva foi realizada aqui na Cine e fizemos o lançamento de um filme americano, que contava com a presença do Luís Eduardo Girão. Na ocasião, ele me disse que tinha os direitos de fazer o filme do Divaldo Franco, e eu propus a ele unir forças da produtora Estação Luz com a Cine. Porque o Clovis Mello, meu sócio, é espírita há 30 anos, e assim como eu estava em busca de projetos mais espiritualistas. E o Eduardo de bate-pronto topou a proposta de tocar o projeto em frente numa coprodução conosco.

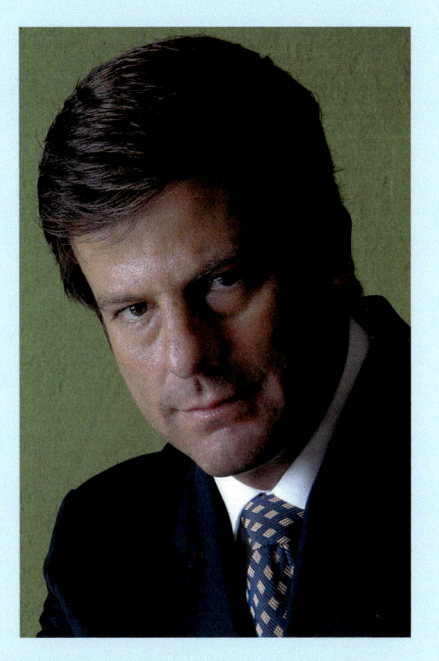

Qual sua relação com Divaldo Franco e com essa temática?

O Divaldo eu conheço por ter lido alguns de seus livros escritos com Joanna de Ângelis, mas eu nunca o tinha visto pessoalmente, só pela *Internet*. Então, eu o conheci no projeto "Você e a Paz" no Ibirapuera, em 2018, e desde então tenho mantido uma relação de proximidade e carinho estupenda. O Divaldo foi uma das coisas boas que aconteceram na minha vida nos últimos 10 anos, é quase como se tivesse surgido um novo pai para mim, pois perdi mãe aos seis anos de idade, e pai, aos 40.

Agora, aos 55, eu tenho o Divaldo como um grande pai, uma pessoa por quem tenho uma admiração extrema, pelo ser humano e liderança que ele é, pela mensagem que traz, pelo trabalho que desenvolve na Mansão do Caminho. Enfim, é um momento muito legal da minha vida poder fazer esse filme sobre a vida do Divaldo. Eu me emocionei muito quando a gente apresentou o filme para ele próprio, pro Girão, pra equipe toda e amigos próximos ao projeto. E ele foi aprovado por todos, que gostaram muito do filme. Então, eu fiquei muito feliz, muito satisfeito e orgulhoso disso tudo!

Qual o objetivo do filme perante o público?

Cinema é uma caixinha de surpresas. A Fox está muito otimista e preparando uma estrutura bem bacana pro lançamento, porque ela parte do princípio que os filmes espíritas, mesmo quando vão mal, vão bem.

Eu te confesso que o objetivo deste filme, para mim, é que ele atinja não espíritas. Gostaria que eles vissem esse filme e se tocassem com a mensagem. Isso já aconteceu aqui na Cine, com algumas cabines que realizamos, e já transformou a vida de algumas pessoas que trabalham aqui e não são ligadas ao Espiritismo.

A partir do momento em que o Divaldo diz que de 2020 em diante o suicídio e as fobias, nas suas mais diversas formas, serão a maior causa de morte no mundo, e isso foi comprovado agora pela Organização Mundial da Saúde, eu me sinto como um mensageiro de uma boa mensagem que pode levar a cura para uma série de fobias muito comuns nesses tempos modernos.

Então, internamente aqui na Cine, a gente chama o filme de "a missão", e é assim que eu encaro: tomara que ele seja visto por muitos não espíritas também e, evidentemente, tomara que os espíritas todos gostem muito do filme e que ele possa servir de mensagem para todas as pessoas, de quaisquer religiões.

E que possa proporcionar um maior apoio ao trabalho da Mansão do Caminho, que é maravilhoso. Eu tenho muita esperança que este filme possa propiciar mais pessoas, empresas e autoridades que possam auxiliar a continuidade do trabalho do Divaldo Franco, mesmo quando ele se for. Então, o filme vem em boa hora para chamar atenção pra esta belíssima obra.

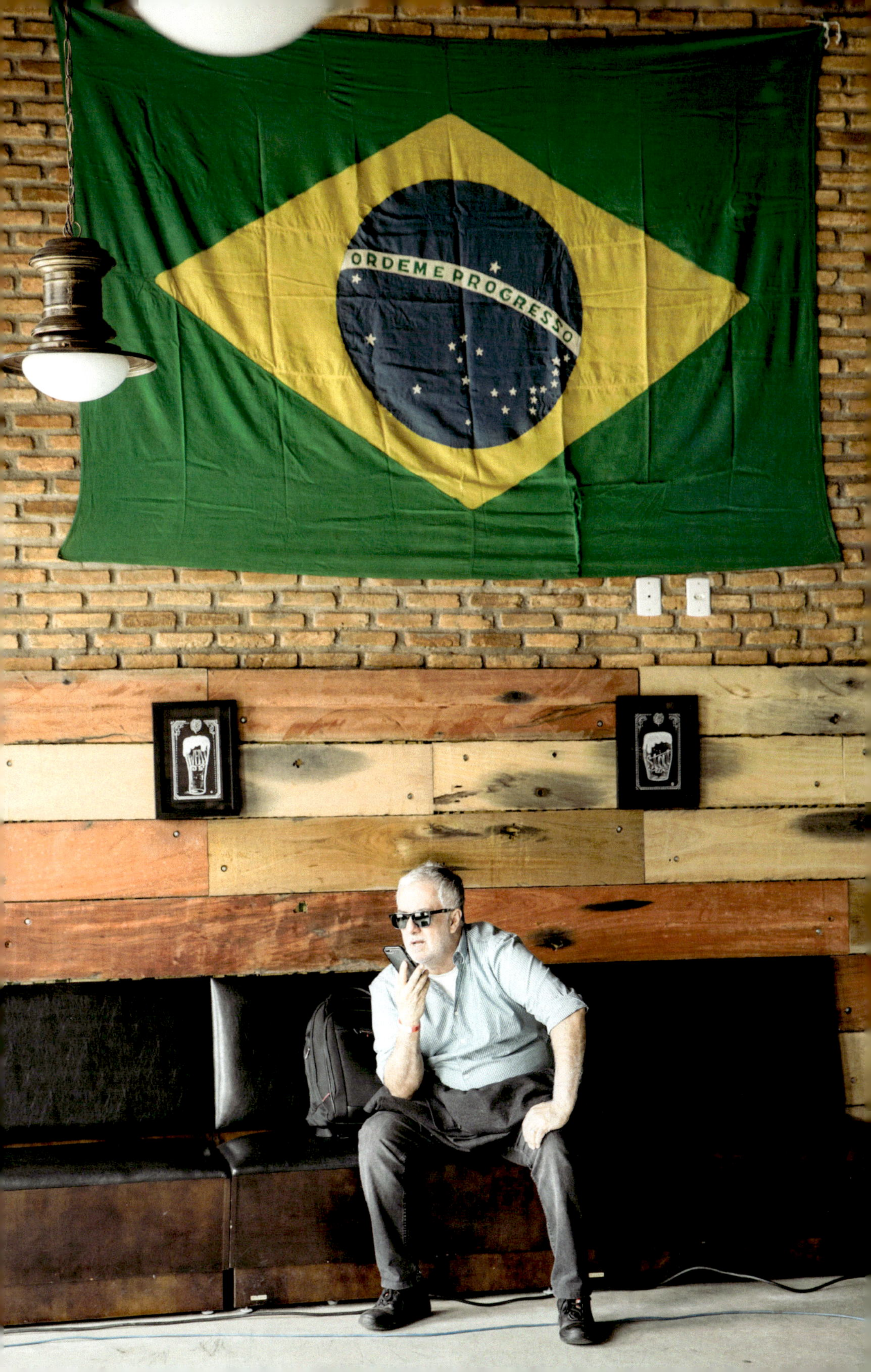
ORDEM E PROGRESSO

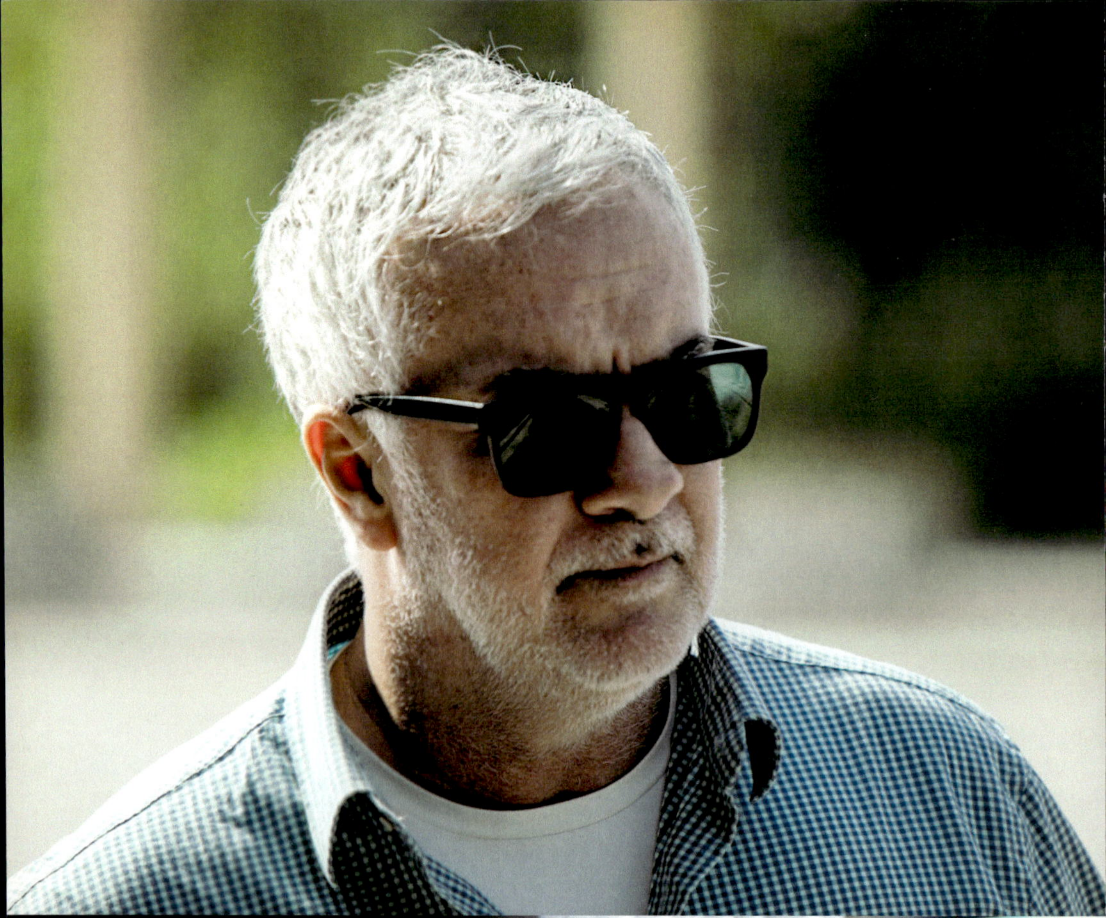

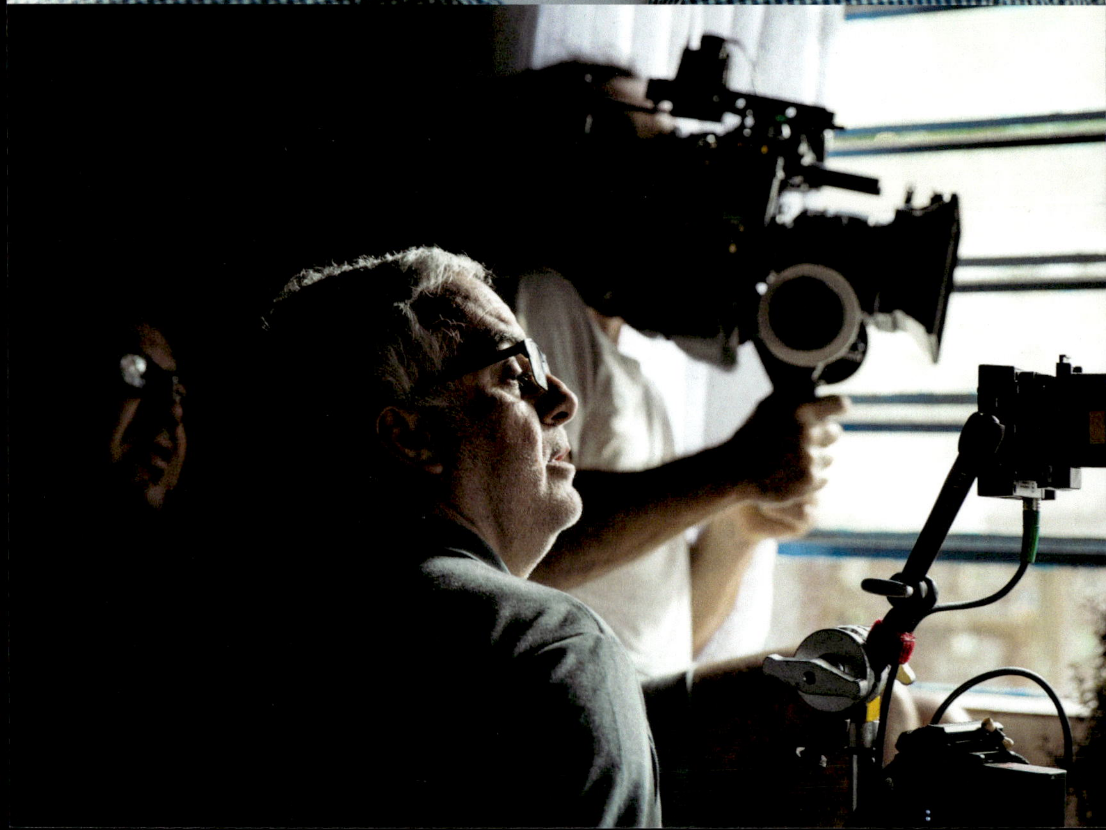

CLOVIS MELLO

Diretor da Cine. Produtor executivo, roteirista e diretor do filme.

Clovis Mello é casado pela segunda vez e tem três filhos do primeiro casamento. Filho de pais abertos ao Espiritismo, sempre esteve em contato com a doutrina desde seus primeiros anos de vida.

Segundo ele, é um filme dedicado aos jovens, para que se sintam tocados e emocionados pelo valor da vida. "Eu também gostaria que meus filhos assistissem a este filme, porque é feito para eles. Então, é algo para a vida deles. Uma concisão, uma síntese de como eu penso. Um filme feito pelo pai deles", declara o diretor:

COMO O FILME NASCEU

Como este projeto surgiu em sua vida?

Foi bem por acaso... Ah, não! (risos) Acabei de lembrar que Joanna de Ângelis diz que "o acaso é um acontecimento que estava prévia e rigorosamente programado para acontecer naquele exato momento".

Então, do ponto de vista físico e material, aconteceu do projeto "cair" na CINE, que é a minha produtora de vídeos e filmes. Na época, uma assessora de imprensa, Norma Alencar, havia pedido emprestada a nossa casa para fazer uma coletiva sobre a exibição de um filme americano, que estava sendo distribuído pela Estação Luz.

Então, por ocasião dessa coletiva, o Raul Dória, que é meu sócio, conheceu o Luís Eduardo Girão, da Estação Luz. Depois do encontro com ele, Raul telefonou pra me informar que a coletiva era sobre um filme espírita e, então, pedi ao mesmo que perguntasse ao pessoal da Estação Luz se não tinham um filme pra gente produzir.

E a resposta foi sim, eles estavam roteirizando o filme sobre o Divaldo Franco, e começaram as conversas de que poderíamos fazer essa parceria. Foi quando começamos.

Como foi a sua experiência de escrever o roteiro desse filme? Você já era roteirista?

Na realidade, nunca atuei como roteirista antes. O que eu havia feito foi apenas a adaptação de alguns textos do Nelson Rodrigues para o cinema. Mas, por motivos que aqui não cabem citar, o roteiro original desse projeto acabou sendo deixado de lado. E além das questões que culminaram com essa decisão de descartá-lo, houve também outro fato decisivo. É que o mesmo não tinha sido muito bem aceito pelo próprio Divaldo. Houve uma questão de *feeling* pessoal dele em relação àquele roteiro.

Então, por uma questão de demanda, uma vez que eu precisava de algum material para poder levar à apreciação do Beira Júnior, (que além de ser amigo pessoal do Divaldo, é também da Ypê, que é a nossa principal patrocinadora); e também da Ana Landi (que escreveu a biografia do Divaldo); e do pessoal da Estação Luz (nossa sócia nesse projeto); foi que eu tomei a iniciativa de escrever o primeiro capítulo de um novo roteiro, para que eu pudesse submeter à apreciação de todos eles.

E como foi esta adaptação?

Na realidade, trabalhei no roteiro com o intuito de prepará-lo para o diretor que eu sou. Criei uma nova abordagem para que ele fosse um filme dirigido por mim. Então, foi muito mais por essa questão de abordagem minha enquanto diretor, do que propriamente uma necessidade pessoal de ser roteirista, entende? Então, após a leitura desse primeiro capítulo, todos eles o aprovaram. E foi daí que decidi escrevê-lo por completo. O que, óbvio, foi um pedido pessoal do próprio Divaldo, através de e-mail que trocamos antes.

Na época, eu estava indo para Assis, porque a minha esposa é espírita como eu, e tinha manifestado o desejo de conhecer essa cidade da Itália. E o Divaldo me incentivou muito a fazer essa viagem. Lembro que ele sugeriu que eu me permitisse ficar lá, sob a psicosfera espiritual de Francisco de Assis, e que aquele lugar seria uma fonte de inspiração para mim, em relação ao filme que iríamos fazer.

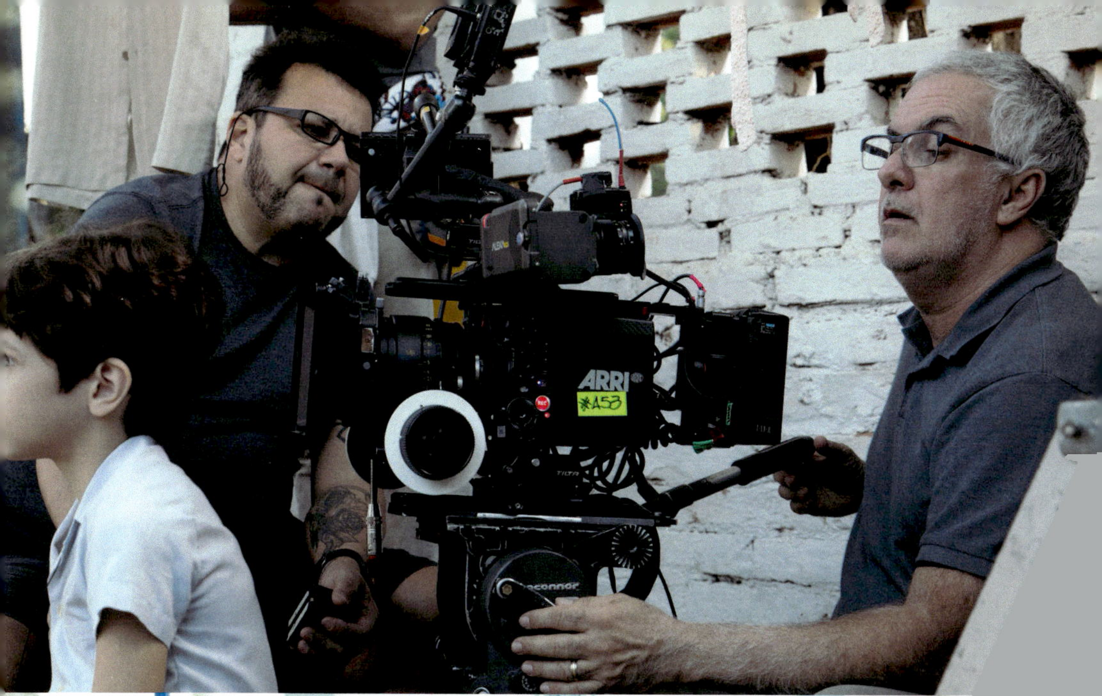
ARRI

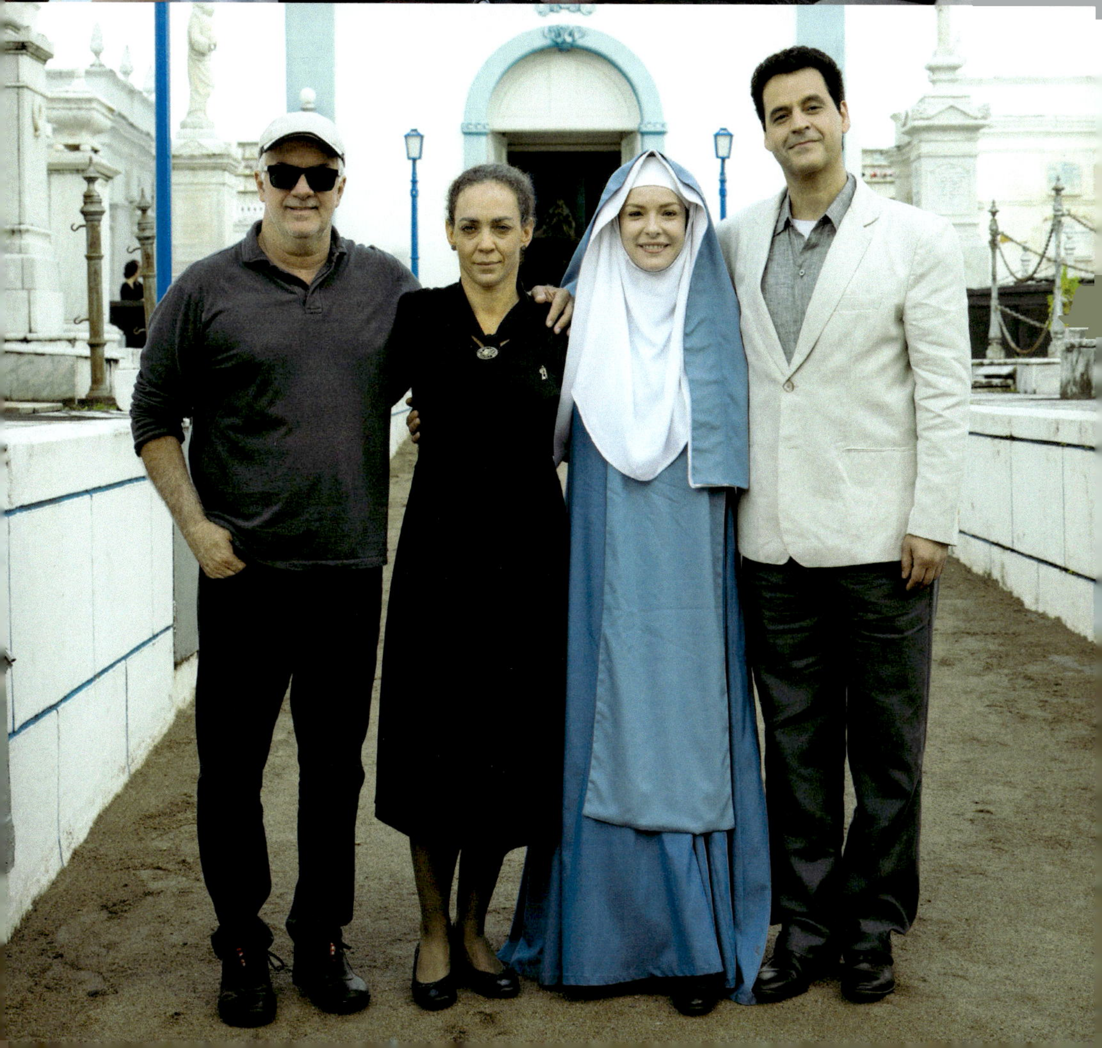

E, sim, foi lá em Assis que comecei a compreender realmente o que é esse roteiro. Eu me senti inspirado a fazer um filme espírita, mas que servisse ainda mais à causa humana. Um filme que fizesse as pessoas prestarem mais atenção em suas próprias vidas. É um filme para que elas assistam e possam se convencer de que elas são os próprios artífices de suas escolhas em suas jornadas evolutivas.

Quais as principais mudanças no roteiro?

O roteiro inicial era muito mais voltado para o Evangelho Segundo o Espiritismo. À medida que fui fazendo essa releitura, o mesmo foi tomando mais a cara de Joanna de Ângelis, que é a mentora espiritual do Divaldo, e cuja mensagem é muito mais direcionada à capacidade de superação do próprio indivíduo, do que exatamente no tom dogmático ou doutrinário. Claro que é um filme que tem o arcabouço de Allan Kardec, mas a linguagem é toda priorizada no viés dessa abordagem de Joanna.

Em Assis, eu compreendi que esse deveria ser um filme pra falar para pessoas que não são espíritas. Para pessoas que estejam à beira da morte. Pessoas que estão se matando. Deprimidas. Sem esperança. E também para ser voltado principalmente para a juventude atual que, perdida, não consegue se encontrar. Não é que não seja um filme para espíritas, mas este não é mais um filme doutrinário. Ele tem um viés muito mais psicológico. Por isso tudo, esse não será um filme dogmático. É essencialmente um filme psicológico no sentido de expansão da mente. E não tem tom de pregação, porque a própria linguagem de Joanna é mais assertiva.

É um filme muito mais próximo da psicologia do que da doutrinação, em si. É um filme que aborda o Espiritismo como a ciência que ele é. É por isso que o tom desse filme impregna cada pessoa que atua nele. Aliás, essa foi uma orientação que demos para os atores cuidarem em suas falas. Nada de falar com a caricatura de uma voz de "anjo", "de bonzinho", ou de "demônio", mas apenas de alguém que é humano. Com a mesma voz que têm as pessoas com problemas e que enfrentam esses problemas. Assim, os personagens desse filme não determinam. Eles apenas sugerem e deixam que a pessoa use o seu próprio livre-arbítrio.

Para fazer este filme, você teve contato com a obra de Joanna de Ângelis?

Sim. A partir do momento em que fui para Assis e tive a inspiração de fazer um filme, digamos, mais "humano" e amplo, que servisse a mais causas, e não exatamente um filme que tivesse apenas o propósito de arrebanhar fiéis, eu fiquei durante um ano estudando os livros dela.

A gente pode concluir que é um filme que desperta a questão da autoconsciência e da autorresponsabilidade?

Sim. Lembro de uma cena do filme no qual Joanna diz para Divaldo: "Divaldo, ame! Porque se você continuar amando, quando chegar no último dia de sua vida aqui na Terra, você verá que nada é como você via. O problema não é o outro. Ele só estava na sua vida para que você pudesse evoluir. E se você para o seu processo de evolução por causa desse outro, isso terá sido uma excelente oportunidade que você terá desperdiçado."

Por isso, é que apesar do filme também abordar *O Evangelho Segundo o Espiritismo*, ele é mais focado ainda na abordagem que ela faz da doutrina. No tocante ao poder de superação de cada indivíduo. No poder de transcendência que existe em sua própria mente, cuja natureza é totalmente espiritual. É uma abordagem do Espiritismo enquanto a ciência que ele é. É focado nessa mente, que é diferente do cérebro físico, estudado pela psiquiatria. Porque a psiquiatria só alcança o cérebro físico, que é limitado. Ela não consegue explicar a mente que é única, real. Por isso é que não adianta somente dissecar cérebros para compreender o que se passa no íntimo de um ser humano. É preciso ir além. É preciso estudar a mente, que é a sede do espírito.

Então, não é um filme que converte?

Eu reitero: esse não é um filme doutrinário, no sentido de ser uma mensagem de pregação. Porque, pra falar a verdade, tenho uma certa dificuldade com a forma que o Espiritismo, como a maioria das religiões, via de regra, acabou estacionando no tempo. Da forma que os dirigentes não evoluíram para acompanhar as mudanças que estão acontecendo cada vez mais na sociedade humana.

Então, eu compreendo e realmente defendo que está na hora de tirarmos o Espiritismo da categoria esotérica. Por exemplo, você vai a uma livraria e para encontrar um livro sobre este tema, tem que se dirigir à sessão de "esoterismo", enquanto isso não é real. Porque, na verdade, o Espiritismo é ciência, é algo que deveria estar sendo ensinado nas universidades, em áreas como a psiquiatria, a psicologia etc.

E Divaldo? O que você tem a dizer sobre ele?

Eu observo que as pessoas olham o Divaldo de longe e acham-no um santo. Que ele é alguém que tem todas as qualidades de um santo. E ele realmente as tem. Mas, quanto mais eu convivo com ele, mais considero o Divaldo não alguém que nasceu santo, mas alguém que reconheço como sendo a maior expressão de uma pessoa que teve o domínio sobre o próprio ego.

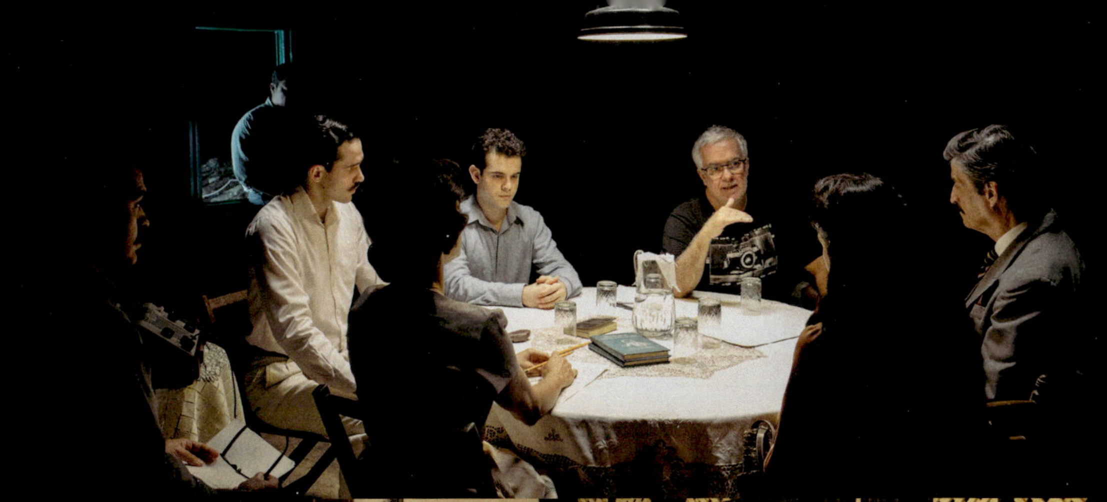
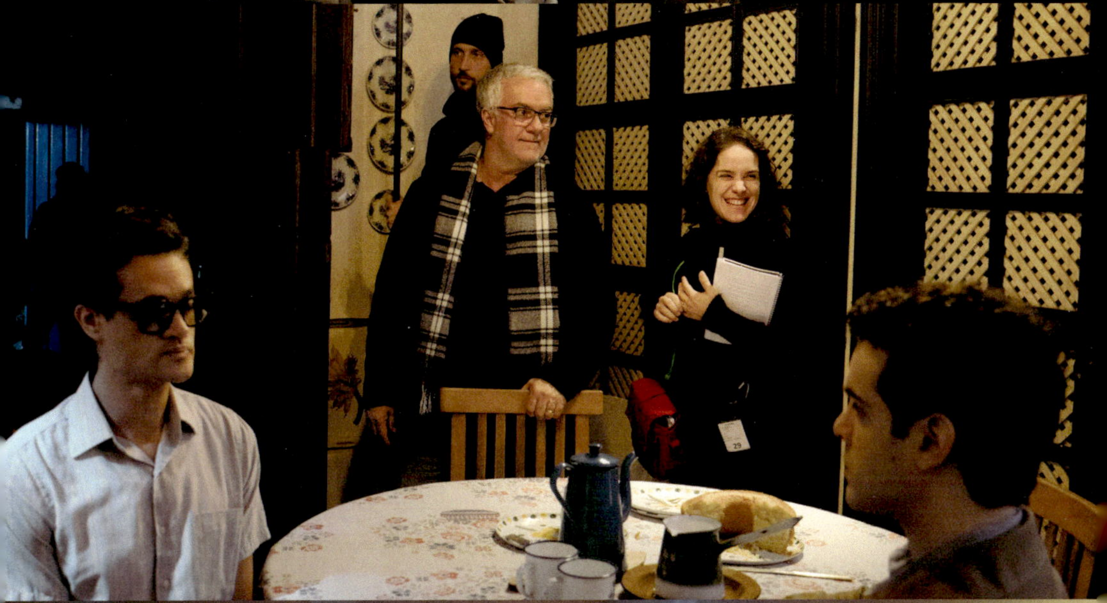
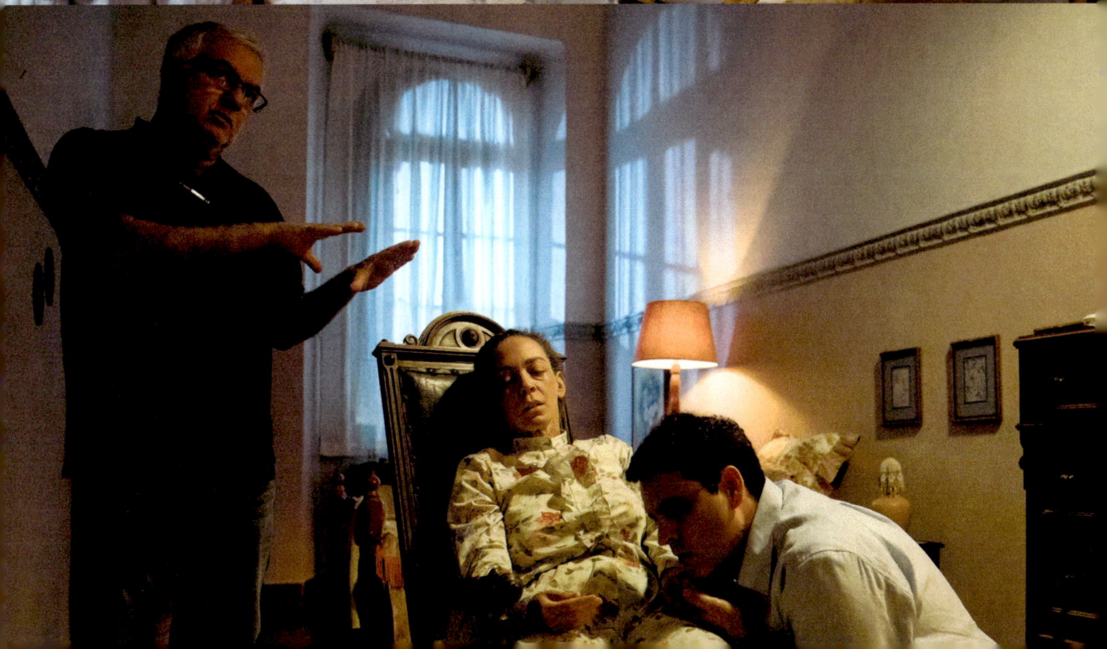

O fato é que ele, às custas de uma autodisciplina ferrenha, conseguiu sobrepujar o ego ao espírito que ele é. Ele realmente conseguiu que o seu espírito se sobrepujasse à personalidade, que é muito forte. Porque o Divaldo, enquanto pessoa, tem opiniões bem assertivas. É um homem de um raciocínio muito rápido, muito inteligente, uma pessoa que tinha desejos de muita expansão. Ele queria ser professor, falar vários idiomas, casar e constituir família. Então, disciplinar o ser humano que ele é, com os problemas que ele tem, com a sua vaidade etc, deve ter sido definitivamente algo muito difícil, e para o qual deve ter sido necessário um hercúleo esforço.

O Divaldo tem uma alma muito sofisticada, de uma dimensão muito grande. E eu creio que ele teve que se espremer, se conter muito, para poder caber nessa jornada de limitações que ele viveu. Então, certamente, tudo isso foi muito difícil para ele, até conseguir chegar nesse ponto que ele conquistou. Imagino, também, o quanto foi difícil para ele ter que ouvir certas coisas de Joanna, durante essa caminhada de mais de 80 anos juntos. O quanto foi difícil esse processo de parceria, para que ele pudesse se tornar, afinal, um ser integral, nessa jornada de autoconhecimento. E quanto mais compreendo isso, mais eu o valorizo, o admiro e o respeito.

A ESTRUTURA DO FILME

Aquele que buscar no filme elementos históricos minuciosos da vida de Divaldo Franco irá se frustrar. Na hora de criar a narrativa, o diretor Clovis Mello optou por focar na mensagem essencial da vida e obra do médium, sem se apegar aos pormenores históricos ou aos nomes dos personagens da vida real.

Somente as pessoas da família de Divaldo e alguns outros poucos personagens tiveram seus nomes reais mantidos. Um cuidado para não melindrar os personagens citados e suas famílias, explica o diretor. Na entrevista a seguir, Clovis Mello apresenta detalhes da criação do roteiro e revela toda a condução espiritual que, segundo ele, se fez presente o tempo todo.

Sobre a montagem do filme, ela obedece a alguma linha cronológica, histórica? Como foi a construção do roteiro?

Em sua maior parte, o filme foi inspirado na biografia de Ana Landi, mas, também, em outros fatos e elementos que aconteceram na vida do Divaldo. Convém ressaltar que a maioria desses acontecimentos sequer constam na biografia. Além disso, o roteiro também é baseado em livros recentes de autoria do espírito Joanna de Ângelis e que foram ditados ao mesmo por ocasião do seu aniversário de 65 anos.

O filme só aborda um período da vida do Divaldo. É um recorte de quando ele fez 40 anos e lançou o seu primeiro livro. No entanto, sabemos que os ensinamentos daquela época e a urgência da humanidade nos anos 40 e 50 eram uns, e agora, são outros. Por isso, esse filme está sendo feito com uma narrativa totalmente atual, justamente para alcançar as pessoas que estão vivendo o século XXI.

É correto dizer que, neste filme, constam elementos contemporâneos do Divaldo de agora?

Sim, além de conter mensagens de Joanna e de outros espíritos, que foram ditadas a Divaldo muito recentemente. Esse filme é especialmente feito pensando naquelas pessoas que ainda não despertaram para nenhum tipo de conexão com o invisível, com a espiritualidade. Naqueles que estão vivendo verdadeiros dramas existenciais, na atualidade.

É óbvio que as mensagens de Joanna ditadas ao Divaldo no passado, atendem plenamente aos questionamentos e demandas daquela época que, como sabemos, eram diferentes do século em que vivemos. Por isso, compreendemos que seria um desperdício se não aproveitássemos esse filme para veicular as mensagens mais recentes ditadas por esse benevolente e sábio espírito. Porque, se não o fizéssemos, estaríamos perdendo a oportunidade de tocar e aliviar o coração aflito de tantas pessoas.

Esse filme não é documental. E, em nenhum momento, respeita uma ordem cronológica, histórica ou de nenhum fato específico. Ele respeita a época em que Divaldo nasceu, o período da infância, mas, na realidade, trata-se de um filme de caráter psicológico. É um filme que está mais conectado com as demandas existenciais dos dias de hoje do que daquela época.

Podemos, então, afirmar que se trata de um filme que é mais focado na essência do que nos detalhes históricos?

Sim. Este não é um filme específico para quem gosta de esmiuçar as biografias e ficar atento à cronologia dos fatos e dados biográficos. Quem quiser conhecer a história de vida do Divaldo pode ler, não somente a biografia de autoria de Ana Landi, como outras que também foram editadas. O papel desse filme não é o de se tornar uma espécie de manual sobre a vida dele. É um manual da mensagem espírita, de uma ínfima parte dessa mensagem. É focado quase totalmente na mensagem de Joanna de Ângelis, mentora dele.

Divaldo tem 13 irmãos no total, incluindo ele. O filme retrata quantos irmãos?

São retratados cinco: Osvaldo, João, José, Dete e Nair, além do próprio Divaldo. Então, tem seis crianças da família de dona Ana e seu Francisco. Seria quase impossível, além de desnecessário, retratar os 13 irmãos. Foram esses os cinco necessários pra compor o roteiro e para fazer sentido, do ponto de vista narrativo.

E quanto à escolha das cidades, referente às locações?

Procuramos locações que remetessem à Feira de Santana daquela época. Então, fomos para o interior de São Paulo filmar as cenas internas em algumas fazendas e, também, num Seminário em Pirapora do Bom Jesus. Quanto às externas, filmamos em Salvador.

Que outros cuidados foram objeto do roteiro?

Algo relevante e que objetivou conferir uma maior liberdade de criação, foi o fato de procurarmos evitar gerar melindres desnecessários ou afetar, de alguma maneira, a família de algum personagem. Por isso, preferimos omitir ou trocar o nome de algumas pessoas. Do mesmo modo, procuramos condensar numa só personalidade, duas ou três personagens que fizeram parte da vida do Divaldo. Igualmente, o fizemos com alguns dos espíritos que também ditaram mensagens a ele no decorrer da vida. Na maioria desses casos, eles foram condensados na personagem da própria Joanna de Ângelis.

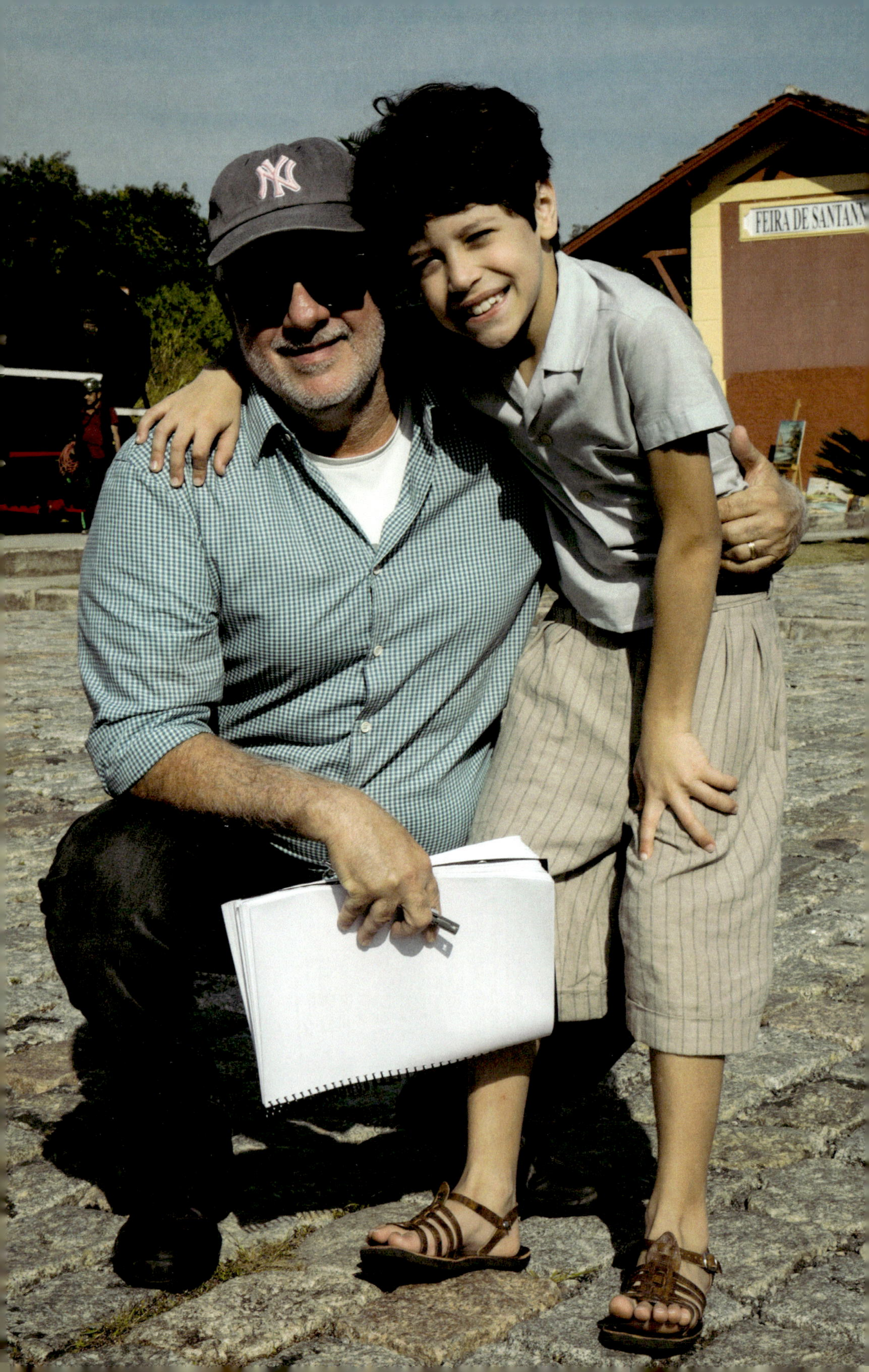
FEIRA DE SANTAN

E com relação aos diálogos? Obviamente, houve uma liberdade de criação, não?

Sim! Houve liberdade de criação e de adaptação para os dias de hoje. É um filme que não quer catequisar ou converter ninguém. Não pretende impor nada a ninguém. É um filme para ser sentido. Não é um filme apenas para ser pensado. É um filme para se deixar levar por ele. Não é um filme para se tentar esmiuçar as histórias e os melindres de cada momento ou de cada passagem da vida do Divaldo. É um filme para o coração.

E é principalmente uma mensagem de amor à vida, certo?

Exatamente! É um filme de amor a esta vida que a gente está vivendo. E à outra que a gente vai viver, quando sair desta para aquela. Divaldo fala que "o Espiritismo matou a morte." E o recado desse filme é exatamente este: que a gente tem que pensar que esta vida de agora é a mínima parte da Vida imortal que temos enquanto espíritos. Então, o mínimo que podemos fazer e o mínimo que temos que ser nesta e nas sucessivas encarnações é viver como uma boa morada para esse espírito.

Ele pode se deslocar para onde quer e visitar 200 lugares no mesmo dia, olhar pra frente, pra trás e em todas as direções. E, ainda assim, ele está enclausurado por esse nosso corpo que só possui cinco sentidos. Ele é obrigado a ver com nossos olhos, a falar com nossa boca, ele está condicionado por nossa personalidade. Então, ser uma boa morada para esse espírito é, sim, o mínimo que podemos fazer por ele.

Primeiro dia de filmagem, equipe se reúne para momento de oração

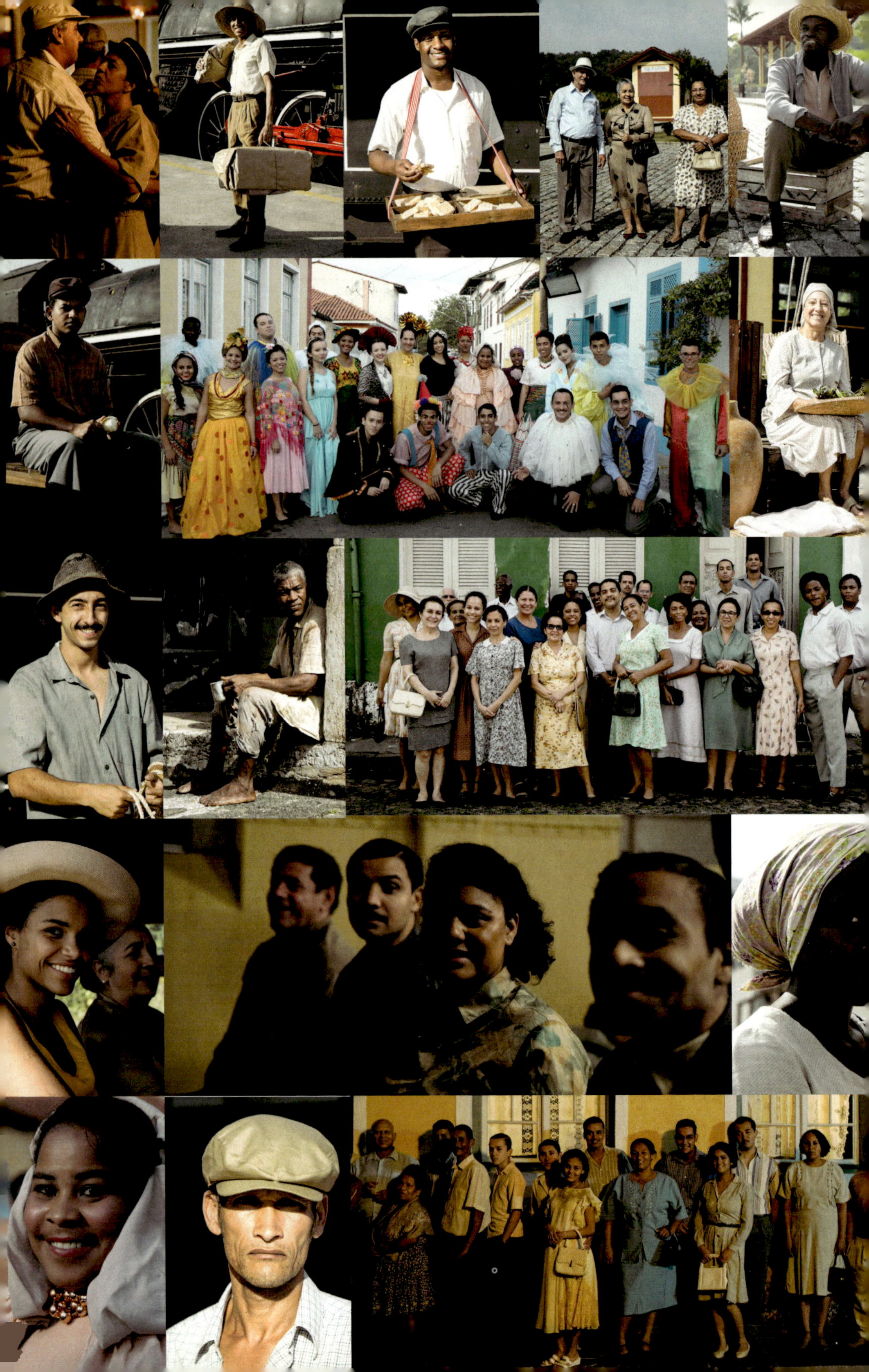

AS PRODUTORAS EXECUTIVAS

A produção executiva de um filme é responsável por administrar o cronograma e os recursos financeiros, humanos e materiais do filme, criando as condições necessárias para que o diretor e toda a equipe possam desenvolver suas atividades. *Divaldo – O Mensageiro da Paz* contou com mais de 80 pessoas na equipe, 60 pessoas no elenco e 500 figurantes.

A equipe deste filme foi liderada pelas produtoras executivas Isabela Veras e Luciane Toffoli, além das assistentes Marina Moretti e Débora Magalhães. "Nosso trabalho foi especialmente desafiador por se tratar de uma história de época que se passa em três fases – anos 30, 40 e 60 – e em várias cidades", explica Luciane.

Para atender às necessidades de produção e trazer veracidade para as cenas que se passam em diferentes épocas, as filmagens precisaram acontecer em cinco cidades do interior de São Paulo e em Salvador, demandando um cuidadoso trabalho de direção de arte e caracterização de atores.

Lili Diniz

Isabela Veras | Luciane Toffoli

OS DIRETORES

OS OLHOS DO FILME

Entrevista com Cláudia Terçarolli, diretora de arte do filme:

O que te motivou a querer contar essa história?

Eu sou profissional de direção de arte e de terapia transpessoal. E estava atravessando um momento de questionamento em relação à busca de como eu poderia reunir essas duas atividades em uma única vertente. Na realidade, estava em busca de uma integração dentro do meu próprio ser, dessas profissões aparentemente tão distintas.

Então, quando o Clovis me convidou para esse projeto, fiquei muito feliz. Porque ao saber a temática do mesmo, pude perceber a total convergência que haveria entre as minhas duas atividades. Por isso,

Cláudia Terçarolli com sua filha Isabella Liporoni

considero o filme um presente. E não somente pelo fato de que, por intermédio do mesmo, tive a possibilidade de entregar uma obra linda, mas sobretudo, porque vou levá-lo como uma verdadeira referência de amor para a minha própria vida.

Quero destacar que, entre tantas coisas igualmente especiais, que aconteceram durante a execução desse projeto, o que mais me impressionou foi a presença constante das sincronicidades, da harmonia e do espírito de cooperação com que a equipe interagiu, do início ao fim das atividades. Todos nós, mesmo antes do filme terminar, já estávamos lamentando o final dessa produção, com saudades uns dos outros. E destaco isso porque esse tipo de sentimento e de atitude é muito raro de se alcançar e, principalmente, de manter nas atividades tão exaustivas e estressantes, características da produção dos filmes de longa metragem.

Que momento você considera o mais marcante durante todo o processo?

Vários! Vou destacar alguns. A pré-produção já foi um momento muito intenso emocionalmente. Foram inúmeras as situações de como as coisas fluíam com leveza e total simplicidade, a exemplo de locações que apareciam exatamente iguais às fotos da pesquisa que eu havia feito previamente na Mansão do Caminho.

Foram inúmeras as vezes em que nos emocionamos diante desses "sinais do invisível". Durante o processo da escolha da equipe, experimentamos situações muito marcantes. Nas duas primeiras semanas de locação na fazenda, aconteceu de praticamente 90% de toda equipe adoecer.

Considero que foi uma grande catarse, um processo depurativo, de limpeza, para todos participarem do filme.

Como se fosse uma situação de expurgo?

Exatamente! Pra você ter uma ideia, um dos sintomas da bactéria que acometeu essas pessoas era, literalmente, o pus jorrando das feridas. Foi realmente um fato bastante emblemático.

Outra situação que merece destaque aconteceu em Pirapora, São Paulo. Foi durante um processo no seminário onde funciona uma unidade dos Narcóticos Anônimos. Com essas pessoas, vivemos momentos lindos, de total inclusão. A exemplo dos momentos de compreensão e trocas enriquecedoras vividos na igreja.

No meio do processo desse filme, recebemos uma mensagem do Divaldo, que me emocionou demais. Ele nos chamou atenção para o fato de que "nós somos emissários da beleza. E que a beleza dá esperança".

Esse fato acabou nos inspirando a deixar, a título de doação, um seminário completamente transformado de como o havíamos encontrado.

A Estação Luz doou os objetos que havíamos usado na produção, deixamos desde sofás, estantes e outros móveis, além de cortinas, vasos e demais objetos de decoração. Foi muito importante para todos nós ajudarmos a modificar, para melhor, o ambiente onde aquelas pessoas vivem.

Isso aconteceu nas demais locações?

Por ocasião de nossa ida para a cidade de Luís Carlos, em São Paulo, onde filmamos a morte de um irmão do Divaldo, fizemos uma festa julina e o prefeito acabou se encantando com nossa ideia. Ele pediu para deixarmos aquela decoração e a aproveitou para patrocinar uma festa julina para toda aquela comunidade.

Em Salvador, esta cidade que é uma loucura, que tem o Divaldo, mas que também é um caldeirão efervescente de culturas, credos, ritos, e é a cidade de todos os santos. Não poderia ter melhor forma de encerrar este filme do que naquele lugar que congrega todas as crenças. Isso tem uma força incrível!

Enfim, durante todo o processo desse filme, foram tantas "coincidências", que é impossível não levarmos em conta que existia um roteiro invisível ditando o processo visível. Eu quero crer que isso tudo era a assistência da própria Joanna de Ângelis, mentora espiritual do Divaldo.

Como é dirigir a arte de um filme de Clovis Mello?

Trabalho com ele há mais de dez anos, e sempre me encanta a relação de parceria que ele proporciona, levando o diálogo em equipe em consideração. O Clovis sabe ouvir, sabe acolher as críticas construtivas e proporciona um convívio harmônico e flexível.

Tem um profundo respeito pela função de cada profissional que trabalha com ele, seja com a cenografia; com a direção de arte; com a assistente de direção; com a direção de fotografia etc. Se não fosse alguém que tivesse a capacidade de sinergia que ele tem e o equilíbrio emocional que o caracteriza, seria difícil realizar um trabalho com essa temática, desse jeito tão harmônico.

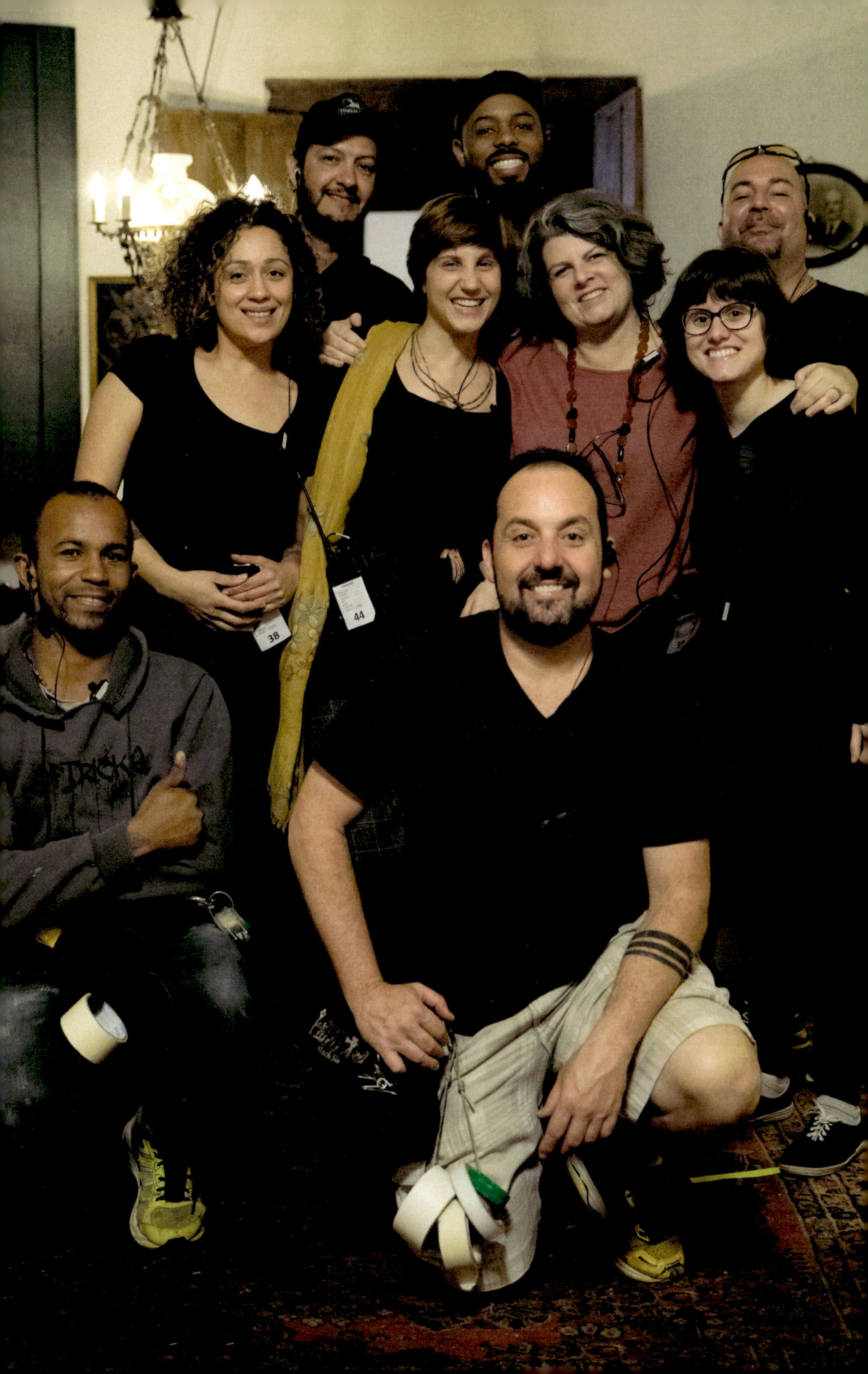
38
44

O que os espectadores podem esperar receber deste filme?

A intenção é que não seja um filme para ser visto apenas pelos espíritas, pois eles já têm afinidade com o tema. O objetivo é alcançar o público que nunca considerou, por exemplo, assistir a um filme sobre uma pessoa que ainda é viva e que presta um trabalho magnífico desses.

E creio que a principal intenção do Clovis é que ele seja assistido, principalmente, pelos jovens e por pessoas que estejam passando por algum processo depressivo ou angústia existencial. Esses certamente terão, com este filme, uma verdadeira transfusão de ânimo para a reforma íntima.

A vida de serviço que o Divaldo Franco oferece para a sociedade é algo de uma dimensão muito grande, mas que infelizmente uma grande parte dos brasileiros ainda não conhece. Confesso que eu própria não tinha a real ideia do quanto é valoroso esse ser e o quanto essa obra é realmente inspiradora. Então, vale muito a pena ir ao cinema ver esse filme.

O que você considera o maior desafio desse projeto?

Tempo, dinheiro e vontade. Um tempo curto, com pouca grana e com uma enorme força de vontade. Considero esse, o desafio: conseguir contar uma bela história contando com apenas cinco semanas de produção, e conseguir fazer mais de cem cenas.

Ou seja, uma loucura! Mas, ah, a vontade de fazer esse filme era tamanha, que o desafio acabou ficando pequeno (risos).

Tem alguma cena favorita? Alguma locação que te motivou mais?

Sim!!! Várias. Por exemplo, a locação do prostíbulo me motivou muito. No início, quando vim aqui para Salvador e tive o primeiro contato com Divaldo, ele me contou de quando entrou lá para resgatar as crianças e também do trabalho que fez com as mães dessas crianças, que eram as prostitutas, para que, aos poucos, elas fossem deixando de se prostituir.

Esse foi um trabalho que ele contou com o patrocínio da Singer.

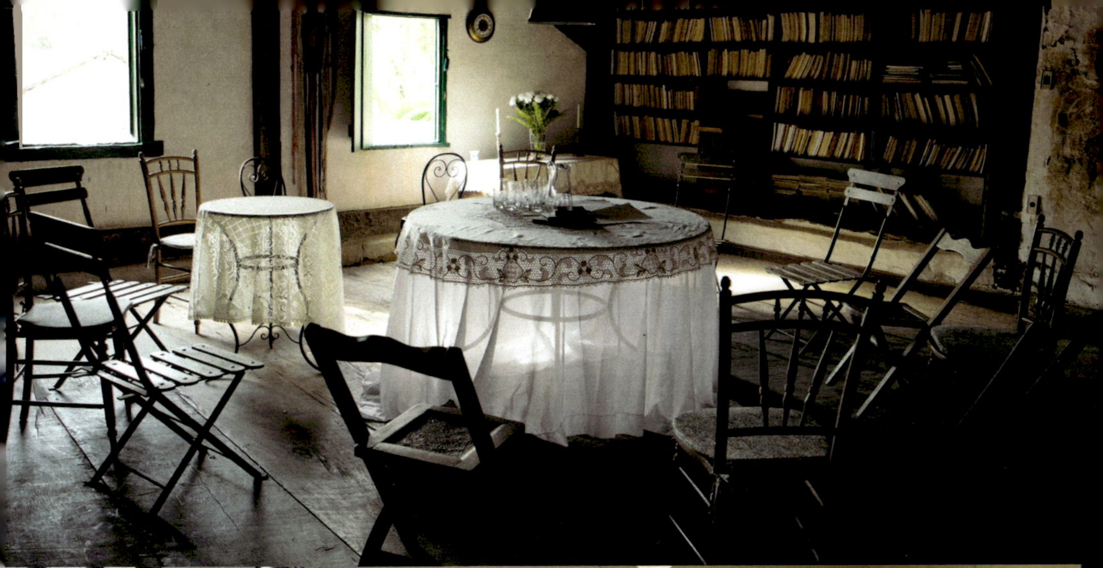

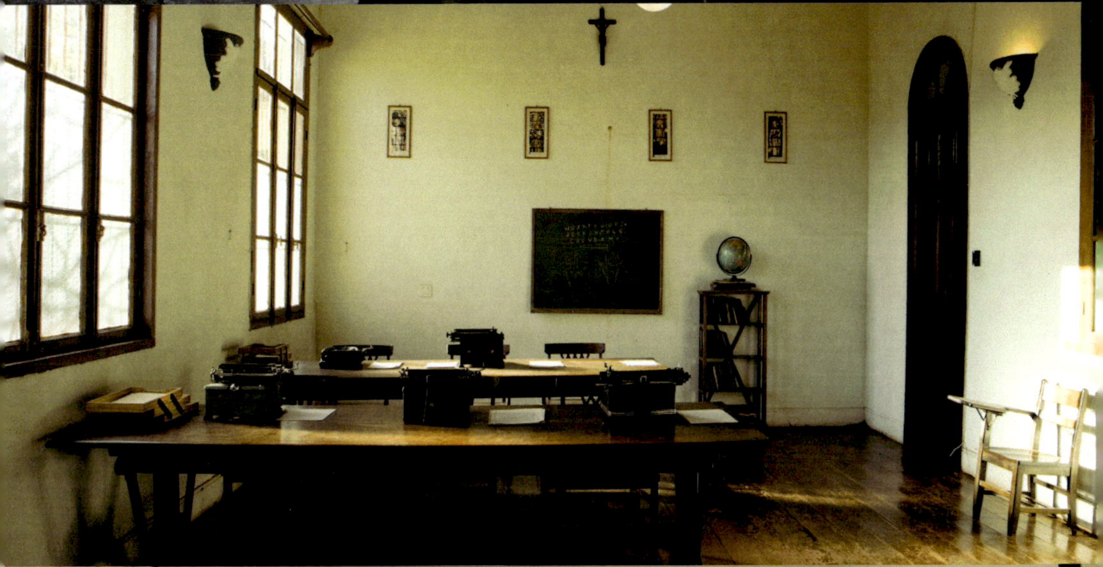

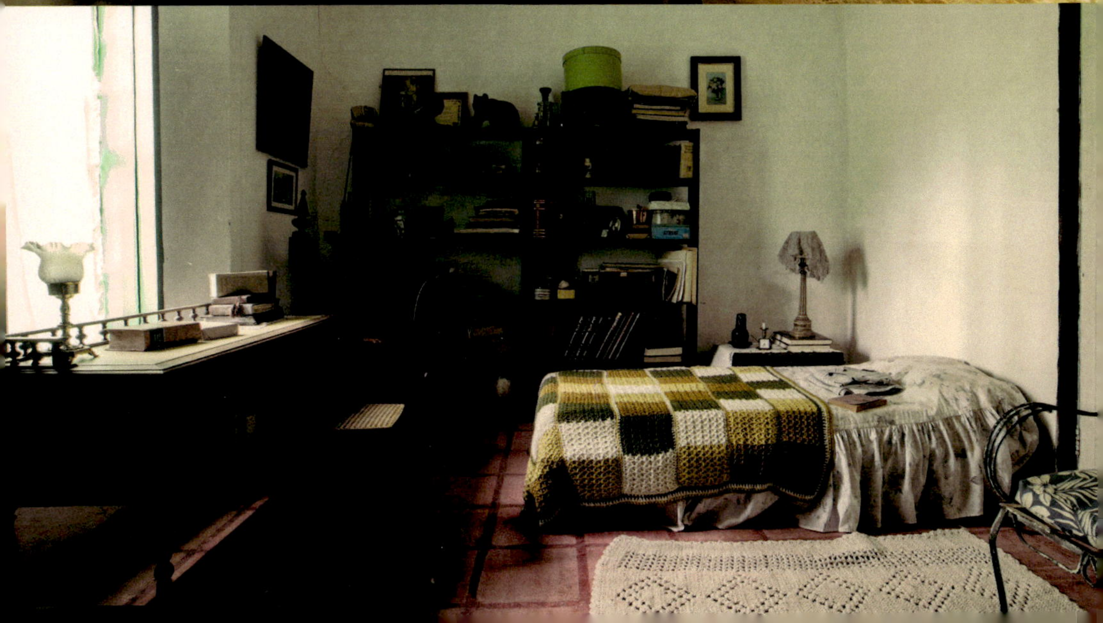

No momento em que ele narrava essa história, eu já conseguia ver a cena inteira na minha tela mental. Eu cheguei a imaginar tudo o que ia acontecer com as crianças depois que elas fossem resgatadas. E, no filme, eu fiz exatamente o que imaginei naquela ocasião. Então, eu tenho um carinho especial por essa cena. Outra cena marcante pra mim é a do quarto das crianças, quando o Divaldo menino vê o Máscara de Ferro pela primeira vez.

Mas, emocionalmente, fiquei ainda muito marcada na cena em que o Padre Carmelo se recusa a fazer a missa para a Nair. Porque é uma cena muito forte, muito dolorosa para qualquer mãe. Eu não consegui segurar as lágrimas. Seguramente, eu posso dizer que esse foi o melhor trabalho que eu já fiz.

Você imagina a cena do filme e, então, procura a locação pra montar isso na prática?

Na verdade, trata-se de um conjunto de coisas. Por exemplo, no caso de um filme como este, é uma Bahia lúdica, do passado, ingênua e bela. Trata-se da lembrança de uma pessoa, é como se fosse a Bahia do Divaldo. Ou seja, não é a Bahia real, como a gente vê. Entende? O foco é sempre para o lado positivo. Então, conseguimos trazer essa Bahia para o filme. E se a gente olhar bem, podemos ver muita beleza nela.

Existe no filme a Bahia que Divaldo temeu? Aquelas partes mais densas?

Ah sim, aparece, mas é quando ele era ainda muito jovem. No entanto, ele se dá conta de que aquilo não é necessariamente algo negativo. Que isso faz parte de um processo evolutivo. Então, essa parte sai dessa visão de trevas e vira luz. E se a gente prestar bem atenção nessas cenas, podemos também nos dar conta de que ali existe a beleza. Foi essa Bahia que trouxemos para o filme.

E como está sendo a sua experiência pessoal, considerando que é espírita?

(Segue-se um silêncio emocionado. E então, chorando, com a voz entrecortada, a mesma responde): Na verdade, foi um presente pra mim.

Quando o Clovis me convidou para fazer este filme, eu senti como se tivesse encontrado uma espécie de conclusão na minha vida. Foi como compreender o que eu sou e o porquê de eu estar ali, naquele exato momento, concluindo um processo. Foi como se eu pudesse, afinal, juntar o que eu sou com o que eu sei, e colocar tudo num pacote só. E não tem como isso não ser um presente. É isso!

Você considera que vai conseguir entregar esse pacote por meio da Direção de Arte que você criou para este filme?

Eu acredito que sim, porque a nossa dedicação foi praticamente total. Foi um processo muito visceral, apesar de ter sido tudo muito corrido, porque tínhamos pouquíssimo tempo. Geralmente temos, em média, três meses para fazer a pré-produção de um filme. Para esse longa, eu só tive cinco semanas. Gostaria de poder ter tido mais tempo pra me dedicar ainda mais, mas depois eu relaxei e me entreguei. Porque compreendi que era o tempo que eu tinha. E, no final, deu tudo certo.

Até mesmo porque quando a gente edita demais, acaba interferindo na forma que a história é contada, né?

Sim. E acabou ficando bem espontâneo. Aliás, a minha equipe é muito maravilhosa. Ah, vou te contar algo que me chamou atenção nesse filme em relação a essa questão do prazo. Aconteceu durante a escolha dos integrantes da minha equipe. Eu tentei exatamente 30 pessoas para ocupar o lugar de meu assistente nesse filme, e nenhum dava certo. E o tempo estourando e nada de chegar essa pessoa. E isso começou a me deixar muito angustiada e ansiosa. Até que eu compreendi que nesse filme, só iria trabalhar quem devia estar nele. Nos últimos três dias, a equipe inteira estava completa. E, durante o filme, tudo funcionou com a maior harmonia entre todos de todas as equipes.

E o Divaldo pra você?

Eu não conhecia o Divaldo. Eu até já tinha assistido a algumas palestras dele em vídeo, mas ao vivo, nunca fui assistir a nenhuma. Então, posso dizer que não o conhecia. Até o dia em que nos encontramos lá na Mansão do Caminho. Tomamos chá e ficamos sentados conversando por um bom tempo. Ele, do nada, segurou bem forte a minha mão e ficou segurando-a todo o tempo em que durou a nossa conversa. E eu me senti muito bem. Aquilo me passou uma tranquilidade muito grande. Me deu uma tranquilidade de saber que eu estava no lugar certo. Me passou a serena tranquilidade de minha própria existência.

Algo te surpreendeu neste encontro?

Eu sempre fui muito resistente à questão da caridade, pois ela pode ser feita a partir de algo bem prejudicial. E na Mansão do Caminho, eu pude perceber que o Divaldo faz isso do modo correto, do jeito que a caridade deve ser praticada por todos. Ou seja, o Divaldo ajuda ao outro e, ao mesmo tempo, ele ensina, conduz esse outro, para que ele também, por sua vez, possa servir a outros. E eu nunca tinha testemunhado isso feito assim, dessa forma, em nenhum dos lugares que frequentei antes. É que ele aprendeu esse "pulo do gato" no momento em que Joanna de Ângelis o ensinou: "Sirva! Servir é passar adiante e você está aqui pra isso!".

Quais são, na prática, as equipes que você coordena?

Figurino; Maquiagem; Produção de Objetos; Cenografia e Locação. Por exemplo, a gente encontra os lugares de acordo com aquilo que idealizamos para o filme. Nesse caso, o nosso produtor de locação, José Brandão, trouxe fotografias de lugares maravilhosos, opções que casavam completamente com as fotos originais da época, totalmente de acordo com o que tínhamos imaginado.

Daí, quando vi as fotos do Seminário de Pirapora e da Fazenda Piraí, eu não tive qualquer dúvida que não precisava procurar mais nenhum local. Eu compreendi porque era muito parecido com as fotos originais. E depois, quando fui conhecer a Mansão do Caminho, à medida que fui fazendo a pesquisa fotográfica lá no Museu do Divaldo, foi que tudo se encaixou em definitivo.

A LUZ DO FILME

Um francês, em meio a Allan Kardec e Divaldo Franco. A presença de Jean Benoît Crepon neste filme não deixa de ter um toque especial. Convidado também a atuar no longa *Kardec*, do diretor Wagner de Assis, igualmente lançado no Brasil em 2019, o diretor de fotografia encontrou-se de forma inesperada com o universo espírita – a doutrina que nasceu em seu país de origem e ganhou força no Brasil.

Responsável por criar a luz do filme, Jean trouxe elementos naturais para a história, fazendo da realidade retratada uma proposta mais leve e lúdica pro espectador. A seguir, conheça como pensa este francês que, neste projeto, viu-se convidado a unir seus amores pela França e pelo Brasil, por meio do até então desconhecido Espiritismo.

Entrevista com Jean Benoît Crepon, diretor de fotografia:

Como esse projeto chegou até você?

> Há mais de 20 anos, faço trabalhos de publicidade com o Clovis. Num determinado momento, a gente se encontrou e ele me falou que iria fazer esse longa. Quando retornei de Paris, ele me avisou que começariam as gravações e aqui estamos.

Você já conhecia algo sobre o Divaldo?

> Nada, absolutamente nada. Eu até tenho alguns amigos com quem convivo que são espíritas. Aliás, eu coincidentemente também fui chamado

para fazer o filme sobre Allan Kardec, pelo diretor Wagner Assis, que já tinha feito o longa *Nosso Lar*. Só que o início das gravações foi adiado e, quando ele me chamou, eu já estava começando as filmagens com o Clovis, e não pude aceitar.

Os dois filmes aconteceram ao mesmo tempo...

Sim. *Kardec* foi rodado em Paris e no Rio de Janeiro, pela Conspiração Filmes. O curioso é que eu que não entendo nada de Espiritismo, e fui convidado pra fazer dois filmes espíritas ao mesmo tempo. O fato é que lá na França a gente não se envolve muito com isso de Espiritismo, ainda que o professor Kardec, que codificou o Espiritismo, também fosse francês como eu. Eu li o roteiro de Kardec, e uma coisa que me chamou atenção foi que, no Brasil, Kardec vendeu milhares de livros. Enquanto que na França vendeu pouco mais de 200.

E o que você sentiu quando leu o roteiro do filme sobre Divaldo?

Foi uma mistura de muitas coisas. Quando comecei a ler eu disse, "Nossa Senhora, isso parece coisa de macumba!". Falo isso brincando, mas é difícil porque tudo isso de ver espírito, pra mim, ainda é difícil de entender. Claro que tem muita coisa que compreendi, porque cientificamente já foi provado pelo próprio Allan Kardec, o professor.

Algo que eu adorei é o jeito que o Clovis escreveu a história. Aliás, esse filme é a cara dele. Trata de um assunto sério, mas também tem momentos muito engraçados, leves. Eu gosto muito disso.

Pessoalmente, já teve alguma percepção sobre Divaldo?

Foi muito gostoso encontrar com ele em Salvador, e eu já o tinha visto na última cena que fizemos no Teatro Municipal. É claro que a gente sempre se emociona de estar diante de uma pessoa assim.

Como falei, não sou espírita, então não o olhei sob esse prisma de alguém que é adepto da religião, mas o achei um cara muito legal. Admirei demais a obra social dele. A minha primeira sensação é de que ele tem uma aura maravilhosa. É ele sendo ele mesmo!

E que tipo de luz as pessoas vão encontrar neste filme?

Eu tentei fazer uma luz mais próxima possível da realidade. Ainda que tenha tido o cuidado de não fazer da mesma a "vedete" do filme. Então, ficou uma coisa mais lúdica. A luz do cinema tem que ser, no mínimo, uma coisa bonita. Considerei o tipo de luz que existia naquela época, anos 50, 40, 30... que é diferente da que temos hoje.

De qualquer modo, não me prendi muito nisso. Eu também queria dar uma personalidade a essa iluminação. Então, misturei um pouco de luzes diferentes, e coloquei um tom de verde no fundo, pra dar uma sensação de leveza. Em relação aos personagens, usei a luz mais natural possível, um pouco mais quente, porque naquela época as pessoas apareciam sob a luz de velas.

A luz é algo invisível, que só aparece quando você tem uma bela direção de arte, um bom lugar, um belo figurino. Então, penso que a luz desse filme ficou bem legal muito por conta da inspiração dos locais em que a gente filmou, com o grau de dificuldade que eles apresentavam. A exemplo do seminário e da fazenda. Gosto desses desafios.

O que você leva dessa experiência?

O que eu sempre levo de um trabalho desses é a experiência com as pessoas com quem estou trabalhando. Pra mim, a cumplicidade e a minha relação com elas é a coisa mais importante.

Fazer um longa é passar pelo menos dois meses convivendo com as mesmas pessoas. Então, o mais importante é o desafio de se relacionar bem, porque conviver com gente tão diferente nem sempre é algo fácil.

E você é um francês, que ama a França e que ama...

Sim, eu amo o Brasil! Graças a mim! (risos) Porque uma coisa que achei muito legal foi perceber que vocês aqui dizem "graças a Deus" a cada dois minutos. Enquanto que lá na França, isso quase não acontece. Então, depois de ler sobre o Espiritismo, passei a dizer "Graças a mim", pois entendi que tenho responsabilidade pela minha própria caminhada.

O FIGURINO DO FILME

Entrevista com Karla Monteiro, figurinista do filme:

Como é, na prática, o seu trabalho num filme?

Primeiramente leio o roteiro e, em seguida, converso com o diretor para saber qual é o tom que ele quer que o figurino passe. Mais naturalista, criativo, com cores mais fortes etc. No caso desse filme, o Clovis encomendou algo que fosse o mais natural possível, pois estávamos tratando da escolha de roupas para representar um assunto que muito facilmente poderia virar algo alegórico.

Ou seja, tínhamos que nos ater ao fato de cuidar da história do Divaldo da forma mais delicada possível, com roupas que passem essa mesma ideia. Então, a minha pesquisa para esse longa, ao invés de ser um mergulho no mundo *fashion*, foi muito mais inspirada em fotografias de fotos antigas – tanto na *internet*, em *blogs* de moda, quanto no mergulho que fiz na biografia que foi escrita sobre o Divaldo, pela Ana Landi.

A inspiração veio muito mais de fotos das pessoas, pra gente achar as caracterizações e a época, do que qualquer outra coisa.

Então foi um trabalho mais realista?

Tem algo que a gente sempre diz nesse nosso meio: toda vez que você coloca a mão pra fazer, é uma inspiração na realidade. A gente faz a adaptação da nossa leitura do que está sendo pesquisado, até chegar ao corpo dos atores e, depois, passando pela ambiência da Direção de Arte. A Cláudia, diretora de arte, havia pedido quando da escolha de paleta de cores, que fosse algo bem suave. E de fazer um filme que fosse muito claro. O mais baiano possível dentro da pesquisa. Porque lá é muito mais quente e as pessoas usam roupas mais claras.

Então, tiramos um pouco da cor, de forma que todo o figurino ficasse mais suave. E foi desse modo que, no filme, ficou tudo mais clarinho e natural quanto foi possível.

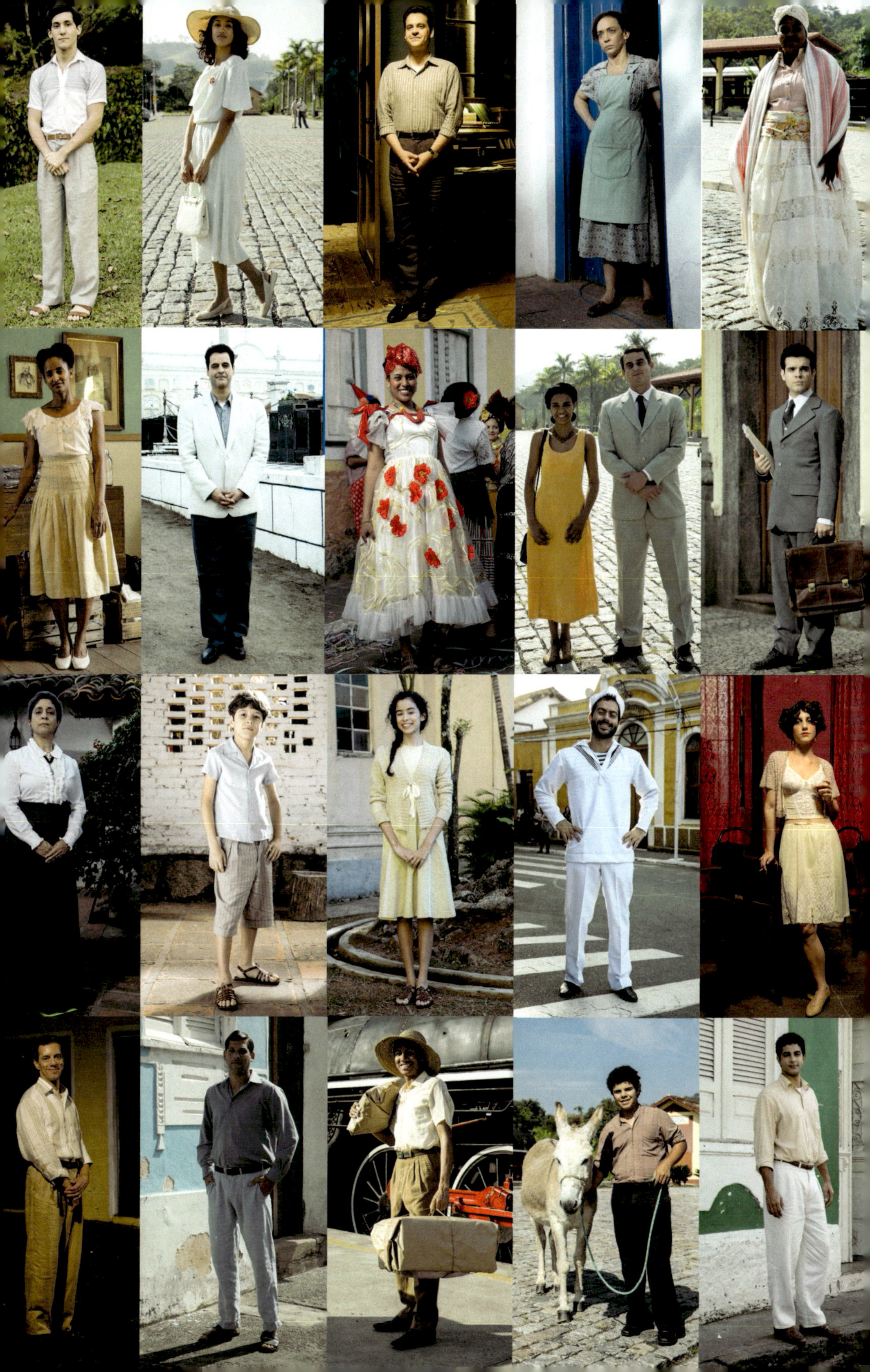

Carla Monteiro (figurino), Poliana Braga (figurino) e Maria Vittoria Oliveira (arte)

Após esta definição da paleta de cores, qual o próximo passo?

Aí a gente faz mágica! Garimpamos nas lojas que alugam roupas, em brechós etc. Aliás, neste filme, fomos num brechó espírita onde eu já pesquisei outras vezes, um lugar que amo no Rio de Janeiro, dentro de um centro espírita. A estrutura tem um brechó de móveis e de roupas, e abriga 80 vovozinhas. Então, quando chegamos lá, as voluntárias no brechó ficaram muito alvoroçadas quando souberam que estávamos pesquisando pra fazer um filme sobre o Divaldo! E eu acabei ficando muito emocionada com a empolgação delas. Pareciam crianças correndo de um lado pro outro, exclamando como se estivessem celebrando: "Ela vai fazer o filme do Divaldo, o filme do Divaldo".

E como você adapta a roupa para cada artista?

Neste filme, nós tínhamos pouca verba pra administrar. Então, o que a gente fez, foi criar esse mundo, essa ambiência. E também optamos por fazer pouca diferença entre as épocas, pra não cair na questão fashion, até mesmo porque elas não são muito marcadas. Então, o figurino tem um desenho onde essas roupas vão se misturando. E é justamente pra não se observar tanta diferença da roupa de uma época para a outra. Ou seja, escolhemos nos manter no estilo clássico, mais atemporal, pra poder chegar nesse desenho final.

São muitos personagens no filme, um total de 80. Por isso, decidimos criar uma grande quantidade de peças e ir eliminando-as à medida que os artistas iam chegando. E tudo isso foi feito respeitando muito a energia de cada ator. Respeitando o corpo, e o que esse personagem iria acrescentar ao filme. E só depois é que íamos escolhendo o figurino que iria para o filme. O que somente aconteceu durante as provas de roupa. Mas sempre respeitando o estilo de cada um dos atores e seus respectivos personagens.

Como você veio parar neste filme?

Eu já trabalho com o Clovis há muito tempo. Na minha casa, a gente fala naturalmente sobre o Espiritismo, pois a minha família inteira é espírita há muitos anos. Creio que esse fator contribuiu também. Pra você ter uma noção, eu e minhas irmãs, quando éramos crianças, brincávamos com esse tema.

Como assim?

Por exemplo, começávamos a brincadeira com uma boneca vestida de advogada. E no decorrer da história trocávamos a roupa e a história da mesma para, por exemplo, bailarina. Porque afinal, ela já "estava em outra vida. Já era outra encarnação" (risos). Então, na minha família, a gente conversa muito sobre o Espiritismo. Já em outros trabalhos que eu fiz antes desse filme, quando alguém me pergunta qual a minha religião, respondo naturalmente que eu sou espírita. Mas geralmente o assunto para por aí. E nesse filme, não. O tema é presente todo o tempo entre todos da equipe, da forma mais espontânea e natural possível. E isso me deixou muito mais à vontade ainda no meu trabalho. Fez toda a diferença, porque é um prazer poder falar em meu ambiente de trabalho sobre a minha religião com toda essa naturalidade...

Então, é um feliz encontro da sua vida com a sua profissão...

Eu fiquei muito mexida lendo o livro da Ana Landi, tanto quanto fiquei enquanto lia o roteiro. Aliás, todo mundo da minha equipe que leu o roteiro ficou muito emocionado. Tenho um ajudante que literalmente fez a leitura de todo ele, aos prantos. Ele estava em casa e me mandou um vídeo do momento. E ver aquilo também me tocou de uma forma muito profunda. E por isso, eu sequer conseguia fazer a decupagem...

O que significa essa decupagem em termos de figurino?

É descobrir em cada cena do roteiro onde é que vai entrar, por exemplo, uma bolsa. Um certo tipo de sapato, de acessório etc. Se é a primeira, a segunda ou terceira roupa do personagem que vai ser usada naquela cena. É algo técnico. Todas as equipes, dentro de sua própria área, fazem isso para o filme.

Todos muito emocionados de atuar neste filme...

O fato é que eu realmente fiquei emocionada com esse filme. A história de Divaldo me tocou fundo, porque ele faz muita coisa! E eu pude ver o quanto a gente faz tão pouco do tanto que poderíamos fazer pelo outro. A gente lê o livro, vê a história no filme e não tem como deixar de concluir que o Divaldo fez muita coisa pelos outros. E eu acredito que isso realmente mexeu com toda a equipe que trabalhou nesse projeto.

Nós pudemos ver dentro de nós mesmos o quanto fazemos tão pouco pelo outro. E você vê um homem desses, de mais de 90 anos, que não para de trabalhar para a caridade. E a gente percebe que dá a desculpa de ter tão pouco tempo, mas que também poderíamos gerenciar melhor esse tempo pra podermos fazer algo. Enquanto que para esse homem, parece que o tempo não tem limites.

É realmente muito pouco o que a gente faz. É como se a gente tivesse vivendo num mundinho pessoal, que é mágico todo o tempo. E não se dá conta de que o outro está sofrendo bem ali, ao nosso lado. E nem nos damos conta da diferença que poderíamos fazer no mundo dessa outra pessoa. Ou seja, não tem como entrar em contato com essa história e continuar indiferente a isso. Então, eu quero demais conhecer esse homem pessoalmente. Se for possível, até passar uns dias lá na Mansão do Caminho. Poder trabalhar lá e, assim, poder fazer algo por mim mesma.

E sobre o figurino de Joanna de Ângelis?

Ah, tem uma estorinha muito bonitinha que aconteceu durante esse processo do filme: eu estava em casa, meio que quebrando a cabeça, pensando em que cor seria o véu que eu deveria escolher para o personagem da Joanna de Ângelis. Se seria branco ou azul. Porque, na verdade, eu meio que dei uma travada em relação a isso. Não conseguia escolher de jeito nenhum. Não tinha nem ideia de que tipo de tecido eu deveria usar. Ficava perdida nas lojas.

A princípio, o Clovis tinha me pedido pra usar um tecido que tivesse um certo brilho, mas nada que fosse exagerado, para não descambar pra algo carnavalesco, tipo fantasia, sabe? Então, de repente, uma sobrinha minha que estava lá em casa e que tem uma sensibilidade mediúnica muito latente, falou: "Faz o véu azul, tia!". Na hora, eu brinquei dizendo que ela estava sendo intrometida nos pensamentos sobre o meu trabalho de figurino. Ao que a mesma retrucou: "Eu ouvi, tia!" (risos). Então, fazer o quê, né? Claro que me decidi pelo véu de cor azul, e acabou-se o meu conflito (mais risos). E ele ficou bem delicado, emana uma espécie de luz.

Um figurino com toda a delicadeza que você quer entregar para o telespectador?

Sim! Porque certamente esse filme é totalmente delicado. Desde a própria história em si, até a forma com que ele foi feito por cada membro dessa equipe, em cada um dos seus detalhes.

A CARACTERIZAÇÃO DO FILME

Entrevista com Rose Verçosa, caracterizadora do filme:

Como esse filme contribuiu para sua vida?

Eu não estou aqui por acaso. Realmente me sinto escolhida, mais uma vez na vida, por estar fazendo esse filme. Porque a espiritualidade realmente rege a minha vida. Porque eu a escolhi para pertencer e ser na vida. Eu demorei um pouco para entender isso, essa diferença entre o ser e o pertencer.

Por exemplo, muitas vezes, eu não me achava capaz de estar no meio artístico. O modo das produções não estava mais me preenchendo como pessoa. Pelo contrário, essas coisas estavam me ferindo. Eu estava me sentindo muito incomodada com muita coisa que acontece nesse nosso mercado. Sobretudo, as manifestações egoicas que são usadas para diminuir o outro. E eu não me sentia capaz de estar nesse meio. Não me sentia capaz de pertencer.

Até que houve um momento em que me dei conta que sim, eu sou uma artista. Eu sou uma pessoa bacana. Eu sou uma pessoa com muita grandeza. Eu sou uma pessoa que tem um dom. As minhas mãos. O meu olhar. A minha delicadeza. Aí, a espiritualidade está cada vez mais unindo o ser e o pertencer na minha vida. E, com isso, o caminho vai ficando cada vez mais claro. Então, eu creio que já estou tão transparente no meu querer que o externo capta e a Divindade materializa. Tipo assim: "Ah, essa menina tá aí! É ela que vai fazer. Vamos levá-la pra conduzir essa equipe". Então, eu acho isso muito mágico.

Você se sente escolhida por si mesma, então? Porque pelo que você está me dizendo, essa é uma decisão consciente.

Creio que sim. E realmente acredito que isso é consequência da clareza que a gente vai tendo sobre o nosso querer. Sobre a nossa vontade. O nosso desejo. Tudo isso vai se tornando mais fácil. Por exemplo, eu poderia estar fazendo mais uma comédia, ou outro tipo de filme qualquer. Mas eu escolhi falar sobre espiritualidade. E tinha esse filme do Divaldo... Daí, teve um momento das negociações, quando eu vi o valor dos cachês que tinha à disposição para escolher os profissionais da minha equipe. E eu me dei conta de que eu teria que abrir mão de alguns profissionais com quem eu trabalho regularmente. E isso me deu um sentimento de frustração.

Até o momento em que me deu o *insight* de que OK! As pessoas que poderei contratar agora, não têm todo esse *know how* por serem mais jovens etc... mas quer saber? Elas vão me trazer outras coisas: o que eu realmente preciso nesse momento. E, assim, tudo está fluindo perfeitamente com a equipe que escolhi. Eu me dei conta que, uma vez mais, a vida me colocou pra fazer um filme sobre espiritualidade. Porque eu já havia feito o filme do Chico Xavier, e foi lindo. Eu me senti muito bem em estar perto da energia dele. Foram cenas bem lindas e foi maravilhoso perceber muitas pessoas se aproximarem da história da vida dele, mesmo aquelas que não eram espíritas. Na verdade, eu acho que a arte tem isso, né?

Neste filme do Divaldo, penso que será a mesma coisa. Mesmo que as pessoas sejam de outra religião, elas ficarão motivadas pela curiosidade pra ver essa história. Então, eu me sinto com o compromisso de fazer bonito, de contar essa história por intermédio da caracterização, da melhor forma.

E como era a religião em sua casa?

Lá em casa, somente meu pai era espírita, e uma coisa que ele me dizia nas vezes em que eu estava passando por aqueles momentos difíceis no ambiente de trabalho e me sentindo "a vítima", era: "Quando vier essa onda, quando o seu coração estiver bem apertado, lembra que você é uma artista, e isso já vai te colocar num outro espaço, dentro de si". Ele foi um pai muito especial, passou por muitas coisas. E a trajetória dele me ajudou bastante a me tornar a pessoa que hoje eu sou.

Eu era a única a acompanhá-lo nas reuniões espíritas que ele frequentava no Rio, onde morávamos. Ele, pernambucano arretado, foi espírita a vida inteira, e era bem ortodoxo. Lembro dele lendo as revistas e os livros de Kardec. Aliás, fui eu quem herdou *O Livro dos Espíritos*, quando o mesmo desencarnou há onze anos. A propósito, esse último aniversário aconteceu exatamente enquanto eu estava fazendo esse filme.

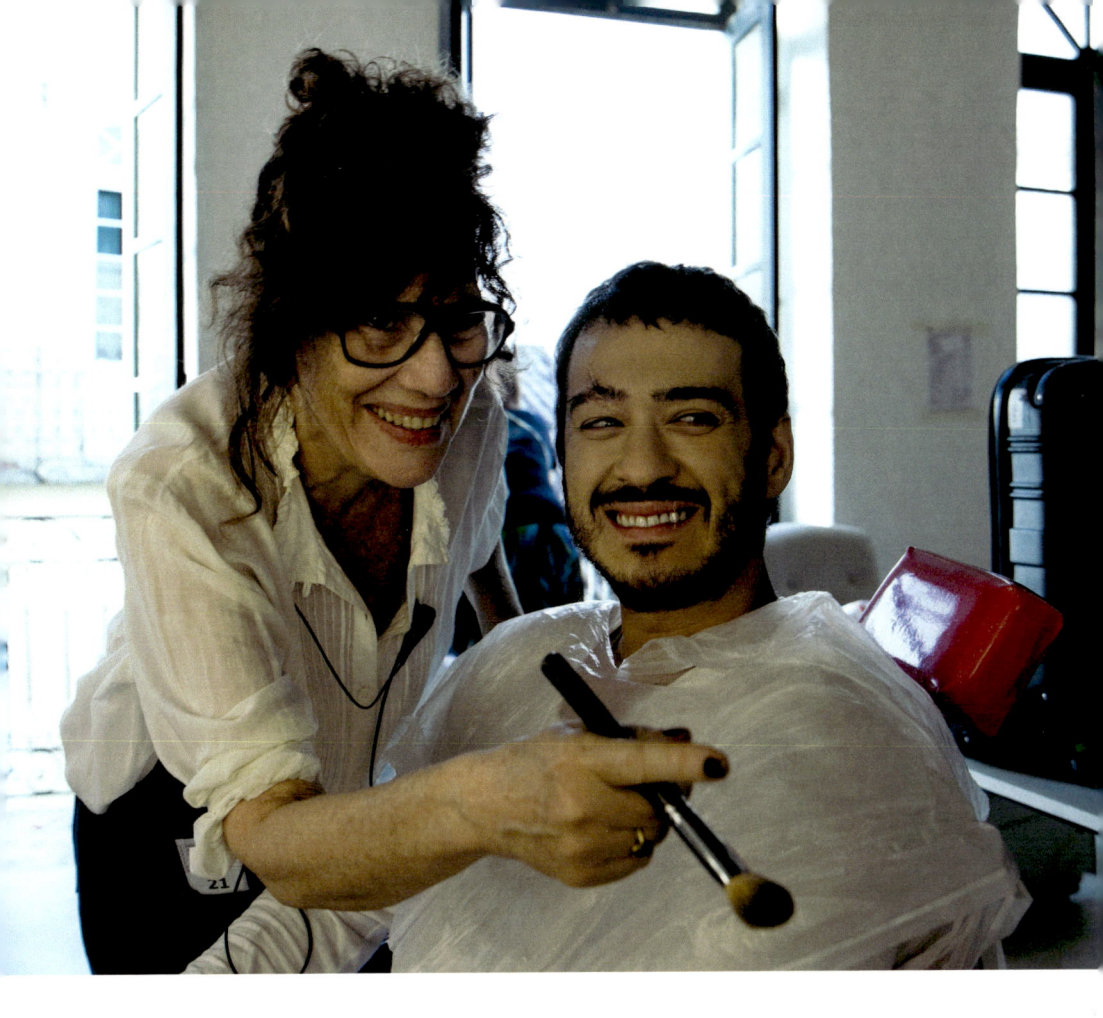

A minha mãe, apesar de ser católica, aceitava e respeitava a escolha dele pelo Espiritismo. Ela o amava. No final da vida, ela sofreu de Alzheimer, mas nunca o esqueceu. Escutava a voz dele e imediatamente mandava beijinhos pra ele...

Então, como foi o encontro com este roteiro?

Quando li o roteiro fiquei muito emocionada. Porque me lembrou muito meu pai e do formato que tinham as reuniões. Lembrei da minha infância, convivendo com ele. Acompanhando-o nas reuniões mediúnicas. Eu participava na hora da Ave-Maria. Dos passes e da água fluidificada... E ele sempre conversava sobre espiritualidade durante nossos passeios. Então, no roteiro, quando li sobre aqueles homens, aquelas mulheres dentro do centro, irradiantes, aquelas mulheres sempre neutras...

Lembrei do ambiente das reuniões que ele participava e, na mesma hora, olhei a paleta de cores.

Então, fazer este filme é uma espécie de culminação. E isso é bom. Eu sabia que naqueles momentos difíceis na minha profissão, ele realmente estava comigo. Então, estou adorando fazer esse filme e conhecer melhor o Clovis, com quem eu havia trabalhado apenas duas vezes em comerciais, há muitos anos atrás.

Como você foi convidada?

Foi a Karla Monteiro, figurinista, que me colocou na equipe. Ela conhece e gosta do meu trabalho e do meu jeito de ser. Ela sabe como eu levo esse trabalho com delicadeza. E creio que, para estar aqui, não poderia ser uma visagista que se sobressaísse, que não fosse capaz de entender a delicadeza e o assunto que é tratado aqui.

Eu mesma, na hora de escolher a equipe, também procuro agir assim, com esse cuidado em relação ao propósito do trabalho.

Uma das coisas que mais me chama atenção no Divaldo e, neste texto, é que ele é alguém que realmente está para além das aparências. Ele fala do que pratica. E eu percebi que ele está vivendo a mesma *vibe* com a qual eu tenho procurado ver a vida, que é o Amor. Afinal, o Amor vem em primeiro lugar, em tudo.

Outro momento marcante pra mim, foi quando estávamos no Rio e Clovis, ao me ver chegando com um saco de biscoito sem lactose, me disse: "O Divaldo come e bebe de tudo. Não tem nenhuma intolerância a nenhum alimento, nem a glúten, nem lactose, nem a nada." E ouvir aquilo calou fundo dentro de mim. E depois em casa, me caiu a ficha: "Ah, claro que ele não tem nenhum desses problemas. E nem poderia ter. Porque ele não tem intolerância. Esse cara é puro Amor. Ele vive o Amor todo o tempo. Então, nada pode lhe fazer mal." E um dia, eu também serei assim, depois que me purificar e souber abençoar tudo.

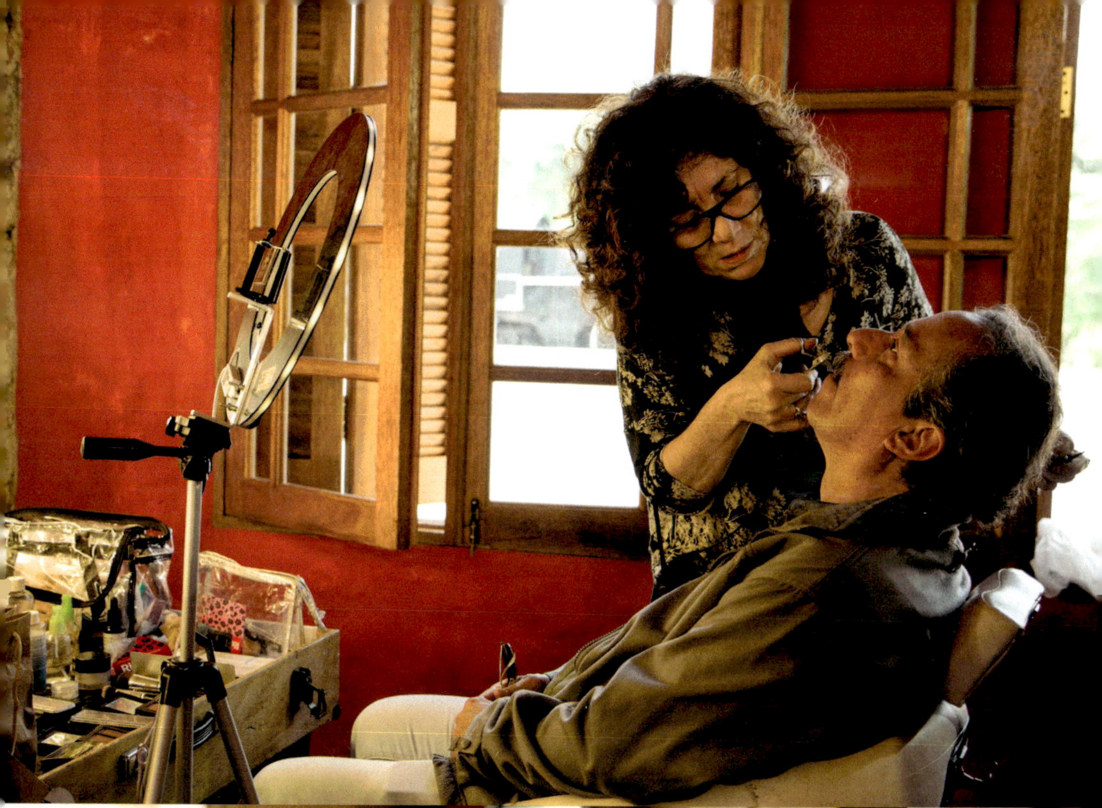

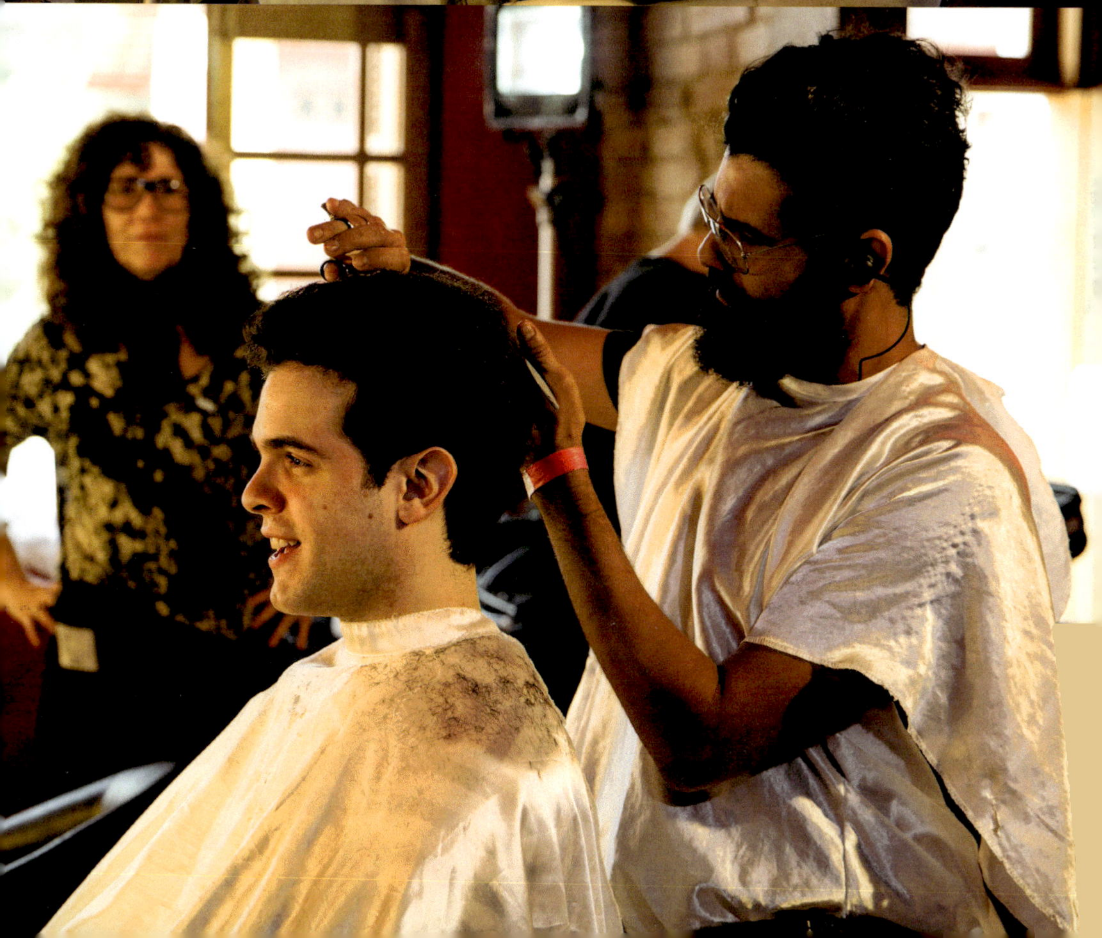

OS OUVIDOS DO FILME

Entrevista com Ricardo Cadila, técnico de som:

Como esse projeto chegou na sua vida?

Apesar de ser originalmente de formação católica, eu me tornei espírita há uns 20 anos. Foi na época em que eu trabalhava com a equipe do Globo Repórter, na TV Globo. Estávamos fazendo uma série de programas, cujo tema era a espiritualidade. O objetivo durante essas entrevistas era tentar esmiuçar o entrevistado, para ter certeza de que não se tratava de nenhum tipo de charlatanismo. Aliás, conseguimos desmascarar uma grande parte desses entrevistados.

Foi durante essa série de programas, que aconteceu um documentário sobre o Chico Xavier. Quando o conheci, tive certeza de estar diante de algo sério e realmente excepcional. Passamos uma tarde inteira com ele lá em Uberaba, Minas Gerais. Logo em seguida, no Rio de Janeiro, passamos muito tempo com o Rubens, um cara que recebia o Dr. Fritz. Ele atendia cerca de 1.200 a 1.500 pessoas por dia, num local chamado Curtume Carioca, que era uma antiga fábrica de couro. Um local gigantesco. E esse foi um momento realmente definitivo para eu me decidir ser espírita.

Porque todos os dias a gente tentava pegá-lo num tipo de contrapé. Nos esforçávamos ao máximo para tentar desmascará-lo. Mas o fato é que, invariavelmente, éramos surpreendidos pelas coisas inexplicáveis que testemunhávamos ele fazendo. Nesse tempo, era o início da epidemia de AIDS no mundo, e todos nós estávamos muito impactados com a morte de vários de nossos amigos. Então, naquele espaço, eu realmente vi acontecer curas, a princípio, inacreditáveis.

Foi diante de tudo isso e após concluir que existem coisas muito além do que podemos explicar racionalmente, e ainda considerando que a minha esposa já era espírita, foi que me decidi por rever a minha resistência quanto a essa doutrina e ingressar nesse universo. Foi desse modo que passei a acompanhar a minha esposa nos locais que ela frequentava. Comecei a ler mais sobre o assunto, a fazer minhas pesquisas, enfim.

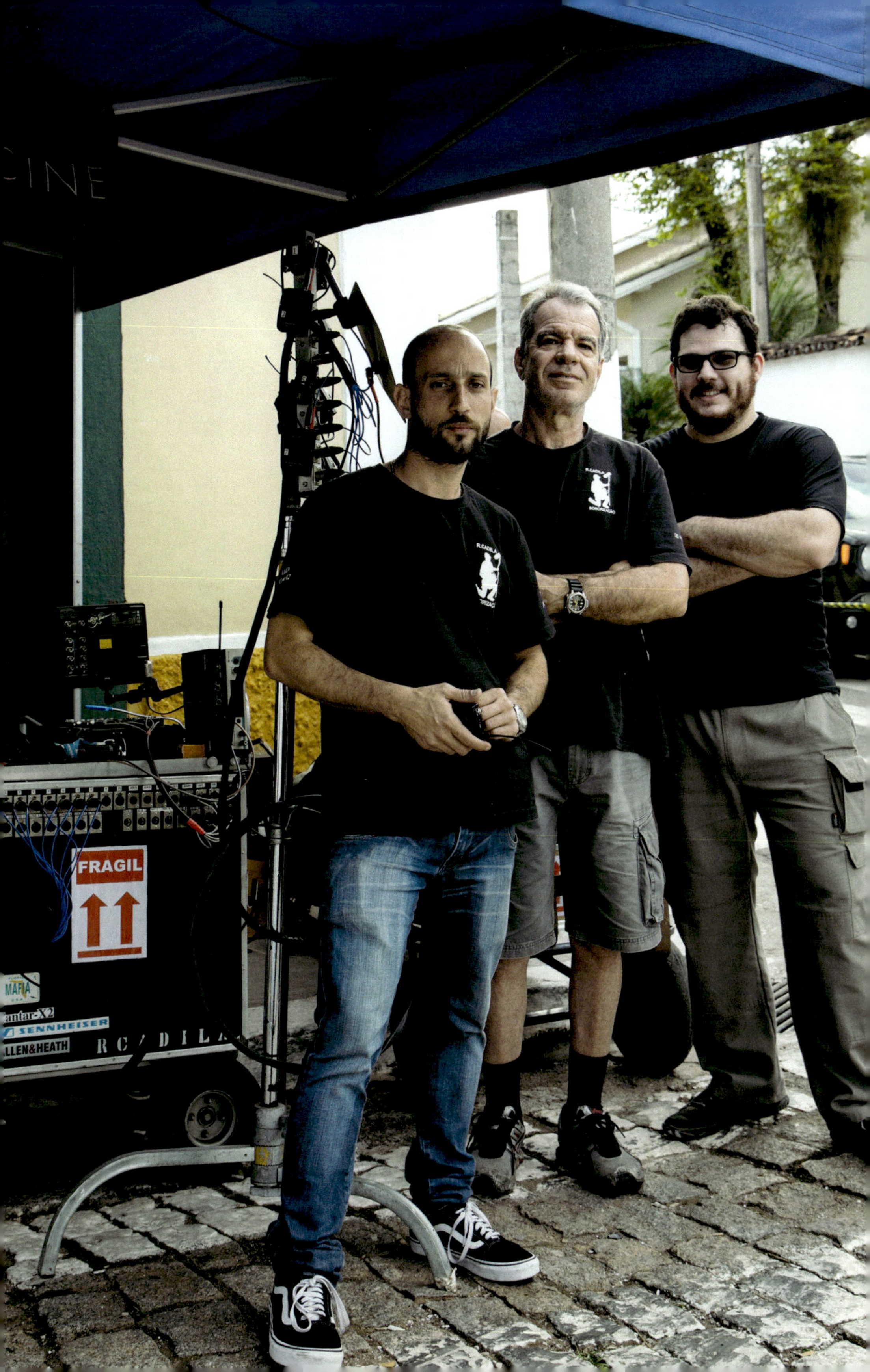
CINE
FRAGIL
MAFIA
SENNHEISER
ALLEN&HEATH

Você contou isso em resposta a como este filme chegou até você... E como essa história se liga ao filme do Divaldo?

Nos centros espíritas, eles acabam perguntando com o que a gente trabalha. Em uma ocasião, resolvi pedir a uma entidade com quem eu estava me consultando, uma orientação. Nessa época as coisas estavam bem difíceis no mercado de trabalho. E aconteceu, em dois locais que a gente frequenta, de receber, espontaneamente, a seguinte mensagem das entidades: "Com relação à sua preocupação com o trabalho, fique tranquilo, vai melhorar. E você fala com o seu amigo 'cabeça branca' (O Clovis) que ele tem que fazer um filme sobre espiritualidade."

Você contou isso para o Clovis?

A verdade é que eu me senti meio acanhado de falar sobre isso com ele. Porque eu sabia que ele é espírita, então, imaginava que ele iria querer saber mais detalhes sobre esse "recado". E eu não saberia explicar. Além do mais, depois disso, eu só o encontrava em meio às correrias de produção e filmagem de comerciais, onde ele sempre está correndo para atender a mil demandas, ao mesmo tempo. Enfim, eu não me senti à vontade pra tocar nesse assunto. Algum tempo depois, ele me chamou pra irmos gravar, no Teatro Municipal uma cena com o Divaldo Franco.

Então, você não contou ao Clovis sobre os dois recados?

Não, pelas razões que expliquei acima, eu não me senti confortável para isso.

Você ficou sabendo sobre esse filme pelo próprio Clovis?

Não! Antes, a produtora já havia me procurado. E eu até comentei com a minha esposa: 'Olha só! A gente colhe mesmo aquilo que planta'. No mesmo instante, lembrei das duas mensagens. Naquela época, me disseram da limitação orçamentária do projeto, e eu sabia que eu tinha que trabalhar neste longa. Nem que eu tivesse de ir à pé para o local das gravações.

E assim você chegou no projeto?

Sim, e eu adorei. Primeiramente, porque se trata de um trabalho que é o que realmente eu gosto de fazer. E também por conta de estar trabalhando com o Clovis, que é um cara que eu conheço há anos. Ele é uma pessoa ímpar, que me ajudou demais quando eu saí da Globo.

Aliás, ele está sempre atento às necessidades do próximo. Eu tenho muito carinho por ele. É realmente um sujeito totalmente do bem. Então, trabalhar neste projeto é um misto de prazer e de alegria. Porque é tanta coisa boa que a gente recebe enquanto está fazendo um trabalho desses, sabe? Então, eu me sinto muito grato.

E o seu encontro com o Divaldo. Foi bom?

Sim, foi tudo tranquilo. Eu gosto muito dele, tanto que estou sempre procurando acompanhar algum trabalho seu. Por exemplo, quando eu e minha esposa vamos nos recolher, antes de dormir, temos o costume de ver alguma palestra dele.

Então, este filme trouxe várias confirmações para sua vida pessoal?

Claro que sim. Eu penso que foi como fechar um ciclo da minha vida, tanto em relação à forma como eu faço o meu trabalho quanto, ao mesmo tempo, poder com o meu ofício estar fazendo um filme que representa exatamente o que eu acredito e pratico na minha vida. Porque como no Espiritismo, aqui, também, a gente não pede nada. Apenas doamos.

Para você, o que o espectador vai encontrar neste filme?

O telespectador irá ver o verdadeiro exemplo de amor e caridade ao próximo que é a vida deste homem. Entender um pouco melhor sobre quem é o Divaldo. Essa pessoa que transcende do carnal para o espiritual. Que está aqui tentando nos ensinar a ser pessoas melhores. Tentar olhar para o outro com mais cuidado e carinho.

A gente tem vontade que as pessoas que irão assistir a esse filme possam compreender o que é a espiritualidade e a importância dela e do amor na vida de cada um. E com a história que é contada neste filme, as pessoas possam compreender que só o amor é o que verdadeiramente vai nos levar a todos em frente. Para algum lugar melhor.

LOCAÇÕES DAS FILMAGENS

A ESCOLHA DAS LOCAÇÕES

A equipe responsável por encontrar as locações das filmagens é composta pelo casal Arley e José Brandão, e a filha de José, Polyana. Para eles, a escolha das locações foi tão natural que parecem ter sido elas quem escolheram o filme e não o oposto. Tudo já parecia estar pronto, como algo que era para ser. Na entrevista a seguir, o casal conta alguns bastidores de como chegaram nessas locações:

Arley, como foi a escolha das locações de "Divaldo, o filme"?

Eu, meu esposo, José Brandão e sua filha Polyana somos a equipe responsável pelas locações do filme. Somos e trabalhamos como uma família, mesmo, sempre nos apoiando mutuamente. É um trabalho árduo, mas é tudo feito com muito amor e com grande dedicação. Passo a passo. Cada escolha. Cada nova busca.

E como essas escolhas dos locais aconteceram? Elas foram por acaso, ou alguma delas "pulou no colo" de vocês?

Por exemplo, a Fazenda Piraí, que é uma casa muito antiga, eu tenho a impressão que tinha que ser ali mesmo grande parte deste trabalho. O Brandão já conhecia o local, mas fazia algum tempo que ele nem passava por lá. No entanto, quando soube do filme, ele voltou lá para fotografar o local. Em seguida, apresentou as imagens para a CINE. Em conjunto, eles concluíram que grande parte do filme tinha mesmo que ser feita ali.

Qual seu sentimento em relação a este filme?

Eu me emocionei profundamente em vários momentos e me percebi toda arrepiada enquanto assistia à gravação de várias cenas. É algo muito profundo. Todos os dias eu falo isso com o Brandão: 'Pode ter certeza que existe um trabalho de cura acontecendo com todas as pessoas que estão envolvidas neste filme.'

Brandão, como o processo de escolha dos lugares ocorreu?

Eu lembro que o Clovis, a quem eu conheço há mais de 30 anos, havia me falado sobre a ideia de fazer um longa metragem de espiritualidade já há muito tempo. E eu sempre estou à procura de locações e, devido a isso, eu geralmente fotografo os locais que vou achando interessante durante essas buscas, mantendo-as em arquivo. Quando fui fazer novas fotos lá, no Seminário de Pirapora, e depois quando conheci a Fazenda do Piraí, tive a imediata intuição de que aqueles locais iriam servir para este filme.

Considerei que a história acontecia na Bahia e na década de 1940 – e eu nem tinha lido o roteiro ainda. Tempos depois, quando finalmente a produtora executiva, Luciane Toffoli, me procurou para falar sobre o filme, eu já estava praticamente com o material desses locais devidamente documentado. Daí, separei essas imagens e enviei pra eles. Foi um processo de escolha completamente intuitivo, não uma pesquisa encomendada, especificamente, para o trabalho como acontece regularmente.

Qual a locação que mais te tocou?

O seminário de Pirapora! Porque eu conheço aquele lugar há uns 40 anos e nunca antes havia conseguido filmar naquele local que, anteriormente, era fechado. Era impossível fazer qualquer coisa lá. No entanto, por volta de uns dois anos atrás, as atividades de formação de padres que lá ficavam enclausurados foram encerradas. Então, voltei no local umas três vezes para poder encontrar o administrador atual, que me permitiu fotografar e gravar a parte interna do seminário. E reitero que este material era para arquivo. Nada especificamente para esse trabalho. Por isso, que digo que as escolhas dessa locação não foram nada encomendadas. Foi algo que aconteceu naturalmente.

Qual é a expressão espiritual de vocês?

Brandão: Eu não tenho uma religião específica. Fui criado na religião católica, mas eu frequento outros locais. E gosto muito do Kardecismo. Por exemplo, lá em São Paulo eu gosto de frequentar o Centro Espírita Luz Divina, no Itaim. Me submeto a um tratamento de cura lá, recebo passes, assisto às palestras, e estou muito satisfeito com essa oportunidade.

Vocês já conheciam o Divaldo?

Não o conhecíamos pessoalmente, só tínhamos ouvido falar um pouco da história dele por meio de uma amiga praticante do kardecismo.

Como foi a experiência do filme para vocês?

(Arley) Muito tranquila e enriquecedora. Está explícita a harmonia entre toda a equipe, em paz, serena. Eu sempre digo da certeza que me fica que cada pessoa que foi escolhida para estar neste filme tem um porquê de estar nesse trabalho. O nosso diretor é uma pessoa incrível. De muita luz. Eu várias vezes percebi o Clovis muito comprometido, envolvido com essa história, emocionado, a ponto de, em várias gravações, chorar copiosamente.

Brandão, o que especificamente você leva deste projeto?

Ah! O Amor, o tanto que me acrescentou espiritualmente. E isso tudo me trouxe uma grande paz. Além do carinho que aconteceu espontaneamente entre toda a equipe. Foi realmente muito bom testemunhar e viver tudo isso.

AMBIENTAÇÃO DAS LOCAÇÕES

É responsabilidade da diretora de arte, Cláudia Terçarolli, a coordenação das equipes que prepararam os sets de filmagem, com todos os elementos a serem enquadrados nas câmeras. Duas das principais locações – a fazenda e o seminário – foram palcos de momentos muito significativos para a diretora de arte. Segundo ela, a impressão é de como se o filme já estivesse pronto em alguma dimensão, e somente precisavam confiar numa espécie de condução da produção espiritual do filme. A seguir, ela relata um pouco do que viveu nestas preparações.

CURIOSIDADES SOBRE O SEMINÁRIO:

"Foram muitas confirmações. Sabe, esse é um filme com poucos recursos, e com orçamento engessado, comprometido. Portanto, não é tão fácil assim ter tudo à mão no tempo que a gente precisa. Pra você ter uma ideia do quão especial é esse projeto, vou te contar outra situação. Eu estava com a produtora de objetos, Poliana Feulo, e começamos a imaginar e fazer a relação de tudo que iríamos precisar para as cenas que faríamos no seminário, como mesas, cadeiras, jarros etc.

No final, a lista ficou enorme (com mais de 60 itens) e ficamos meio desesperadas, querendo saber de onde tiraríamos o dinheiro pra poder alugar tudo aquilo. Em seguida, aparece na janela um rapaz que trabalha no seminário. Então, eu perguntei se tinha alguma mesa ou cadeira guardada, em algum lugar, pra que pudéssemos olhar para, quem sabe, usar no filme.

Ele, então, nos conduziu às duas salas que estavam fechadas. Daí, quando abrimos as portas, lá estavam 50 dos objetos que estávamos precisando!!! Nós nos entreolhamos em silêncio, muito emocionadas. Ou seja, não temos mesmo como deixar de acreditar que esse filme não estivesse sendo guiado pela espiritualidade. Temos certeza de que o espírito da Joanna de Ângelis está conosco, nos apoiando para a materialização desse projeto. Porque tudo o que a gente precisa, simplesmente acontece. E isso nos dá muita confiança."

Um presente para o seminário

Segundo Cláudia Terçarolli, os produtores fizeram questão de, ao final do filme, deixar todo o seminário reformado e embelezado com todos esses objetos – inclusive os móveis que fizeram parte da decoração do filme. Ficou tudo bem mais bonito e confortável para todos que ali frequentam. No seminário, funciona um núcleo dos Narcóticos Anônimos, que abriga 30 internos em seus processos de liberação das drogas.

Para ela, deixar para as pessoas que moram ali, um lugar mais harmonioso, não tem preço. O local, embora muito bonito, estava bastante deteriorado. Devolvê-lo reformado e ainda mais lindo foi uma oportunidade única que a vida deu para os produtores e diretores do filme. Durante as filmagens no local, Divaldo enviou uma mensagem para a equipe dizendo que a beleza é tudo, e que eles eram mensageiros dela para o mundo. E Cláudia resume:

"Essa mensagem chegou também como mais uma das tantas confirmações que vivenciei enquanto trabalhei nesse filme. E a oportunidade de poder conhecer e poder olhar no olho de cada um dos internos que moram aqui foi algo que mexeu muito comigo.

Foi um momento realmente muito importante, que também mexeu com lembranças minhas de infância, quando vivi num internato. Enfim, tudo nesse filme é um presente para nós!".

CURIOSIDADES SOBRE A FAZENDA

Sobre a locação da fazenda, a diretora de arte, Cláudia Terçarolli, comenta os bastidores do local:

"A Fazenda Barra do Piraí pertencia à mesma família por muitos e muitos anos. Tudo ali está registrado em diversos álbuns com fotografias dessa família. A gente ia manuseando essas fotos e vendo toda uma história de várias gerações. Gente que foi pra guerra e não voltou mais. Gente que casou. Gente que abandonou. Gente que foi rejeitada. Gente que foi muito amada. Gente que fez aniversário.

Enfim, toda uma gama energética de dores, frustrações, saudades, realizações, dificuldades, segredos, brigas, celebrações, enfim, estava tudo ali. Então, a carga energética presente nesse espaço é muito grande. Muito densa. Foi muito interessante. Mas, foi tudo muito catártico também. O fato é que as duas semanas iniciais desse filme foram bem mobilizadoras para toda a equipe. Todos nós adoecemos ao mesmo tempo. Então, é como se todos nós tivéssemos passado por um processo de cura."

A própria diretora de arte estava entre os doentes: logo no início das filmagens, na fazenda, ela, que é considerada os "olhos" do filme, responsável por ver e transmitir a beleza em tudo, ficou doente, expelindo pus pelos órgãos da visão. Segundo a própria, um processo de depuração. Vários outros artistas ficaram doentes no mesmo local.

E Cláudia arremata: "Em relação às filmagens na fazenda, não podemos deixar de levar em conta que ali representa uma parte da própria história do Brasil. Lá, era um local de trabalho escravo, e não tem como não entrarmos em contato com toda essa carga. O Brasil está vivendo agora muito dessa energia de resgate da ancestralidade. Uma oportunidade muito bonita de olhar para a nossa história".

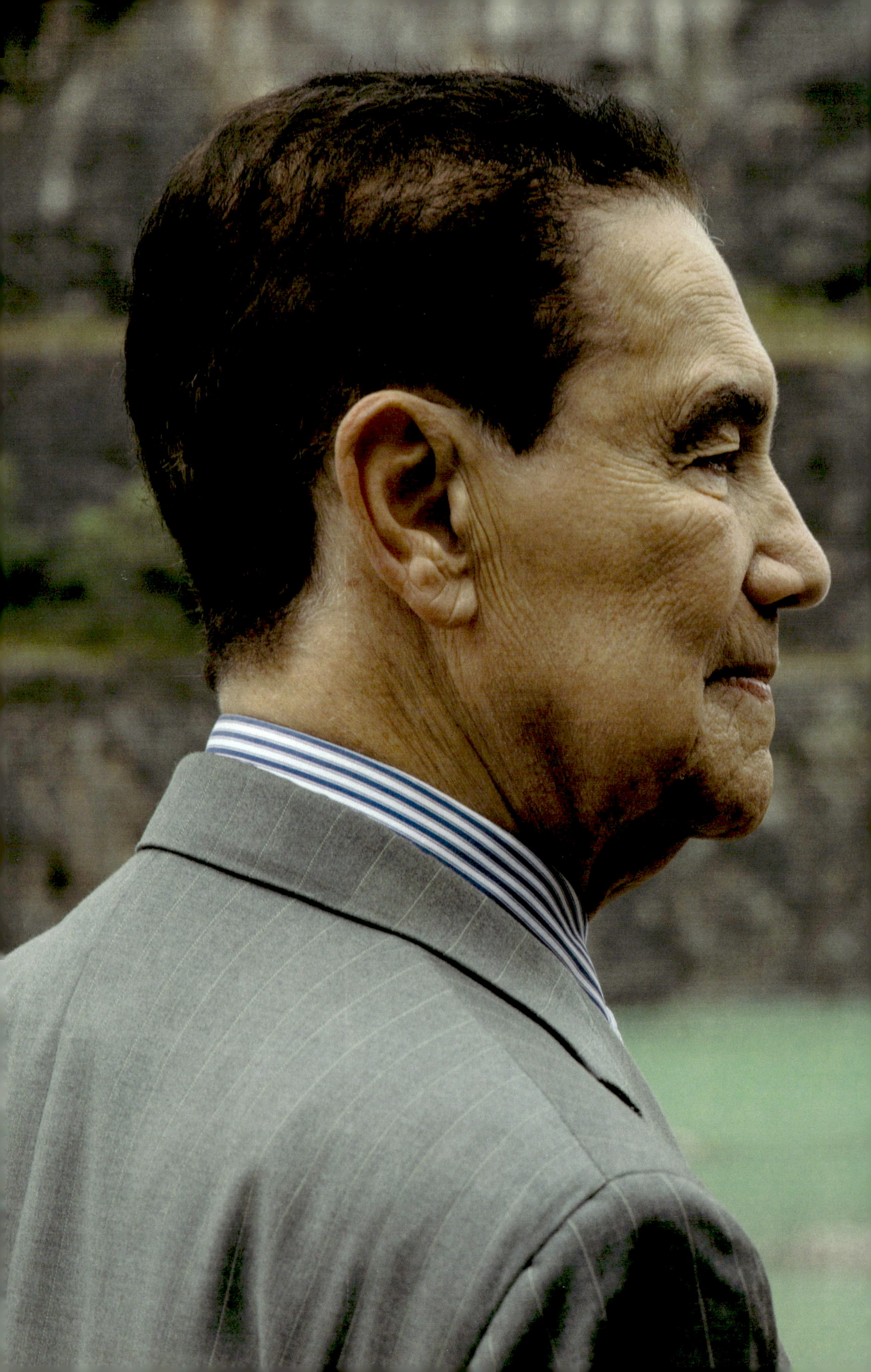

DIVALDO FRANCO FALA SOBRE O FILME

Nesta entrevista, Divaldo Franco fala com alegria e gratidão sobre a experiência de ver sua vida retratada num filme. Com uma fala tranquila e humilde, admite que a ideia nem sempre lhe foi confortável. Tinha receios sobre como isso o afetaria, parecia algo distante e um tanto descabido. Após conversar com muitos amigos, convenceram-no que um filme naturalmente aconteceria – com ele vivo, ou após sua desencarnação. Nesse caso, ponderou e concordou com a insistência dos mesmos, colocando-se à disposição dos produtores para encontrar o melhor viés de contar a história de sua vida. Isso deveria ser feito de forma a ter utilidade para o grande público, levando sempre uma mensagem de amor à vida e de paz no mundo.

Divaldo, alguma vez você imaginou que um dia seria feito um filme sobre a sua vida?

Honestamente, jamais pensei! E quando surgiram as primeiras tentativas nesse sentido, através de um amigo de Natal, eu me recusei tenazmente. Porque, para ser honesto, é uma vida comum, ainda que naturalmente tenha algumas ocorrências não habituais.

E o que fez você mudar de ideia quando do convite feito pelo Eduardo Girão, da produtora Estação Luz?

Na realidade, eu me detive quando li a biografia feita pela Ana Landi, que achei muito interessante, por se tratar de informações verdadeiras. Eu não esperava isso, realmente! Também fui levando em conta as muitas outras solicitações feitas por amigos e, principalmente, o argumento convincente de que esse filme naturalmente um dia seria feito. A única diferença é que ele seria feito antes ou depois da minha morte. E se isso acontecesse antes, seria bom. Porque, qualquer coisa, eu poderia ser consultado e, desse modo, poderia explicar, elucidar sobre o correto teor do mesmo.

Depois, também meditando, me dei conta do objetivo essencial do Espiritismo que é a renovação moral do indivíduo, para melhor. Então, qualquer coisa que possa levar à celebridade, pode se transformar em um "espinho na carne", a exemplo da presunção, da vaidade. Por isso, nós procuramos evitar essas situações o quanto possível. Porque o pouco que fazemos é um dever. E isso deveria ser o normal. Mas como não é comum, chama atenção.

Mas, sinceramente, não achei e não acho que eu mereça um filme sobre a minha vida, qual ocorreu com o médium Chico Xavier. Ele sim! Porque ele foi e é o maior paranormal dos séculos XX e XXI. A mediunidade do Chico era realmente algo inconcebível. Na realidade, o homem Chico Xavier era o que mais me encantava. Achava os fenômenos interessantes, mas até de certo modo comuns, porque ocorriam também com outros médiuns. Mas se sobressaía a pessoa dele. Chico era um ser encantador. Ele não era um homem de beleza física, mas era alguém que externava tanta ternura, tanta alegria de viver, que todos nós ficávamos como que mesmerizados por sua presença. E eu o respeito com quase uma veneração.

Ele foi seu amigo?

Sim. Aliás, eu iria além e diria que ele foi um mestre. Porque com ele, eu ainda jovem, aprendi muito a partir do momento em que ele respondeu uma carta que enviei naquela época. Era 1947. Então, ele foi um guia, alguém cujo exemplo me ensinou a ser feliz. Ele me apresentou uma vida nova.

Quando esse filme começou a ser feito, você obviamente viu cenas da sua vida, de um modo revisitado em um primeiro e segundo roteiros. Inclusive esse segundo foi alterado algumas vezes. Como foi pra você entrar em contato com esses lugares antigos?

Nos primeiros roteiros, não havia fidelidade aos acontecimentos. Mas quando o Clovis se apresentou, surgiu naturalmente um elã de muita confiança e respeito. Ele me disse que estava indo conhecer Assis (cidade da Itália), como o fez realmente. Então, me tranquilizei, porque compreendi que estava diante de um homem em busca de sua própria iluminação. Numa outra ocasião, trocamos algumas ideias e, ao final, ele me entregou o roteiro atual. Eu o li e também repassei para um amigo ler.

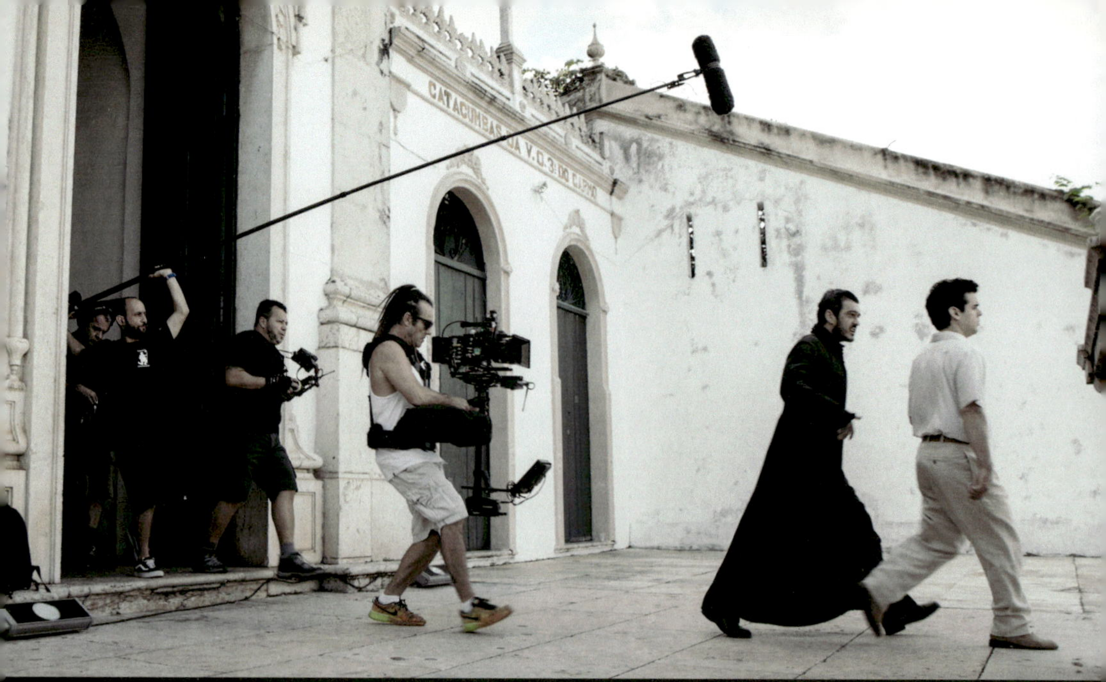
CATACUMBAS DA V.O.3ª DO

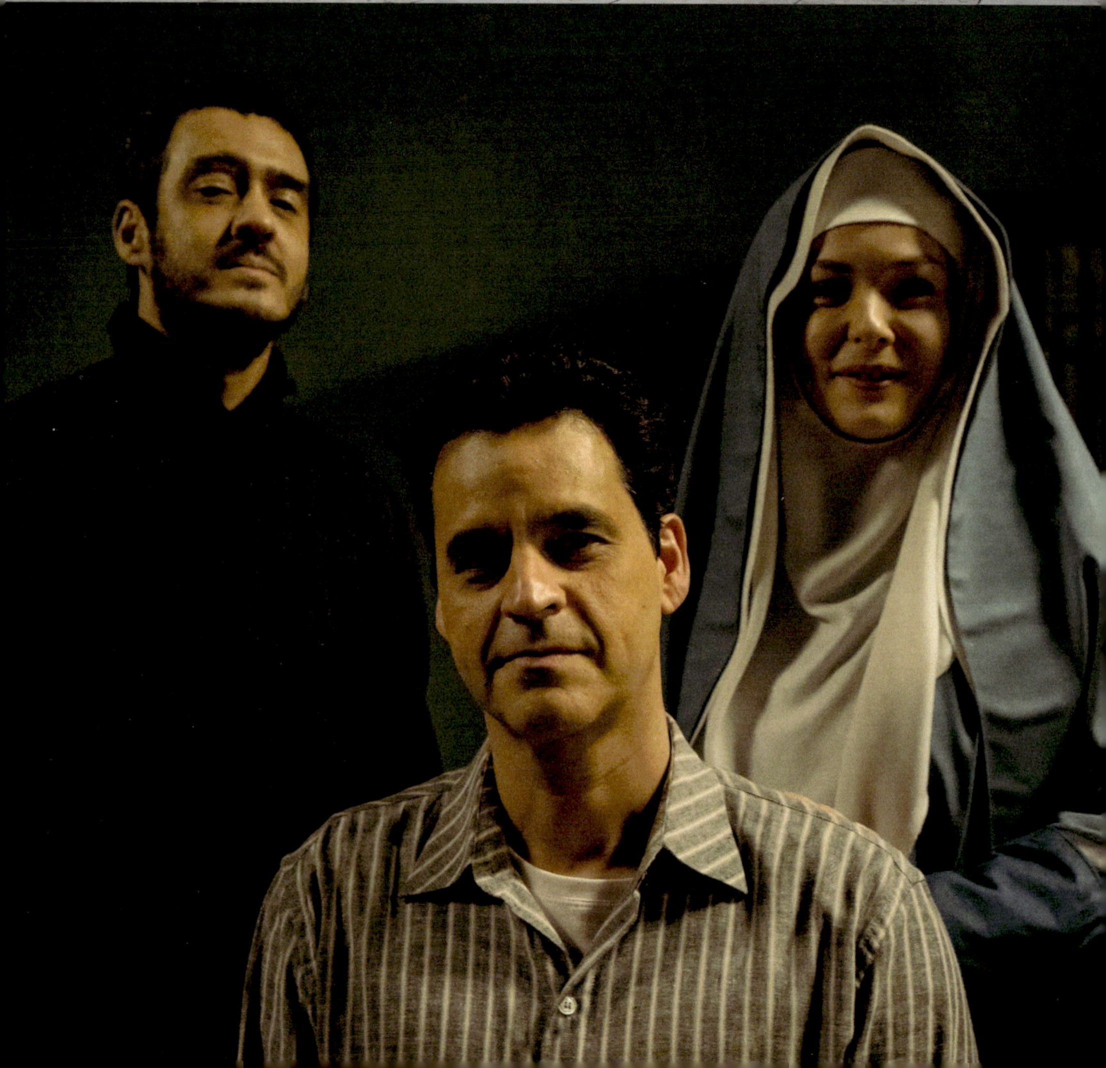

Tomei essa iniciativa com o intuito de evitar qualquer ideia preconcebida de minha parte. E, assim, fiquei tranquilo com o resultado.

O senhor percebe que houve uma espécie de tratamento espiritual em todas as pessoas envolvidas neste filme?

Certamente. E eu perguntei à minha mentora, Joanna de Ângelis, qual deveria ser a minha atitude em relação à realização desse filme. Ela respondeu-me que deveria ser de aquiescência porque o objetivo do mesmo não era de homenagear-me. Era apenas de apresentar uma vida que se dedicou à área do bem. O filme não tem um caráter doutrinário no sentido de convencer qualquer pessoa. Aliás, isso é algo muito deselegante e desagradável. Ele visa apenas apresentar alguns acontecimentos inabituais que contribuíram para o bem da sociedade.

Então, achei que essa contribuição que venho dando, com a ajuda de outros, valeria a pena ser conhecida. Porque poderia vir a estimular muita gente que tem vontade de fazer algo assim, mas tem medo. Porque a ação do bem é tão relegada a segundo plano que, às vezes, a pessoa tem até vergonha de ser generosa e acaba se escondendo atrás da máscara do ego, que é totalmente diferente da sua realidade interior.

Eu me motivei a fazer a pergunta anterior porque, ao entrevistar todos os integrantes desse filme, desde os diretores aos atores, pude observar que, com cada um com quem fui conversando, a entrevista sempre acabava com emoção, um sorriso ou o entrevistado em lágrimas. Num clima de verdadeira comoção.

Também pude apurar que a maior parte da equipe, na primeira semana das filmagens, ficou doente, num processo, talvez, de depuração. Algumas pessoas me confidenciaram que, através desse processo, teriam passado por uma espécie de reequilíbrio emocional.

Também pude observar que entre essas pessoas existem adeptas de praticamente todas as religiões, ou seja, a Bahia de Todos os Santos se fez presente nesse filme. Eu, particularmente, sinto que essa experiência está fazendo muito bem para todos os participantes.

Desse modo, e diante de tudo isso que constatei, quero, de forma ousada e carinhosa, lhe perguntar: Apesar de perceber toda a sua verdadeira entrega, mas por considerar que também é um ser humano, gostaria de saber se o senhor também se sentiu tocado de algum modo, durante a realização desse filme. Se houve alguma compreensão pessoal, por exemplo, na cena do encontro com o seu pai, com a sua mãe, ou sua irmã Dete, por exemplo?

Vendo as primeiras fotografias, eu procurava relembrar algum fato de identificação com o personagem. E, dessa forma, aqui na intimidade, eu comentava a respeito desses membros da nossa família. Eventualmente, eu fiz uma espécie de biografia dos meus irmãos. Nós éramos 13, mas eu convivi com apenas 10 deles. Depois, foram todos morrendo. E, hoje, eu sou o último de todos. Atualmente, só tenho sobrinhos-netos. Não tenho mais nenhum outro parente consanguíneo vivo. Assim, eu sou meio que uma *avis rara* que continua sobrevivendo.

Um momento muito gratificante, por exemplo, foi quando tive a oportunidade de conhecer a atriz Regiane Alves, que faz o personagem de Joanna de Ângelis. Procurei observá-la do ponto de vista artístico. Infelizmente, eu não conhecia a trajetória profissional dela, nem na televisão nem no teatro, porque o meu tempo é um pouco curto e não tenho oportunidade. Eu me dedico mais à vida espiritual e isso me preenche, ainda que meus amigos me contem o que se passa no mundo, para eu não ser um alienado. Então, ao encontrá-la, eu fiquei muito feliz. Porque, para mim, o espírito Joanna de Ângelis é algo indescritível. É uma mãe, uma mestra, uma amiga.

Ela sempre te apoiou muito, certo?

Hoje, eu sou uma pessoa madura, já envelhecida, mas nos meus verdes anos de ansiedades, tive meus projetos pessoais, e ela nunca me inibiu de escolher o caminho que eu quisesse. Na época da definição, se eu deveria constituir uma família ou apenas me dedicar integralmente à vida espiritual, ou ter ambas, concomitantemente, ela me disse: "Meu filho, a existência é sua. O meu objetivo é apoiá-lo. O que você eleger, eu terei prazer de ficar."

Então, eu argumentei que uma vida de abstinência, de fidelidade é algo muito difícil. Ao que ela aquiesceu, dizendo: "Sim. É muito difícil. Porque não é apenas a abstinência carnal, é a abstinência interior. Eu prefiro uma pessoa corrompida fisicamente, mas interiormente nobre, a uma pessoa falsamente nobre e corrompida mentalmente. Não concebo que Deus nos vá punir por causa de um pedaço de carne do nosso corpo."

Pessoalmente, acho que tudo isso é um preconceito medieval que nós herdamos. Por exemplo: considero o sexo um fenômeno perfeitamente natural como função reprodutiva, mas não apenas e só como agente de procriação. Mas, também, como troca de hormônios, dos prazeres da emotividade, dos objetivos do afeto. Porque uma pessoa que não ama, que não experimenta uma comunhão afetiva, normalmente é uma pessoa árida. Geralmente rica de complexos e castrada emocionalmente.

Muitos pensadores e figuras religiosas concordam com sua visão...

Eu gosto muito do apóstolo Paulo que, em uma ocasião, disse uma frase que elegi como resposta para momentos difíceis: "Uma coisa só é imunda para aquele que tem a mente imunda. Para este, é imunda." Então, eu vejo no sexo uma inflorescência de beleza. Especialmente, quando tem o toque do amor. Eu o acho tão consagrado, que considero o aparelho genésico um dos mais importantes da nossa vida. O coração porque mantém pelo bombeamento do sangue, a nossa vida. Mas o aparelho genésico pelas emoções profundas da afetividade, do respeito, da carícia, do companheirismo, do alguém ao seu lado nas boas e nas horas difíceis.

Eu sou uma pessoa romântica. Apesar de viver um pouco isolado do mundo, mas tenho essa beleza que eu trago de um longo período de cultura de meditação e de experiência de paz interior. Não poderei dizer que sublimei o sexo, mas posso assegurar que consegui canalizar bem as forças genésicas para a vida que eu levo.

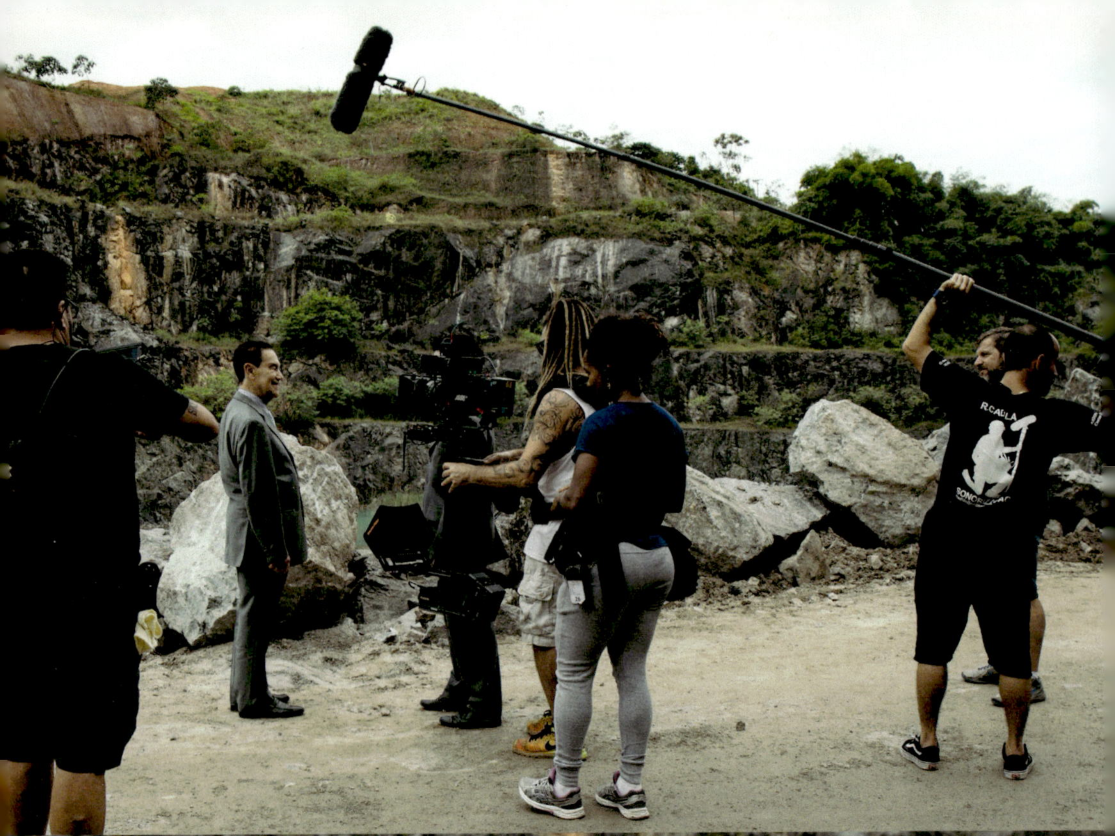

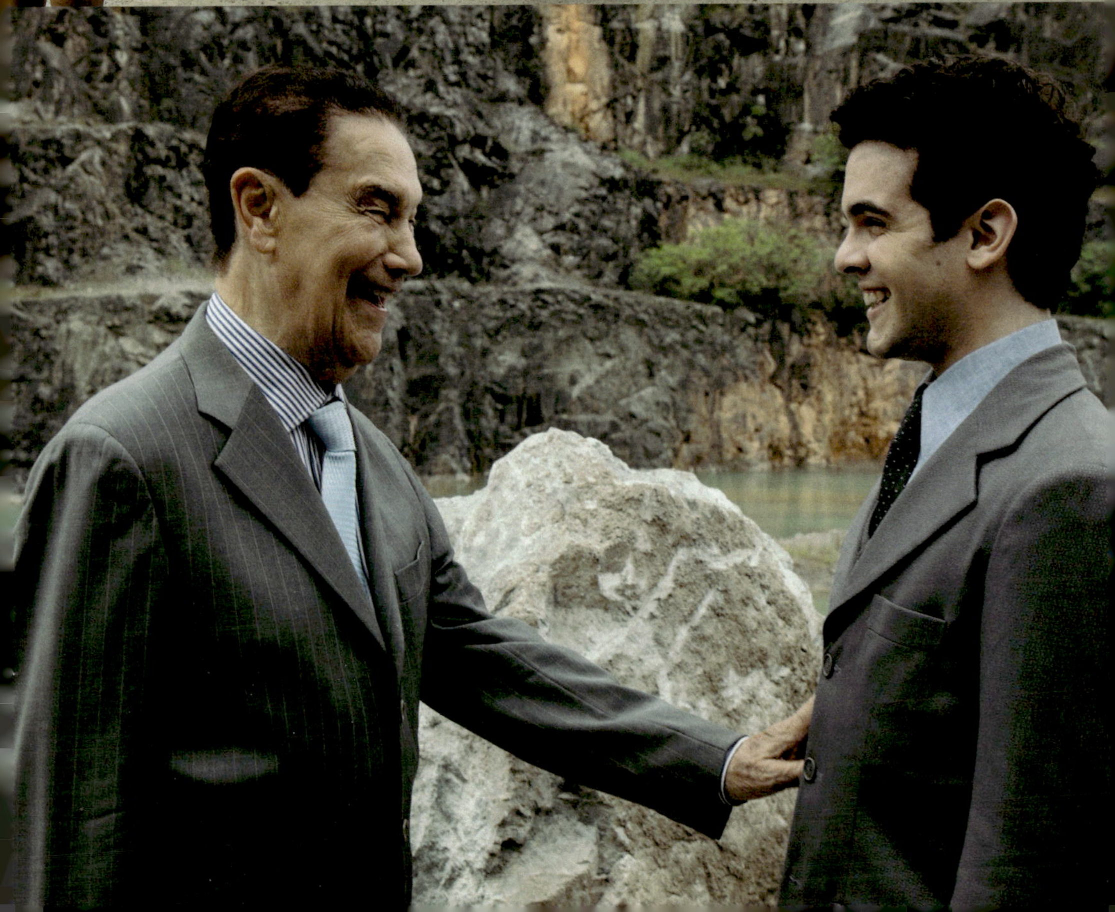

Chico Xavier me contou, certa vez, um fato muito curioso. Que durante uma conversa que teve com um amigo de infância, e que na fase adulta tinha ficado muito próspero, esse amigo, durante o tal encontro, morava em Santos. Enfim, o mesmo lhe contou toda a sua vida. Chico, ao ouvi-lo, ficou deprimido, se dando conta que tinha desperdiçado toda a sua vida dedicada apenas ao Espiritismo. E voltou à sua casa muito angustiado.

Seu mentor, Emmanuel, ao perceber a sua tristeza o questionou sobre o que havia acontecido. Chico então relatou a conversa com o amigo, e sua constatação pessoal de que não tinha uma esposa, filhos, nem netos. Ou seja, que havia perdido a oportunidade de constituir uma família, a exemplo do amigo. Então, Emmanuel, passa a ter com Chico o seguinte diálogo:

Emmanuel: O Espiritismo preenche sua vida?

Chico: Sim. Perfeitamente.

Emmanuel: Então, considere o Espiritismo um membro de sua família. E os livros são os seus filhos. Seus filhos comigo, com André Luiz e com todos os outros. E assim, você tem vários parceiros.

Chico: Mas eu não tenho netos.

Emmanuel: Como não? As traduções dos seus livros são os seus netos.

Chico: Mas o meu amigo mora na praia, em Santos.

Emmanuel: E você mora aqui em Uberaba. Com os sapos coachando na lagoa. Cada um tem a praia que merece.

Eu achei isso tudo muito interessante. Tão notável. Compreendi que trata-se de valorizar aquilo que a gente tem. Tudo o mais é apenas fantasia da mente. Então, o Espiritismo me preenche. Me sinto perfeitamente pleno.

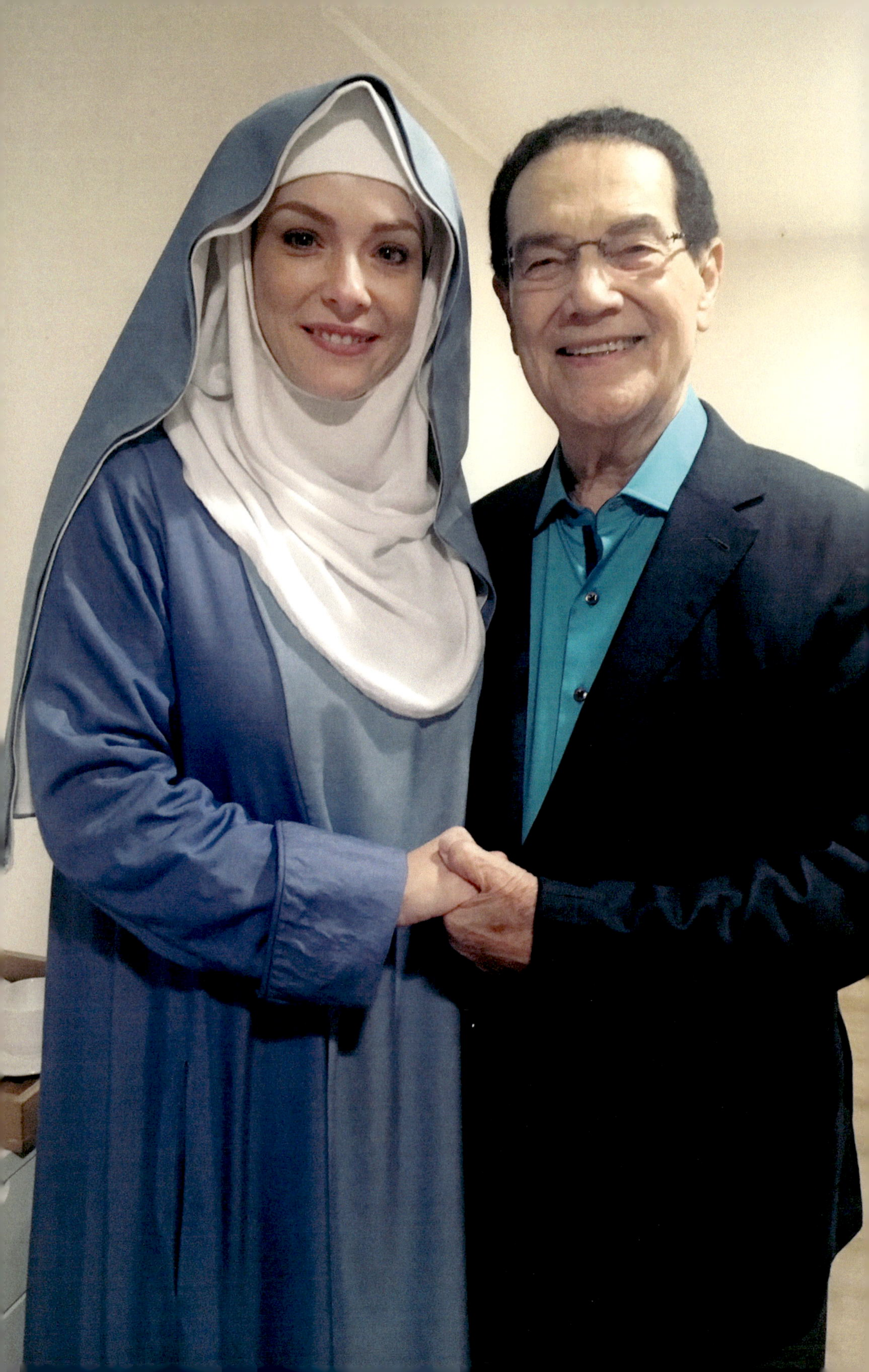

O filme seria, então, como a cereja do bolo?

Não vou ser hipócrita. Realmente, o filme me gratifica e me dá certa satisfação íntima. Porque, sem falsa humildade, eu procurei viver coerentemente com aquilo que prego para os outros. Foi por isso que, durante uma temporada, eu evitei falar sobre o perdão, porque eu havia vivido uma situação na qual me senti injustiçado. E como eu não tinha a quem me queixar, eu não falei sobre isso com ninguém. Fui linha dura. Mas como estava me sentindo ressentido, eu evitei mesmo fazer qualquer conferência que abordasse o tema do perdão.

Exatamente agora, ocorreu-me a lembrança de uma situação vivida por Mahatma Gandhi. Uma mãe, cujo filho era diabético, o procurou e pediu ao mesmo que aconselhasse o seu filho, que tinha muita dificuldade para evitar comer doces. Depois de ouvi-la, Gandhi pediu que a mesma voltasse a procurá-lo depois de um mês. A mãe saiu de lá sentindo-se frustrada. Mas voltou depois do tempo por ele determinado. Lá chegando, perguntou a ele: "Por que você me pediu pra voltar depois de um mês?". Ao que Gandhi respondeu: "Porque eu precisava ficar sem comer açúcar durante esse período."

Desse modo, eu, como espiritista, procuro ser coerente. Sabe, eu já visitei as principais cidades do mundo, foram mais de 70 países, a exemplo de Londres, Dubai, etc. Paris é a minha preferida. Mas nenhum lugar do mundo me encantou como o faz o Espiritismo. Essa doutrina me encanta tanto!!! As visões espíritas me preenchem. E, assim, sempre que vou a esses lugares eu quase não saio do hotel onde vou fazer alguma conferência, atender a algumas pessoas, fazer algumas psicografias etc.

É óbvio que as pessoas, muito gentilmente, me convidam para sair para um jantar, por exemplo, e até por uma questão de educação, eu vou. Mas em geral, prefiro ficar trabalhando. Gosto muito de ficar sozinho. Tenho mais de 90 anos de idade, mas me sinto um jovem.

O seu mundo interior tem essa riqueza que o preenche, não é?

Sim. Eu medito muito. Durmo pouco: três horas no máximo. Por isso, procuro preencher os espaços com os ideais da solidariedade humana,

Penso sobre os meus erros que me produzem remorso, fico ruminando para poder retificá-los. Enfim, eu tenho uma vida espiritual muito ativa.

Pra finalizar e levando em consideração que esse filme tem uma narrativa leve, suave, inclusive com algumas passagens bem-humoradas, eu te pergunto: A vida espiritual também pode ser leve? Não carece ser um fardo pesado?

Exato! O que me encanta no Espiritismo como ciência, filosofia e como moral religiosa é justamente essa leveza. Porque o Espiritismo matou a morte. Por isso, as nossas mensagens se resumem em: viva bem, hoje. Não planeje viver amanhã. Viva agora. Não deixe para viver a alegria, por exemplo, do encontro, só à noite, com o namorado. Sinta o prazer desse encontro, desde a tarde.

E viva essencialmente a vida conforme se nos apresente. Se você tem um lar estruturado e está passando por uma fase difícil, não se angustie. Viva-o, porque você vai superar. Isso também vai passar. Porque Deus nos criou para a felicidade! Para a plenitude. As nossas palestras têm sempre como objetivo passar essa mensagem: Viva alegre! Eu lembro de uma frase dita por um cristão primitivo: "Um santo triste é um triste santo".

Então, considerando essa ideia, se uma pessoa que busca o mundo transcendental é uma pessoa triste, isso é uma tragédia. Se eu acho que lá é melhor, então eu vou fazer aqui tão bom quanto lá. Porque eu vou apenas mudar de vibração. Mas eu serei lá exatamente como sou aqui. Se eu sou uma pessoa que vive deprimida, se eu sou mesquinho, eu me levo comigo. Porque somos aquilo que pensamos. Se eu sou uma pessoa feliz, é assim que serei do lado de lá. Desse modo, essa leveza que o filme está dando, como diria um amigo, "é a minha cara".

Inclusive naquelas fases mais densas, mais tristes que suscitaram os momentos mais difíceis de sua vida?

Exato. Eu tenho gratidão por esses momentos, porque com eles eu aprendi a me tornar não exatamente uma pessoa humilde, mas a ser o indivíduo que eu sou hoje. A ter tido bons e difíceis momentos. E eu aprendi a

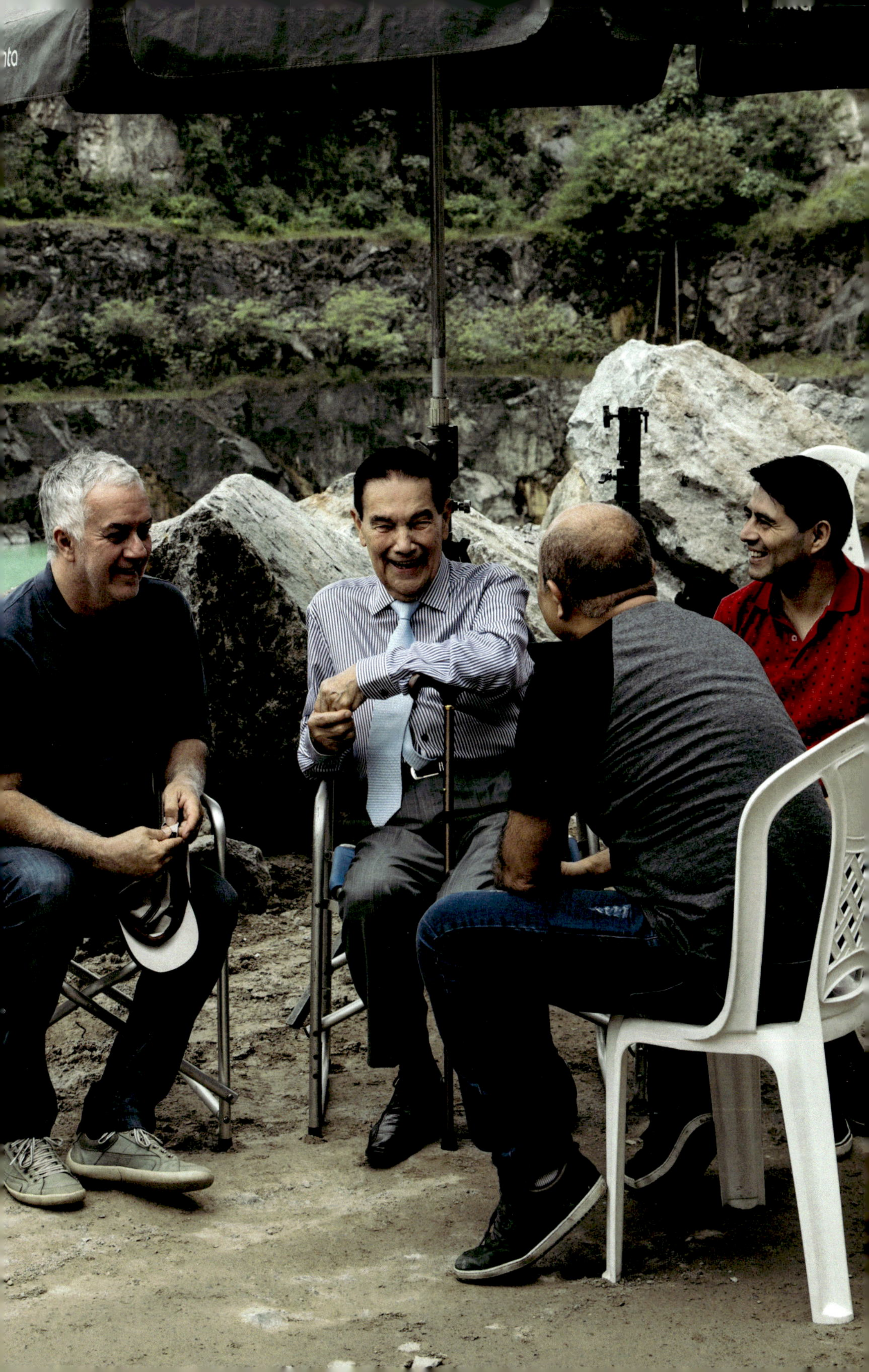

suportá-los. Vamos supor, um amigo escreveu algo contra mim: um livro, por exemplo. E os amigos espirituais me dizem, "Mas, Divaldo ele tem o direito. Essa é a ótica dele". Mas isso não é verdade, argumento. E eles dizem: "Isso não importa, é secundário. Ele sabe que isso não é verdade e você também. Se os outros acreditarem, é porque estão na mesma faixa vibratória". Por outro lado, eu tenho recebido mais de 900 comendas. Na hora, eu agradeço, mas transfiro-as para o Espiritismo. Porque eu não vou levar nenhuma delas comigo. E tudo aquilo que eu deixar quando morrer, é porque não é meu.

Quando a gente não leva as coisas para o lado pessoal tudo fica mais fácil... tanto a crítica quanto os prêmios.

Sim. Quando eu morrer, só vou levar o que é meu, que são os valores morais. Tudo o mais vai ficar aqui. Então, eu atinjo essa atitude com muita alegria de viver. Para mim, morrer é somente mudar de situação vibratória. Eu não digo que estou preparado. Porque morrer não me incomoda mas me preocupa o morrer. Porque eu me pergunto, como isso irá acontecer? Será que terei resistência para encarar, por exemplo, uma doença prolongada? Então, a forma de morrer é que é o desafio. E eu espero ter dignidade para passar bem por isso.

Sim, porque o ato de morrer em si não me preocupa. Em minha vida, eu atravesso essa linha com muita facilidade. Eu me desdobro, faço as chamadas viagens astrais. Ouço as pessoas que já morreram e que voltam. Vejo toda uma população que vive do lado de lá. Tenho amigos espirituais. É uma espécie de dupla vista que eu tenho. Assim, em relação a esse assunto, eu estou na expectativa. Porque, na minha idade, a gente deita sorrindo e quando acorda está morto. (risos)

A sua vivacidade passa a impressão de que você ainda tem muito tempo, Divaldo!

É o que me dizem. Mas eu sou muito prático. Tenho os pés no chão. E eu já vivi o suficiente. Sabe de uma coisa curiosa? A gente cansa de viver. Cansa. Se não tiver atividade, a gente desenvolve a depressão.

A sua vida parece ser tão bem preenchida...

É porque eu não deixo espaços vazios. Quando isso acontece, eu vou imediatamente procurar um trabalho. Para manter sempre a dinâmica e justificar estar vivo. Porque é horrível um indivíduo que a natureza gastou dois bilhões de anos para fazer, ficar vivo parasitariamente. Isso é uma ingratidão à vida, mesmo que ele seja materialista.

A natureza, há dois bilhões de anos, começou com a primeira expressão de vida, que foi uma cadeia de açúcares, na intimidade das águas salgadas. Aí, começou a vida. E tudo isso me faz pensar. Acho notável a capacidade de pensar, até hoje me impressiona. Às vezes, fico olhando os mapas do cérebro e me encantam os mecanismos da memória. Mas, principalmente, a área da emoção, as positivas e as negativas.

Como é que pode que essas manifestações celulares provoquem tudo isso: as simpatias, as antipatias e outras tantas emoções, por meio de componentes como a serotonina, a endorfina, a dopamina? As descargas de adrenalina etc. Então, todo esse mecanismo me fascina! Daí, me lembro da existência de uma Inteligência Suprema que fez tudo isso. E a mim, nesse momento, não interessa compreender. Porque hoje, por exemplo, temos a realidade virtual. Na realidade, ela sempre houve, ainda que nós não soubéssemos da existência da mesma. E nós chegamos até ela. E desse mesmo modo, um dia, naturalmente, eu vou chegar a compreender o mecanismo dessa Divindade.

Assim, me contento com Jesus, ao sentir esse homem extraordinário que dividiu a história da humanidade. Que há mais de dois mil anos nos deixou uma mensagem fantástica, que até hoje resiste como se fosse nova e atual. Aí, eu calculo a distância que me separa dele. E, por tabela, dele para o seu Pai. E, assim, eu compreendo Deus.

Divaldo, diante de tudo o que você falou, podemos considerar que a Gratidão é a principal protagonista da Vida?

Exatamente! E é desse modo, sendo gratos, que damos sentido para que a Vida siga adiante.

SOBRE A FOTÓGRAFA

Stella Carvalho começou a fotografar ainda na adolescência, encontrando uma maneira de expressar sentimentos, vivências e descobertas. Foi no início dos anos 2000 que teve seu primeiro contato com o cinema em Salvador, cidade onde vivia, e lá fotografou os primeiros filmes da carreira. Desde então, a profissional se apaixonou pelo universo cinematográfico e, nele, vem se especializando desde então.

Segundo ela, participar deste projeto foi uma oportunidade única de conhecer melhor a obra e a pessoa tão especial que é o médium baiano: "Foi um grande presente poder contribuir da forma que mais amo pra que Divaldo Franco e sua obra possam ser conhecidos por ainda mais pessoas", diz. Stella agradece, também, a toda equipe do filme e aos amigos especiais que a apoiaram no processo de documentação desta encantadora jornada de vida e alma. "É uma experiência que deixou muitas alegrias e saudades", resume.

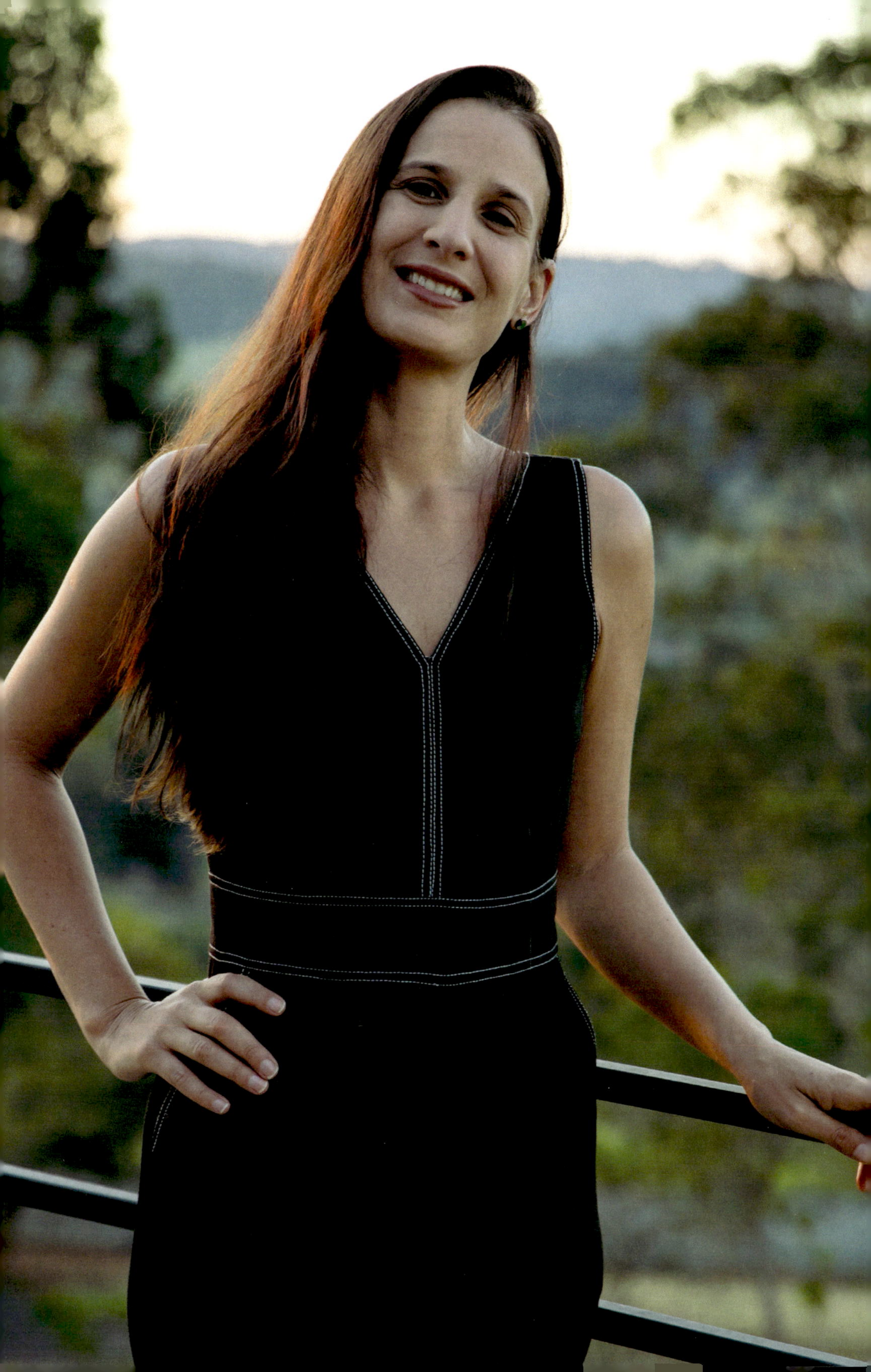

SOBRE A AUTORA

Daniela Migliari é jornalista e escritora, nascida em Brasília, onde reside. É casada e mãe de três filhos. É atuante no meio espírita desde 2010, e a convite da Editora Intelítera, acompanhou as filmagens de *Divaldo – o mensageiro da paz* em cidades no interior de São Paulo e em Salvador, Bahia. Na oportunidade, a jornalista realizou dezenas de entrevistas com as equipes de produção, direção e atores, construindo a narrativa deste livro de bastidores do filme.

As obras abaixo serviram de fonte de inspiração para a autora:

* *Divaldo Franco, o jovem que escolheu o amor*, Maria Anita Rosas Batista, 3ª edição, 2011.

* *O semeador de estrelas*, Suely Caldas Schubert, 8ª edição, 2014.

* *Divaldo Franco*, Ana Landi, Bella Editora, 1ª edição, 2015.

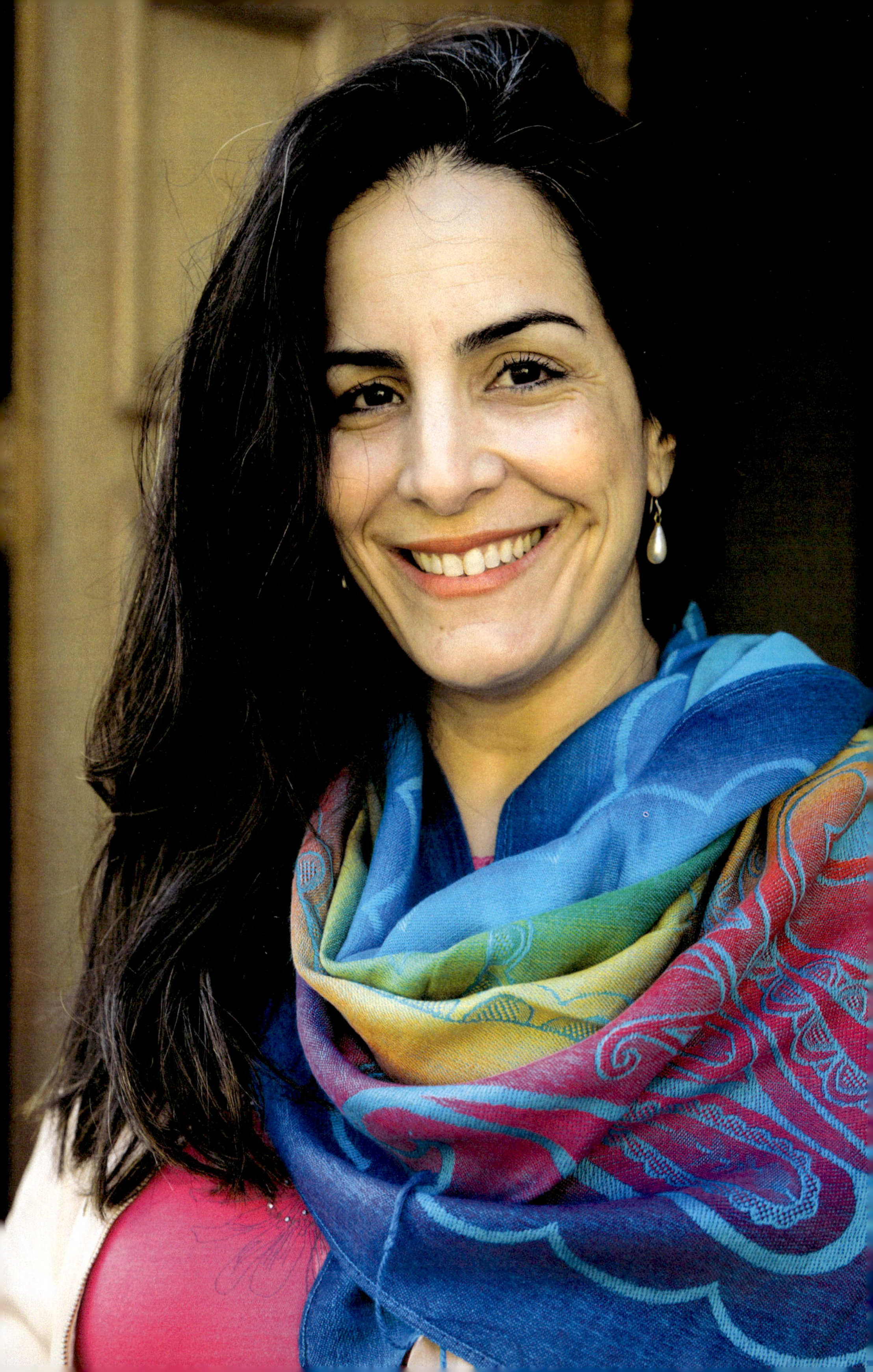

RPLRBL

PRODUCTS

A80
6B/12
4
RICARDO CADILA
23.976
13.04.04.08
DIVALDO FRANCO
CLOVIS MELLO
JB CREPON
25-6

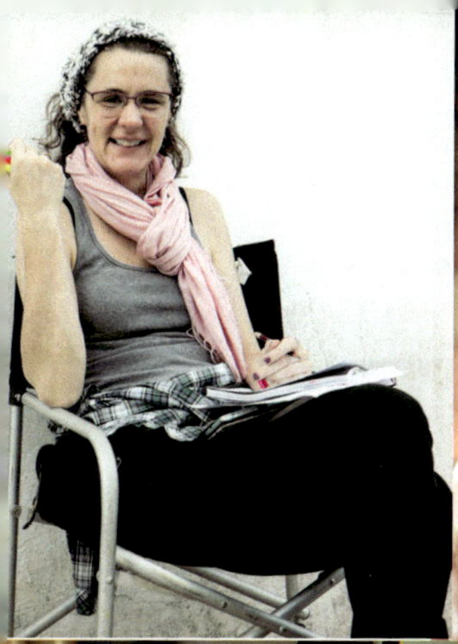
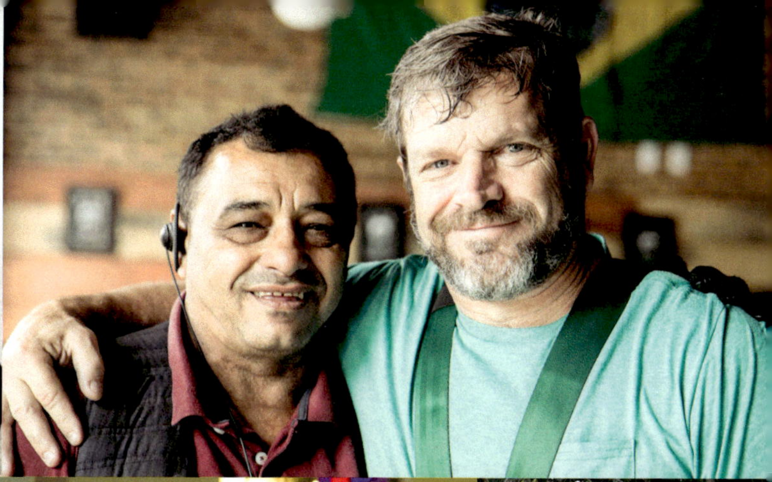
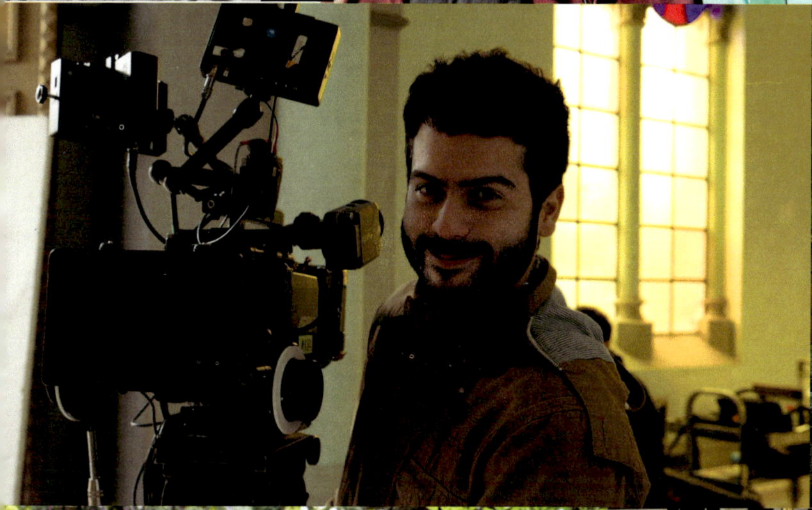
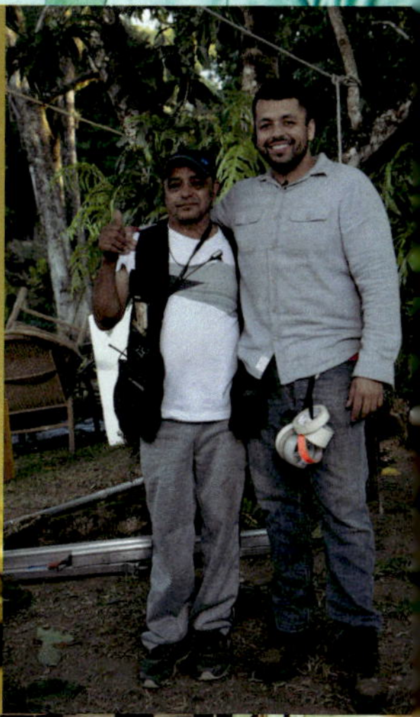
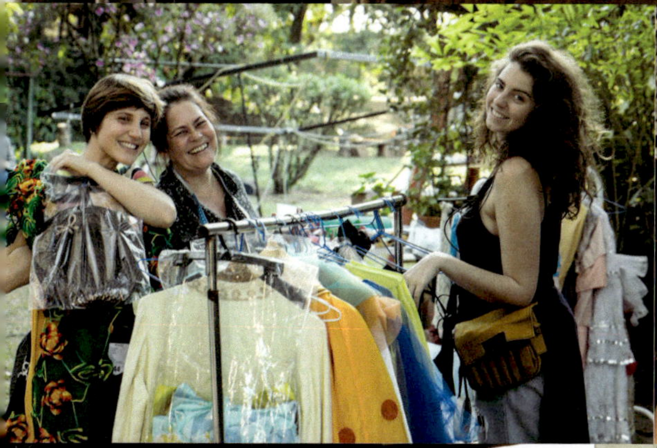
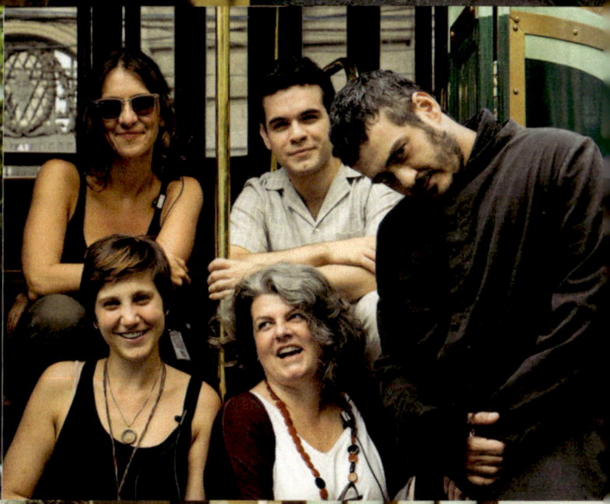
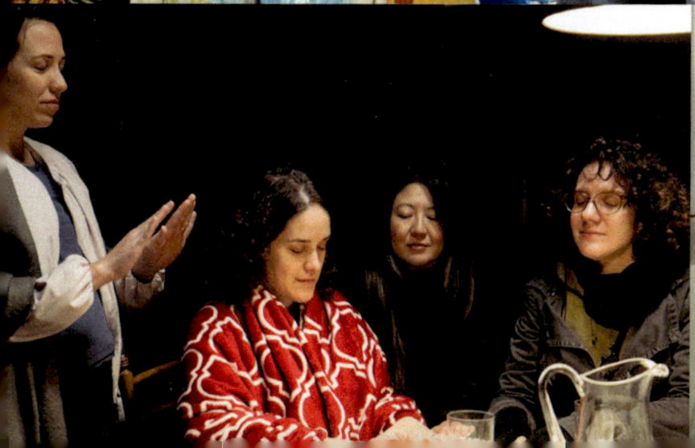
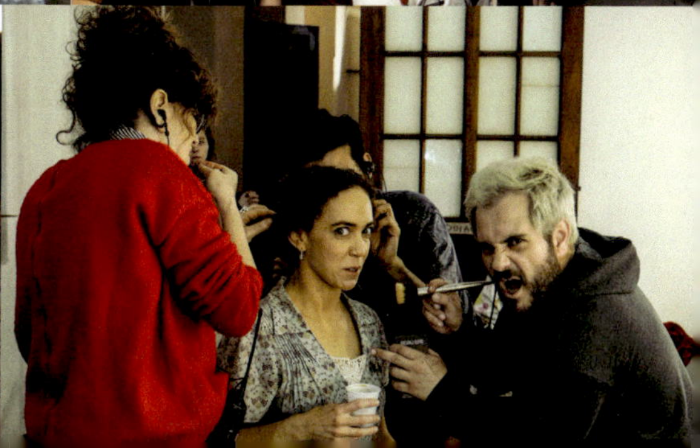

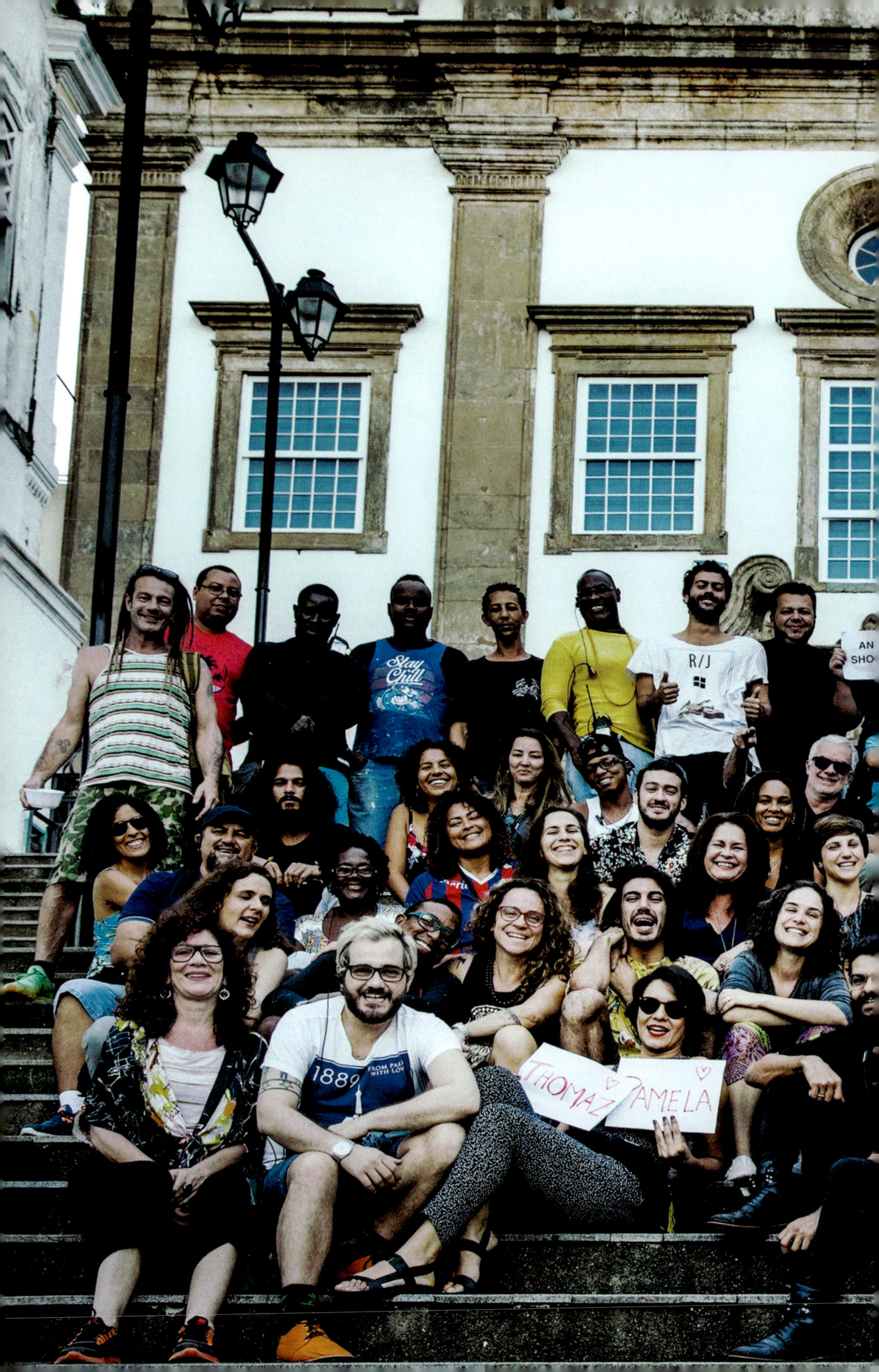
Stay Chill
R/J
1889
THOMAZ
PAMELA

FICHA TÉCNICA

ROTEIRO | DIREÇÃO Roteiro | Diretor CLOVIS MELLO Colaboração LUCIANE TOFFOLI | MARINA MORETTI Ideia original ROSÁLIA FIGUEIRÊDO Roteiro de desenvolvimento ROSÁLIA FIGUEIRÊDO, GLAUBER PAIVA OSIEL NETO FILHO Consultoria biográfica ANA LANDI 1ª Assistente de direção CAROL FONSECA 2ª Assistente de direção BRUNA MARCATTO 3ª Assistente de direção ISABELLA LIPORONI e CAROL MATOS Continuista DANI CARNEIRO Preparadora de elenco MARIA SILVIA DE SIQUEIRA CAMPOS

PRODUÇÃO Produtores RAUL DORIA | SIDNEY GIRÃO Produtoras executivas LUCIANE TOFFOLI | ISABELA VERAS Assistentes de produção executiva MARINA MORETTI | DEBORA MAGALHÃES | THIAGO WALRAVEN Estagiária de produção executiva BÁRBARA POLICARPO Promotor FERNANDO LOBO Coordenadora de produção MARCELA ALVES Assistente de produção JULIANA SALVIANO Coordenador de transporte LUCAS GREGÓRIO BRANCO Produtores de locação JOSÉ BRANDÃO | POLYANA BRANDÃO | ARLEY PEREIRA DA ROSA Platô VANESSA PARAGUASSÚ Assistente de platô MARIA EÇA Boy de set ANDRÉ BRODINHO Assistentes de boy de set RODRIGO MEDINA | ALEXANDRE RAMOS (FUMAÇA)

FOTOGRAFIA Diretor de fotografia JEAN BENOIT CREPON 1° Assistente de câmera SERGIO TAVARES 2° Assistente de câmera ANDRÉ SHOYAMA Operador de steadicam ERIC CATELAN Operador de câmera LUCAS MELLO D.I.T MARCELO KROWCZUK Operador de video assist WALDEMAR TEIXEIRA Fotógrafa de making of STELLA CARVALHO Eletricista chefe SÉRGIO BRONZO 1° Assistente de elétrica DIOGO COSTA CARVALHEIRO 2ª Assistente de elétrica VITTÓRIA BRONZO 3° Assistente de elétrica JOSÉ RODRIGUES Maquinista chefe VALTER SEVERINO 1° Assistente de maquinaria DOUGLAS CÂNDIDO 2° Assistente de maquinaria VALDIR SEVERINO Stunt Coordenador e Rigger JAVIER LAMBERT

PRODUÇÃO DE ELENCO Produtora de elenco MARCELA ALTBERG Assistentes de elenco FELIPE VENTURA, MARIANA BRAGGION | DEBORA MAGALHÃES Pesquisa de elenco adicional SP ANDREA COELHO Produtora de figuração LUCIANA TOSETTI Assistentes de figuração MARIANA CÂNDIDO | CLAUDIA VIEIRA

ARTE Diretora de arte CLAUDIA TERÇAROLLI Assistente de arte MARIA VITTORIA OLIVEIRA Produtora de arte CARLA ESPOSITO Assistente de produção de arte MARIA FABIANA BONINI Produtora de objetos POLIANA FEULO Assistente de produção de objetos MARIANA NOBRE Ajudantes de arte FABIO BRANDÃO | WELTON SILVA DE OLIVEIRA | RAFAE | SILVA MESSIAS | JORGE SPADARO | JOÃO CAÊTE | ALEXANDRO GOES | LEANDRO VIEIRA | SÉRGIO RICARDO | ALEQUESSANDRO GOIS | GABRIEL PINHEIRO Ajudantes de objetos AROLDO LOPES Contrarregra JOÃO RICARDO PALERMO Contrarregra de frente MARCÃO ARAUJO Assistente de contrarregra JULIANO FURTADO

FIGURINO Figurinista KARLA MONTEIRO Assistentes de figurino POLIANA BRAGA | PAMELA KOPP Assistente de figurino CACÁ ARAÚJO Camareiro LEONARDO THOMAZ

CARACTERIZAÇÃO Caracterização ROSE VERÇOSA Maquiagem de envelhecimento de Laila Garin DENISE BORRO Cabelo ÍTALO PIRAJI Maquiador assistente MATHEUS PASTICCHI | SIDNEY SILVA DE PAULO Cabelo e maquiagem adicional DANIELA GONC Assistente cabelo e maquiagem adicional JOÃO MARCOS TAVARES

SOM Técnico de som direto RICARDO CADILA Microfonistas RAPHAEL TORRACA (CARRAPATO) | VICTOR JARAMILLO

EQUIPE BAHIA

PRODUÇÃO Diretora de produção CLAUDIA REIS Coordenadora de produção SHEILA GOMES Assistentes de produção CARLA REBOUÇAS | QUESY PIMENTA Produtora de locação CLAUDIA REIS Platô INAILTON OLIVEIRA Assistentes de platô ZÉ RODRIGUES | MARCIA SILVA Boy de set ALBERT ESTRELA

FOTOGRAFIA 2° Assistente de câmera DANIEL CARVALHO Operador de video assist RAFAEL MACCULLOCH Eletricista chefe JUSCELINO PINTO 1° Assistente de elétrica ROBSON FERREIRA 2° Assistentes de elétrica ERIC PINTO | ADILSON SANTANA Maquinista chefe GENY PINTO 1° Assistente de maquinaria DEJAIR FERNANDES 2° Assistente de maquinaria ANTONIO BOMFIM

PRODUÇÃO DE ELENCO Produtor de figuração DELMÁRIO DE SOUZA CONCEIÇÃO Assistente de elenco ALETHEA NOVAES

ARTE Produtora de objetos RENATA MARQUES Produtora de arte ANA LUIZA CAMPOS Contrarregra FELIPE CIPRIANI

FIGURINO Camareira SOLANGE OLIVEIRA Camareira ANNA PAIM

MAQUIAGEM Apoio Maquiagem TATIANE OLIVEIRA

SOM Microfonista GUTO PEIXINHO

EQUIPE RIO DE JANEIRO

PRODUÇÃO Assistente de produção LUCAS LEANDRO

FOTOGRAFIA 1º Assistente de câmera LUZ ALVES GUERRA CAVALCANTE 2º Assistente de câmera MICHELE DINIZ Operador de steadicam FABRÍCIO TADEL DE BARROS LIMA Assistente de steadicam FABRÍCIO DA SILVA JOTHA Operador de video assist JULIO CÉSAR AZEREDO Eletricista MARCO ANTONIO BARCELOS DE COUTO

PÓS-PRODUÇÃO

Coordenação de Pós-produção LUCIANE TOFFOLI Assistente de Coordenação de Pós-produção RAÍSSA BLASQUES KASPAR Supervisores de pós-produção e VFX SERGIO CICINELLI | LUCAS DE PAULA

CINE Montador JOÃO BRANCO Coordenador de ilha MARCOS EDUARDO Assistentes de Ilha PEDRO VAND | GIULLIANO DIERCHX | ISRAEL RODRIGUES SANTOS TI MAURÍCIO MEDEIROS Assistente da central de cópias IVAN FERREIRA VERRENGIA Compositor VFX DANILO LEIMIG | FELIPE ANDRADE | LEANDRO DE BACCO Assistentes de Pós-produção CAIO FREIRES | JONAS POSTIGO

MISTIKA Direção técnica MARCELO SIQUEIRA, ABC Direção comercial ARIADNE MAZZETTI Assistente de direção GLAUCIA MARCONDES Coordenação de pós-produção LUCIO ARTHUR Editor de pós-produção JULIO MELLO Coordenação de efeitos IGOR RIBEIRO Estagiários INGRYD RIOS | RICARDO TILIM | LUCA RASSI | LUIZ FELIPE OLIVEIRA | PEDRO QUINTAS Colorista GIGIO PELOSI Finalização de imagem HUGO BIM Masterização de DCP CARLOS FELIPE MONTEIRO
NASH Producer FLÁVIA GANNAM Supervisor VFX GUSTAVO SAMELO Supervisor 3D FAGMARIO GOMES RODRIGUES Coordenador de Pós-Produção ANDRE BALTRUSAITIS Assistentes de Pós Produção GABRIEL BITTENCOURT | RENATA PRADO

PÓS-PRODUÇÃO DE SOM

MIX ESTÚDIOS DE SOM Supervisor de Som e Mixagem RODRIGO FERRANTE Atendimento Comercial MAGALI WISTEFELT Coordenação RENATA NAVES Efeitos e Ambiente CAUÊ CASTILHO Edição de diálogos HENRIQUE BERTO Foley MAURÍCIO CASTANEDA | FELIPE LEIVA Foley Recordist PATRICIA SÁNCHEZ Foley Editor NATHALY MARTÍNEZ Assistência de Edição de Som CAMILA MARIGA

TRILHA SONORA Música original HILTON RAW Produção de som e arranjo HILTON RAW | FERNANDO FORNI

FINANCEIRO Diretor financeiro LAYSON GALENO LOPES Assistente do financeiro ANDERSON SILVA SOUSA Controller SUELY CORDERO Assistente de controller ROBERTA CAMILA Prestadora de contas CAROLINA MILAN Contadora Contadora PAULA CAVAIGNAC Assistentes administrativos VIOLETA MACHADO | JONATHAN PRADO | JOANA MARTINS

JURÍDICO Assessoria jurídica DRA. SELMA MELO | DR. ÉRICO SILVEIRA Serviços Jurídicos DR. DURVAL PACE | DRA. MARIA CLARA RIGAUD | CESNIK QUINTINO E SALINAS ADVOGADOS

intelítera
editora

Para receber informações sobre os lançamentos da
INTELÍTERA EDITORA,
cadastre-se no site

🌐 www.intelitera.com.br

Para saber mais sobre nossos títulos e autores, bem como
enviar seus comentários sobre este livro, mande e-mail para

@ atendimento@intelitera.com.br

Conheça mais a Intelítera

▶ youtube.com/inteliteraeditora

f facebook.com/intelitera

📷 www.instagram.com/intelitera

☁ soundcloud.com/intelitera

COPRODUÇÃO E DISTRIBUIÇÃO — PRODUÇÃO
CINE — Estação Luz Filmes — ancine — Agência Nacional do Cinema

PATROCÍNIO MÁSTER — PATROCÍNIO — APOIO
Ypê — BancoVotorantim — Estação da Luz — Servis Eletrônica — LIFE Defense Segurança

APOIO PROMOCIONAL
Federação Espírita Brasileira — feal Fundação Espírita André Luiz — TV Mundo Maior — RBN Rede Boa Nova — intelítera editora — Mansão do Caminho